AF356302

OBSERVATIONS

SUR

LES ARRÊTS REMARQUABLES

DU PARLEMENT

DE TOULOUSE,

recuëillis par Messire JEAN DE CATELLAN, Conseiller au même Parlement.

Enrichies des Arrêts nouveaux, rendus sur les mêmes matieres.

Par GABRIEL DE VEDEL, Ecuyer, Docteur, & Avocat au Parlement de Toulouse.

TOME SECOND.

A TOULOUSE,

De l'Imprimerie de N. CARANOVE, à la Bible d'Or.

Et se vendent

Chez ETIENNE MANAVIT.

ET

Chez JEAN-FRANÇOIS FOREST, à la Couronne d'Or.

M. DCC. XXXIII.

AVEC PRIVILEGE DU ROY.

TABLE
DES CHAPITRES,
CONTENUS
DANS CE SECOND TOME.

Tome II.

TABLE

DES CHAPITRES.

TABLE

LIVRE CINQUIEME.

Des Contrats.

DES CHAPITRES.

TABLE

LIVRE SIXIE'ME.

Des Saisies, Decrets, & Allocations.

TABLE

LIVRE SEPTIE'ME.

Des Prescriptions.

TABLE

LIVRE HUITIE'ME.

Des Tutelles.

Tome II.   c

OBSERVATIONS
SUR
LES ARRESTS
DE MONSIEUR
DE CATELLAN.

LIVRE IV.
des Mariages & Dots.

CHAPITRE PREMIER.

De l'obligation de la femme pour délivrer son mari de prison.
Du privilege des sommes employées pour tirer un Prévenu d'une
prévention capitale.
Et de l'obligation du fils de famille mineur, pour tirer son pere de
prison.

NE des plus étroites obligations des femmes envers leurs maris, des enfans envers leurs peres, *&* *vicè versa* est sans doute de leur procurer la liberté, quand ils ont le malheur d'en être privés par leur détention, dans des prisons d'où ils ne peuvent sortir sans leur secours ; c'eſt ainſi que les differens Parlemens du Royaume en ont décidé par les Arrêts qu'on trouve répandus dans les Arreſtographes.

A l'égard de l'obligation que contraĉte la femme pour tirer ſon mari de priſon pour dette Civile ; il y a ſelon moi cette difference à faire entre la Juriſprudence de ce Parlement & celle du Parlement de Paris, que comme ce Parlement a toûjours conſervé aux femmes le Benefice du Velleien, ſuivant la remarque du Commentateur de la Roche, liv. 5. tit. 2. Les femmes peuvent y être rélevées par ce ſecours des obligations par elles contraĉtées pour leurs maris, toutes les fois qu'ils peuvent avoir une reſource pour ſe tirer de l'état de contrainte, autre que l'obligation de leurs femmes, comme par exemple la ceſſion des biens, au lieu qu'au Parlement de Paris on trouve que les Arrêts autoriſent indiſtinĉtement les obligations des femmes pour tirer leur maris de priſon, *ad hunc modum fœmina quæ pro marito debitore vinĉto interceſſerit efficaciter tenetur, etſi ſenatus conſulto de interceſſionibus minimè renuntiaverit, Chop. de ſacr. polit. lib. 3. tit. 8. num. 5.*

Brodeau ſur Loüet *Lettre A, ſomm. 9.* Rapporte des Arrêts conformes.

Je croi donc avec le Préſident *Faber, liv. 4. tit. 21. definit. 16.* que la femme eſt diſpenſée de cautionner pour ſon mari détenu pour dette civile, quand le mari a la voye de la ceſſion des biens pour ſe procurer la liberté, avec cette reſtriĉtion néanmoins que ſi le mari eſt, ou Gentil'homme ou de condition honorable, il eſt de l'honneur de la femme qui a du bien, & de ſon devoir de cautionner pour épargner à ſon mari une eſpece de honte qu'entraîne après ſoi la ceſſion des biens.

La ceſſion des biens ne porte aucune note d'infamie ſelon le Droit Ecrit que ce Parlement fait profeſſion de ſuivre ; *Leg. 11. Cod. ex quib. cauſ. infam. irrogat.* & voilà pourquoi la femme d'un Artiſan par exemple doit être diſpenſée de cautionner pour tirer ſon mari de priſon, s'il peut ſe mettre en liberté par la voye de la ceffion de biens ; car quoique la ceffion des biens femble entraîner avec foi une efpece de honte, il fuffit néanmoins qu'elle ne note point d'infamie, pour que la femme d'un fimple Artifan foit difpenfée de cautionner pour fon mari. Cette délicateffe de fentimens ne pouvant être éxigée que d'une femme du rang dont on a déja parlé, & dont la dot peut fupporter la breche qui lui eft faite par le cautionnement.

Il faut obferver à l'égard de l'obligation des femmes pour tirer leurs maris de prifon, que fi le Parlement de Paris n'eft pas tant refervé que celui-ci dans les permiffions qu'il donne à la femme de s'obliger, c'eft que la ceffion des biens qui fuivant le Droit Ecrit n'entraîne aucune note, & qui eft un remede que l'on peut s'appliquer fans rien rifquer de ce côté, renferme felon le Droit François & Coûtumier, une efpece d'infamie par la marque du Bonnet, ou Chapeau Verd, que le Ceffionnaire eft obligé de porter fuivant les Arrêts rapportés par Brodeau, *fur Loüet Lettre C, Somm.* 56. ce qui eft fans doute un puiffant motif pour autorifer l'obligation des femmes, qui par cette voye épargnent à leurs maris une honte publique, qu'elles ne peuvent que partager avec eux.

Pour ce qui concerne les enfans mineurs qui fe font obligés pour leurs peres prifoniers pour dettes civiles, il y a eu diverfité d'Arrêts, les uns ayant autorifé ces obligations, les autres ayant enteriné les Lettres en reftitution des mineurs, ils font rapportés par Brodeau *loco fupra*; j'eftime qu'il faut fuivre à l'égard de l'obligation contractée par le fils mineur la régle de décifion que je viens d'établir pour la femme envers fon mari.

Le fils mineur ne peut être relevé d'une caution judiciaire non-feulement dans la caufe de fon pere, mais de tout autre fuivant l'Arrêt du 20. Février 1672. rapporté dans le Journal du Palais dans l'affaire de Teiffier, & de Philippe Carle, la femme ne peut auffi fe fervir alors du Benefice du Velleien ; ainfi que je l'ai obfervé, *infra* ch. 49. de ce livre.

A ij

4 Il y a un Arrêt de la Cour rendu en l'Audience Tournelle le 15. Février 1690. plaidans Mes. de Pagés pour l'Impétrant, & de Meja pour le Deffendeur, par lequel Dabatia fils fut demis de sa demande en restitution envers une obligation qu'il avoit contractée dans sa minorité en faveur de Bertrand créancier de son pere, pour le tirer de la prison où il avoit été détenu pendant quatre ans ; Dabatia pere avoit été emprisonné faute d'avoir remis certain acte qu'on prétendoit qu'il avoit falsifié.

Dans ces circonstances comme la cession de biens lui auroit été refusée, la Cour trouva l'obligation du fils juste & légitime.

Si le fils est obligé de secourir le pere détenu prisonnier en cautionnant pour lui, le pere est pareillement obligé de tendre sa main au fils pour le tirer du même état de contrainte ; & c'est dans cette vûë que les Interprêtes & les Arrêts ont décidé, que quoi que regulierement le pere ne soit pas ténu d'anticiper pendant sa vie le payement de la légitime à son fils, il peut cependant y être contraint s'il s'agit de tirer son fils de prison ; sur quoi l'on peut voir la doctrine de *Mr. Duranti quæst.* 88. *de Fernand. ad Leg. in quartam præfat.* 2. *art.* 2. *num.* 11. *& benedict. ad cap. Raynut. in eod. Testam.* 1. *num.* 215.

La cession des biens est reçûë pour une condamnation de dépens descendans de crime grave ; ainsi jugé à la Tournelle après partage formé au mois de Juillet 1716. & départi à la Grand'Chambre le 28. Août suivant en faveur de Valette pere & fils, contre Me. Burlotte Maire de Tarbe.

Idem judicatum, le 11. Mai 1718. à l'Audience Tournelle plaidans Me. de Latournerie & Astruc dans la cause de Me. Bosiat de Bertiere Chanoine de Vabres Deffendeur, à la demande en cession des biens, faite par Me. Jean Coste, la Grangette pour lequel plaidoit Me. Astruc.

C'est là un point de Jurisprudence certain de ce Parlement, & s'il y a quelque Arrêt contraire il a été rendu sur des circonstances particulieres de soupçon de dol dans la cession des biens.

CHAPITRE II.

*De ce que la fiancée est obligée de rendre, le mariage
ne s'en ensuivant pas.*

LA grande regle qu'on peut suivre dans la pratique & dans les jugemens, est de faire attention à la valeur de la chose donnée, ou à la modicité de son prix, ce qui doit se déterminer non-seulement par la chose elle-même, mais par la qualité des parties, quand les choses données par le fiancé sont de peu de valeur par rapport à l'état & condition de la fiancée, il paroît de la bienséance & de l'honnêteté de les lui laisser; il en seroit autrement si elles étoient précieuses; c'est la distinction que Chopin & Bacquet ont faite, adoptée par Mornac sur la Loi 3. *ff. de Sponsal.* Ainsi si les habits & linge reçûs par la fiancée se trouvoient d'une valeur considerable, je croi qu'il y auroit lieu à la repetition en faveur du fiancé ou de ses heritiers, s'il n'avoit point fourni de prétexte & de cause à la dissolution des Fiançailles.

Cette distinction a été suivie par les Arrêts de ce Parlement rapportés *par la Roche, liv. 6. tit. 40. art. 28.* Quand les choses sont de peu de valeur le fiancé est censé en avoir fait don à la fiancée, & par cette raison il n'y a pas lieu à la restitution. Quand elles sont considerables, la présomption est pour la repetition en cas de dissolution des Fiançailles. On peut encore voir à ce sujet les Arrêts rapportés par Brodeau sur Loüet *Lettre F, Somm. 18. & par Maynard, liv. 4. ch. 8. en ses Arrêts.*

Par Arrêt du 28. Juin 1713. rendu en la seconde des Enquêtes au Rapport de Mr. d'Auterive, la Demoiselle de Cabrol fiancée du sieur Rech decedé avant la Celebration du Mariage fut condamnée à rendre à Me. Rech Avocat fils du fiancé un billet de 428. liv. quoiqu'il fût allegué

par la fiancée que cette fomme lui avoit été donnée purement & fimplement, & que cela ne fût pas contredit, Rech
fut demis par le même Arrêt de la demande en reftitution de
quelques bagues que la fiancée foûtenoit être de peu de valeur.

La difpofition de cet Arrêt eft conforme à la Doctrine
des Auteurs déja citez, qui eftiment que les chofes de peu
de valeur ne doivent point être reftituées par la fiancée,
fecus des chofes dont le prix eft confiderable.

Quand le Contrat de fiançailles fe réfoût fur la demande de la fille, & par le réfus qu'elle fait d'époufer ; alors
la Cour l'oblige à rendre tout ce qu'elle a reçû du fiancé,
indiftinctement fur fon affertion, outre les dommages & interêts aufquels elle eft condamnée.

On peut obferver ici fur la matiere des fiançailles que par
Arrêt du 4. Août 1716. prononcé par Monfieur le Premier
Préfident de Bertier ; il a été jugé qu'une place de Collegiat au Collège de Pampelonne de Touloufe étoit impe-
trable d'abord que le Collegiat avoit fiancé, & la place
impetrée fur Me. Graffet Collegiat, qui avoit paffé un Contrat de fiançailles, fût adjugée à Trenque impetrant, plaidans Mes. Pujos & Tavernol.

Le Mariage du Clerc qui eft pourvû de Benefice, renferme une démiffion tacite du Benefice par l'incompatibilité
qui fe rencontre entre l'Etat Ecclefiaftique & le mariage,
*Cap. 1. Cap. diverfis, Cap. cum decorem extra de Cleric. con-
jugat.* mais la vacance n'a lieu *ipfo facto*, que par la confommation du mariage, dont les textes Canoniques parlent, le Contrat de fiançailles n'emportant point de vacance de plein droit ; mais étant feulement un motif au Juge
pour déclarer le Benefice vacant, *ob fufpicionem incontinen-
tiæ & ordini illatam injuriam* ; c'eft la Doctrine de Paftor
de Benef. Lib. 3. tit. 14. num. 3. fondée fur celle de Dumoulin & de Garcias.

CHAPITRE IV.

De la donation faite de la dot par la mere à un de ses enfans.

JE croi qu'en se reglant par les principes du Droit Romain, il faut constamment décider que la donation de la dot faite par une femme à un collateral ou étranger est nulle *constante matrimonio*, quand même le mari y auroit consenti, & que l'usufruit des biens dotaux auroit été spécialement reservé.

Je me fonde sur la prohibition d'aliener les cas dotaux, portée par les constitutions de Justinien plus étenduës encore que la Loi Julia, puisque non seulement l'alienation ou translation de proprieté en est prohibée; mais la simple hipotheque *instit. quib. alien. licet & Leg. unic. §. & cum Lex Julia eod. de rei uxor. act.* malgré le concours du consentement des deux conjoints.

Il semble néanmoins que suivant l'opinion de la Glose & des Interprêtes, la reservation de l'usufruit de la dot faite par la femme du consentement du mari devroit rendre cette donation licite, puisque l'interêt du mari est entierement conservé par la retention de l'usufruit, & que le motif determinant de la Loi *Constante, Cod. de donat.* qui prohibe la donation de la dot est pris du tort & du préjudice, que pareille donation porteroit au mari qui s'en trouve *interim* le Maître, ce que la Glose confirme sur cette Loi *In verbo non potuit*; en ces termes, *mulier fundum dotalem alienare non potest, ut interim viro præjudicet*, & c'est aussi la remarque de *Salicet* au même lieu.

Toutefois il faut décider que cette donation est absolument interdite en faveur des collateraux ou étrangers même du consentement du mari, la raison en est prise de ce que les Loix ont prohibé toute espece d'alienation des cas

dotaux au mari & à la femme, par la crainte que le mari
se prévalant de l'ascendant que sa qualité lui donne sur l'esprit de la femme, ne la portât à faire cette alienation ou
à consentir qu'il la fît lui-même, *ne sexus muliebris fragilitas in perniciem substantiæ earum verteretur d. tit. quib.
alien. licet*; raison ! qui subsiste pendant tout le cours du mariage.

Il en est autrement de la donation de la dot faite par la
femme du consentement du mari, à un de leurs enfans ou
descendans ; cette donation est licite, parce que le motif de
la Loi sur lequel la prohibition d'aliener la dot est fondée
ne se rencontre point dans cette donation, la Loi elle-même
déferant aux enfans l'heredité de leur peres, comme une
chose dûë, *Leg. 7. ff. de bon. damnat.* ce n'est donc point
par foiblesse & par fragilité de son sexe ; mais par une espece de devoir qu'une mere ou ayeule se détermine à faire donation de sa dot du consentement de son mari à ses enfans ;
& quand la Loi *Constante* déja citée prononce la nullité
d'une donation de cette espece, c'est que le consentement
du mari ne s'y rencontroit point, ce qu'on peut recüeillir
des termes de cette Loi *Dotem penes maritum constitutam*,
& que le défaut de consentement invalidoit cette alienation, la femme ne pouvant préjudicier au droit acquis au
mari sur les biens dotaux, *cum alteri per alterum iniqua
conditio inferri non possit*, le mari n'ayant pû être privé par
le fait de la femme de l'usufruit de ces mêmes biens.

Le 29. Mai 1722. la Cour rendit Arrêt en la troisiéme Chambre des Enquêtes au Rapport de Mr. l'Abbé Castain en faveur de Me. Parran contre Gabriel Guillem en
cette espece, Izabeau Audoyer qui s'étoit constituée tous
ses biens presens & à venir en se mariant avec Thomas Seguin avoit été instituée heritiere par sa mere, & en cette
qualité elle devoit la legitime à ses Freres, elle fit vente
à Gabriel Guillem par acte du 10. Decembre 1713. d'une
piece de terre, dépendante d'une Métairie à elle appartenant pour le prix de 25. liv. du consentement & en présence

ce de Seguin ſon mari ; cette ſomme fut indiquée par ledit Seguin & Audoyer, à payer à Jean-Joſeph Audoyer
à compte de ſes droits legitimaires, lequel l'ayant reçûë
la prêta à Seguin & à ſa femme par un autre acte du 12.
Decembre 1718. Ladite Audoyer étant devenuë veuve vendit
en conſequence d'une permiſſion de Mr. de Bernage Intendant de Languedoc une Métairie avec les biens en dépendans de laquelle les biens alienez à Guillem faiſoient partie, à Loüis Parran Procureur au Sénéchal de Nîmes avec
la faculté de pourſuivre le deſiſtement des biens par elle
alienez, ou qui avoient été uſurpez dependans de la Métairie venduë ; on fit impetrer des Lettres en 1719. à ladite Audoyer en caſſation de l'alienation, & en délaiſſement des biens vendus à Guillem avec offre de rembourſer les réparations & le prix ; Parran intervint dans cette
inſtance pour demander l'enterinement à ſon profit, des
Lettres impetrées par ladite Audoyer, ſur quoi il fut rendu Sentence au Sénéchal de Nîmes le 23. Mars 1720. qui
caſſa la vente à la charge du rembourſement offert, cette Sentence fut confirmée par l'Arrêt du 29. Mai 1722. Les moyens de caſſation étoient pris de ce que ladite Audoyer
nouvelle Catholique avoit fait la vente ſans permiſſion de
Mr. l'Intendant, ce qui étoit neceſſaire ſuivant les Edits
& Déclarations du Roy. 2°. De ce que le fonds étoit dotal, & par conſequent inalienable. 3°. De ce que la vente
avoit été faite ſans permiſſion de Juſtice.

   Guillem oppoſoit pour faire valoir la vente. 1°. Que la
ceſſion n'étoit pas ſpecifique, & qu'on n'avoit pas cedé les
actions reſcindentes & reciſoires. Que la prohibition d'a-
liener le fonds dotal n'étant faite que pour l'interêt du mari,
celui de ladite Izabeau Audoyer étant mort ſans ſe plaindre, la vente étoit devenuë irrevocable. 3°. Qu'il y avoit
neceſſité & utilité de vendre, le prix ayant été employé
au payement d'un Créancier.

   Parran repliquoit en premier lieu que la ceſſion étoit
ſuffiſante ; de-là qu'on lui accordoit la faculté de revo-

quer les aliénations , que d'ailleurs ladite Audoyer avoit
demandé elle-même la cassation de l'acte. 2°. Que la prohibition d'aliéner le fonds dotal avoit été faite pour l'interêt de la femme & pour la conservation de la dot , & non
pour le seul interêt du mari. 3°. Qu'il n'y avoit ni necessité
ni utilité , puisque l'argent avoit été reçû par Seguin.

Le contraire fut néanmoins jugé au mois d'Avril 1723.
au Rapport de Mr. de Catellan en la même Chambre des
Enquêtes , en faveur du nommé Gauffan Maffon de Nîmes
contre la même Izabeau Audoyer.

Cette femme avoit vendu en l'année 1713. à Gauffan du
consentement exprès de son mari , une vigne dotale dont
le prix fut destiné & indiqué pour le payement de partie
des droits legitimaires de Jean-Joseph Audoyer , frere de ladite Izabeau , la Cour confirma cette vente.

Je croi que la décision de ce dernier Arrêt doit prévaloir en these , & que toutes les fois que l'alienation du fonds
dotal est faite par l'acquit d'une hypotheque à laquelle ce
fonds est assujetti , elle doit subsister ; car le motif de la prohibition d'aliener le fonds dotal cesse alors , puisque loin
que l'alienation soit ruineuse pour la femme , elle tourne au
contraire à son avantage par la liberation qu'elle lui acquiert ; or Justinien ne prohibe l'alienation du fonds dotal
constante matrimonio , que par cette raison *ne sexus mulie-*
bris fragilitas in perniciem substantiæ earum vertatur.

Il faut néanmoins que tout soupçon de collusion entre
le mari & l'acheteur du fonds cesse , & qu'il n'y ait point
de lezion notable dans la vente ; car alors cette lezion
pourroit donner lieu à la resolution du Contrat, de même
qu'elle opere la cassation d'une vente faite par un Mineur
sous l'autorité d'un Curateur , puisque la femme qui fait
une vente du fonds dotal , sous l'autorité & par le consentement de son mari , (qui est reputé legitime administrateur
de ses biens ,) doit joüir du même avantage que le Mineur ,
les Loix & les Arrêts accordant la restitution en entier
aux femmes deçûës & lezées , *quando certant de damno vi-*

tando, fuivant la Doctrine de notre Auteur, & l'Arrêt qu'il rapporte, Liv. 2. Chap. 43. *in fin* ce qui eft encore établi dans les Loix du Digefte, & du *Code ad velleyan.*

Il faut obferver que l'Arrêt rapporté par notre Auteur, fur la fin du Chapitre qui jugea que la donation faite par la mere à fon fils du confentement de fon mari dans le Contrat de mariage de ce fils, ne comprenoit pas la moitié de la dot, ne doit être appliqué qu'à la coûtume de Touloufe, fuivant laquelle la dot appartient au mari & aux enfans communs, ce qui exclud la femme de pouvoir en difpofer en faveur d'un des enfans au préjudice des autres, comme il fut jugé par Arrêt de la Cour au mois d'Août 1719. Rapport de Mr. de Baftard, Compartiteur Mr. Dejeges au au Procès de Deyde en la premiere Chambre des Enquêtes; cet Arrêt eft conforme à l'opinion de Mr. Cambolas Liv. 6. Chap. 45.

Ainfi la donation de tous les biens ou d'une cotte faite par la mere en faveur d'un de fes enfans, comprend la dot, de même que les biens paraphernaux hors de la Coûtume de Touloufe, fur quoi l'on peut voir Mr. d'*Olive*, Liv. 3. Chap. 29.

Il y a un Arrêt rendu en la troifiéme Chambre des Enquêtes, le 6. Février 1723. entre Me. Dupin Avocat, & le fieur Ramel qui décida qu'une donation faite par la Demoifelle Mafre à la Demoifelle d'Arbufquier fa niéce, en faveur de fon mariage de la fomme de 500. liv. faifant partie des cas dotaux de la tante payable après fon decès, & celui de fon mari étoit valable.

On ne préfuma point que la femme eût été induite par fon mari, ni par careffes, ni par ménaces à faire cette donation, puifqu'elle regardoit fa propre niéce; mais fi la donation eût regardé un parent du mari ou un étranger, la Cour auroit fans doute jugé differemment en prononçant la caffation de cette donation, par les raifons de droit que j'ai ramenées au commencement de cette obfervation.

B ij

C H A P I T R E V.

*Des acquisitions faites durant le mariage, par la femme
qui a constitué tous ses biens, & à qui elles
appartiennent.*

JE suis de cette opinion que quand les heritiers d'une
femme qui s'est constituée en tous ses biens peuvent
prouver que les acquisitions par elle faites, *constante matrimonio* proviennent de quelque trafic qu'elle a fait, le mari ne peut prétendre le prix de ces acquisitions, & que tout
son droit doit être borné à la joüissance qu'il a euë des biens
acquis comme un fruit des biens dotaux : Je fonde mon avis
sur ces raisons. 1°. Que la Loi *Quintus mutius*, *ff. de donat. inter virum & uxor.* établit formellement que les acquisitions faites *constante matrimonio* n'appartiennent au mari que par une présomption de droit qui cesse & demeure
détruite par la preuve des moyens & des ressources que la
femme a eûs pour acquerir *verius & honestius est quod non
demonstratur unde habeat mulier, existimari à viro ad eam per-
venisse.* 2°. Que suivant la Doctrine des Interprêtes le négoce ou trafic d'une femme fait toûjours cesser la présomption de la Loi, Mornac rapporte à ce sujet l'opinion de
Jean Faber, de Dumoulin & de Chassanée sur la Coûtume de Bourgogne. 3°. Que Faber dont l'opinion servit de
fondement à cet Arrêt ne parle point d'un négoce ou trafic particulier de celui du mari, fait par une femme qui est
pourtant l'espece de l'Arrêt ; mais qu'il dit seulement qu'une
femme qui cohabite avec son mari, ne peut tirer avantage
de la diligence, & de l'industrie qu'elle a fait paroître par
son économie & son travail journalier dans les affaires domestiques, *nec ad rem pertinebit*, dit-il, *si mulier diligens
& industriosa, mater familias esse probetur, cum operas suas*

quales cumque marito præſtare teneatur, ſi eam maritus ſecum habeat, ce qui tombe ſur l'induſtrie de la femme, dans l'économie de la menagerie, ou dans le metier que ſon mari exerce, & nullement ſur toute autre induſtrie propre à la femme, qu'il dépend d'elle de mettre en œuvre.

On peut remarquer ici que le même Faber après avoir établi au lieu cité par l'arreſtographe que la préſomption de la Loi *Quintus mutius* profite aux Créanciers même du mari contre la femme, ajoûte que cette préſomption n'a pas lieu dans les circonſtances, ou une femme qui eſt riche s'eſt mariée à un homme indigent, ni lorſqu'elle a negocié ſeparemment de ſon mari, ni quand elle a prêté de l'argent au vû & ſçû de ſon mari, avec aſſertion que cet argent lui eſt propre & lui appartient, ſans que le mari ait reclamé de tout cela ; en un mot la Loi *Quintus mutius* ne diſtingue point entre les femmes artiſanes, & les autres, & ſe contente de préſumer que les acquiſitions proviennent *ex re mariti*, quand on ne prouve pas le contraire, ce qui me détermine à croire qu'on doit indiſtinctement décider que la preuve étant établie des reſſources que la femme a euës pour acquerir, il faut lui adjuger les acquiſitions qui ſont le fruit d'une induſtrie ſinguliere, quoique artiſane, ſi ce qu'elle a acquis n'a point de rapport au métier de ſon mari ; car le mari n'ayant pû exiger d'elle d'autres œuvres que celles qui regardent ſon métier, on ne peut pas dire qu'elle ait été obligée d'acquerir pour lui dans tout autre métier, & c'eſt ainſi qu'il faut entendre la déciſion de Faber fondée ſur la Loi 48. *de oper. libert.*

CHAPITRE VII.

Des Mariages des Huguenots.

PAr Arrêt du 23. Juillet 1721. au Rapport de Mr. de Celés en la Grand'Chambre en faveur de Dame Elizabeth de Bar de Camparnaut Marquise de Bougi contre la Dame de Bar, veuve du sieur de Rieupeiroux, la Dame de Savoix épouse du sieur de Larbouft, la Dame Marguerirte de Savois épouse du sieur de Villemade, la Dame de Ferre, le sieur de Brisac & autres, il a été jugé que la succession d'un Religionnaire sorti du Royaume pour fait de Religion par permission du Roi ou par contrainte à cause de ses ordres devoit être reglée, eu égard au tems, de la mort naturelle du Religionnaire sorti du Royaume, & non eu égard au tems de la sortie ; & qu'ainsi les plus proches parens au tems de la mort naturelle devoient succeder & non pas ceux qui se trouveroient les plus proches au tems de la sortie ; & par cet Arrêt la succession de la Dame de Bar d'Altairac sortie du Royaume par ordre du Roi, fut adjugée à trois niéces existantes lors de la mort naturelle de ladite Dame Altairac, arrivée en 1701. au préjudice des filles de la Dame de Bar de Savois petites niéces, la mere desquelles étoit vivante lors de la sortie.

La raison déterminante de cet Arrêt est prise de ce que la sortie du Royaume n'emporte pas avec soi mort civile du Religionnaire, lorsqu'elle se fait par permission du Roi, que si au contraire cette sortie se trouve destituée de la permission du Roi, le Religionnaire est reputé mort civilement dès sa sortie, sur quoi l'on peut voir les articles 2. 7. & 8. de l'Edit de 1689.

Un Religionnaire absent depuis l'année 1685. tems du changement de Religion & de la destruction des Temples, seroit présumé sorti du Royaume sans permission du Roi, &

par-là reputé mort civilement ; c'eſt ainſi que la Cour le jugea par Arrêt rendu en la troiſiéme des Enquêtes le 11. Mai 1716. au Rapport de Mr. de Vic, entre Eſperou & Antoine Martin.

Dans ce Procès on rapportoit un Certificat du Curé & des Conſuls du lieu & domicile de l'abſent, portant que le bruit public étoit qu'il étoit ſorti du Royaume en l'année 1685. l'Arrêt ouvrit une ſubſtitution par ſa ſortie, hors du Royaume, qui devoit s'ouvrir à ſon decès, par où il fut reputé mort civilement, malgré l'allegation du poſſeſſeur des biens dépendans de cette ſubſtitution, qu'il étoit reputé vivant ſelon la *Loi*, juſqu'à la centiéme année de ſon âge, & que c'étoit au demandeur en ouverture de ſubſtitution à prouver ſa mort ; la Cour ſe détermina ſur les circonſtances de ſon abſence arrivée en 1685. tems de l'évaſion hors du Royaume de la plûpart des Religionnaires.

CHAPITRE XIII.

Si le pere ou la mere remariez ſuccedent en proprieté à un des enfans du premier lit, aux biens qu'il a eu de la ſuccesſion de l'ayeul ou de l'ayeule, ex patre vel matre defunctis, *lorſqu'il y a des enfans de ce même lit.*

LA Novelle 22. *Chap.* 46. §. *ſi autem inteſtatus*, porte que la mere qui convole à de ſecondes Nôces pert la proprieté des biens que ſes enfans du premier lit morts *ab inteſtat* laiſſent à leurs freres provenant du chef paternel, & qu'elle ne conſerve que l'uſufruit de ſa portion hereditaire ; la proprieté appartenant aux autres enfans freres du défunt & ſes coheritiers avec la mere.

La diſpoſition de cette Novelle a fourni matiere de diſpute qui roule ſur l'interpretation de ces mots, *paterna ſubſtantia* inſerez dans la conſtitution de Juſtinien, & que les

uns ont voulu étendre aux biens de l'ayeul , & les autres
reſtraindre aux ſeuls biens du pere de l'enfant decedé *ab
inteſtat* , Mr. de *Cambolas* Liv. 5. Chap. 45. eſt du premier
avis & a pluſieurs adherans ; nôtre Auteur au contraire eſt
du ſecond , & appuye ſa déciſion ſur un Arrêt de ce Parlement.

La déciſion de cette queſtion dépend à mon avis de ces
deux regles ou maximes. 1°. Si en theſe ſous le nom de *paterna ſubſtantia* , on doit comprendre tout ce qui vient du
chef du pere & des aſcendans. 2°. Si les peines des ſecondes
nôces meritent les adouciſſemens d'une interpretation favorable , la Loi comprend l'ayeul ſous le nom de pere ; de
même qu'elle renferme les petits fils ſous le nom de fils ,
& c'eſt par une juſte & raiſonnable interpretation , comme
s'eſt expliqué le Juriſconſulte *in Leg.* 201. *ff. de verbor. ſig-
nif. juſta interpretatione recipiendum eſt ut appellatione filii
ſicuti filium familias contineri ſæpe reſpondebimus , ita & ne-
pos comprehendi videatur , & patris nomine avuſ. quoque de-
monſtrari intelligitur.* Cette regle eſt conſtante , & géneralement reçûë par tous les Interprêtes.

De-là il faut neceſſairement conclurre que ſous cette dic-
tion de *paterna ſubſtantia* , les biens provenans de l'ayeul
ſont compris , & que par la diſpoſition de la Novelle , la
mere perd également la proprieté des biens que l'enfant
mort *ab inteſtat* , a du chef de ſon ayeul paternel que de
ceux qui lui viennent de ſon pere ; mais , dit on , cette conſtitution eſt penale & merite par conſequent d'être reſtrainte
& interpretée des ſeuls biens du pere , ſuivant la maxime priſe de la Loi *Interpretatione* , *ff. de pœnis* , & c'eſt-là le fondement de l'opinion de notre Auteur & de l'Arrêt qu'il rapporte ; la maxime eſt conſtante & ſuivie même en pratique ;
mais il s'agit de ſçavoir ſi elle doit être appliquée aux ſecondes Nôces.

Il demeure établi & par les Loix civiles & par les Loix
canoniques , que les ſecondes Nôces n'ont rien en ſoi de
favorable. Pour les Loix civiles & les nouvelles conſtitu-
tions

tions des Empereurs, elles leur ont imposé differentes peines, les Loix de l'Eglise témoignent bien que ces secondes Nôces n'ont pas grande faveur puisqu'elles se contentent de les tolerer, mais ne les approuvent pas *can. si qua fuerit* 7. *in fin.* 31. *q.* 1.

Mr. d'Olive, *Liv.* 3. *Ch.* 16. observe que les peines des secondes Nôces ne font pas de celles qui meritent des adoucissemens, ni la faveur de l'interprétation, & je croi cette observation conforme à l'esprit des Loix & des constitutions renduës contre les secondes Nôces, ce qui me détermineroit à refuser à la mere remariée les adoucissemens que l'on donne ordinairement aux choses penales, & a décider qu'il faut suivre toute l'étenduë de l'interprétation qu'on peut donner à ces mots *Paterna substantia* ; sous lesquels les biens de Layeul doivent être regulierement compris, à quoi j'incline encore plus volontiers, si par les circonstances l'on peut conjecturer que les biens parvenus au petit fils du Chef de son Ayeul, lui ont été donnés *contemplatione patris*, étant alors proprement biens du pere, *argum. Leg.* 6. *ff. de Collat. Bonor.*

CHAPITRE XV.

De la femme convaincuë d'adultere.

LEs rigueurs du mari envers la femme trouvent quelquefois leur fondement dans des soupçons d'adultere, elles donnent lieu à leur séparation dont la durée est arbitraire aux Juges, & dépend des circonstances differentes du procès. Mais quand il y a lieu à la séparation, & que la Cour adjuge une pension alimentaire à la femme, cette pension ne se regle pas précisement eu égard au montant des interêts de sa dot, elle peut l'exceder quand il n'y a point d'enfans dont le mari soit chargé ; ce qui fut ainsi jugé à l'Audience Tournelle, President Mr. de Marmiesse, le 18. Mars 1712. ce même Arrêt décida encore que les informations faites par la femme contre son mari pour mauvais traitemens n'avoient pû être decretées d'un ajournement personnel, (ainsi qu'elles l'avoient été par le Senéchal de Cahors) & que la voye criminelle ne peut être prise contre le mari, la preuve des mauvais traitemens ne devant être faite qu'aux fins civiles & pour parvenir à une séparation.

Cet Arrêt adjugea 300. liv. de pension à la Demoiselle de Peire pendant deux ans qu'elle demeureroit separée de Me. Benech son mari, quoique la dot ne donnât que 240. liv. d'interêt, & cassa l'Ordonnance de decret d'ajournement personnel renduë contre le mari par le Senéchal de Cahors sur les Conclusions de Monsieur l'Avocat General d'Avisard, plaidans pour Benech Me. de Lardos, & pour la Demoiselle Peire Me. de Montaudier.

S'il arrive que le mari ait plusieurs enfans à nourrir, alors on n'adjuge pas à la femme une pension proportionnée au montant des interêts de sa dot, comme il fut jugé à l'Audience Tournelle le 19. Février 1710. President Mr. de Ciron, entre la Dame de Negre, & le sieur de Gouroussé son mari, la Cour ne donna à cette femme que 400. liv. de provision par an, payable de six en six mois par avance, quoiqu'elle eût porté à son mari 13000. liv. de constitution dotale, & cela parce qu'elle avoit trois enfans de ce Mariage dont l'entretien rouloit sur le mari, à qui la dot n'a été constituée que, *ad sustinenda onera Matrimonii*, *Leg. pro oneribus Cod. de Jur. dot.*

Quoique les incommodités d'une femme & une maladie habituelle ne soient point un sujet légitime de séparation, ni pour la femme, ni pour le mari, quelquefois la Cour pour certaines considerations, en declarant qu'il n'y a pas lieu à la séparation, ordonne néanmoins que la femme demeurera séparée pour certain tems de son mari en lui adjugeant une pension alimentaire, comme dans l'espece de l'Arrêt rendu entre la Dame de Brunet, & le sieur Pouget de Lugaignac son mari prononcé à l'Audience de la Grand'Chambre le 29.

Avril 1709. par Mr. le Prefident de Montbrun, fur les Conclufions de Mr. le Procureur General le Mazuyer, plaidans pour
la femme Me. de Montaudier, & pour le mari Me. de Cau-
fade.

La Dame de Brunet du confentement de fon mari s'étoit
retirée à la Ville de Milhau pour y faire fes couches qui lui
laifferent de grandes incommoditez, & la reduifirent dans
un état de paralifie; ce fut un prétexte pour elle de refufer
d'aller à la compagnie de fon mari dans fa terre de Lugaignac, parce qu'elle avoit des accidens qui demandoient un
prompt fecours de la Medecine qu'elle ne pouvoit avoir à la
Campagne; c'eft fur ce motif que la Cour en declarant n'y
avoir lieu à la féparation demandée par la Dame de Brunet;
ordonna que pour certaines confiderations elle ne feroit tenuë de revenir à la compagnie de fon mari que dans un an;
& que pendant ce tems fon mari feroit tenu de lui payer la
fomme de 1000. liv. de penfion alimentaire qui étoit l'interêt
de fa dot.

C'eft là un de ces jugemens que les Tribunaux Superieurs
peuvent rendre par ces motifs d'équité, qui fléchiffent en quelque forte la rigueur de la Loi, & lui confervent néanmoins
toute fon autorité & fa force.

On peut ici obferver qu'une femme mariée qui accouche
avant le tems ordinaire, & dans fix mois après la Celebration du Mariage ne peut même du confentement de fon
mari porter fa plainte de groffeffe contre un tiers des œuvres
duquel elle prétend être enceinte avant fon Mariage; c'eft
ainfi que cette queftion fut jugée le 30. Août 1719. à l'Audience Tournelle, plaidant Me. d'Aftruc pour la nommée
Boulet, contre le nommé Thoufet Cabaretier.

Dans l'efpece de cet Arrêt la nommée Boulet qui avoit
refté en qualité de Servante chez Thoufet Cabaretier, fe
maria quelque-tems après avec le nommé Bonnet; fix mois
après fon Mariage elle accoucha, Bonnet furpris de la naiffance avancée de cet enfant, demanda à fa femme fi elle
n'avoit point été connuë de quelque autre, elle lui répon-

dit qu'elle étoit enceinte des œuvres de Thoufet fon ancien maître, le mari l'ayant obligée de porter fa plainte contre Thoufet devant le Juge des Lieux qui fit l'Inftruction, l'affaire portée en la Cour par appel, Thoufet fut relaxé de cette accufation.

La raifon déterminante de cet Arrêt, fut que la Loi préfume que l'enfant né pendant le Mariage eft procréé des œuvres du mari, & que dans les circonftances de ce procès, il falloit croire que le mari avoit charnellement connu fa femme avant le Mariage, & cette préfomption, *eft juris, & de jurè quæ contrariam probationem excludit.*

CHAPITRE XVI.

Si la penfion ftipulée en faveur de la femme au cas du prédecès du mari, eft dûë au cas de diftribution, même par la caution du mari.

Si le cautionnement en ce cas peut être revoquée par la furvenance d'enfans.

Si le cautionnement fait par la mere pour la dot conftituée à fa fille, eft fujet au retour.

Si le mineur peut être relevé d'une conftitution immenfe.

LE fimple adultere commis par un Prêtre denué des circonftances aggravantes comme d'avoir voulu procurer l'avortement de la femme enceinte, eft un délit commun de la feule compétance du Juge de l'Eglife, cette queftion a été ainfi jugée par deux Arrêts de la Cour. Le premier en datte du 30. Janvier 1643. rendu en la Chambre Tournelle; cet Arrêt en caffant la procedure faite par les Ordinaires de Montefquieu, renvoya le Prêtre accufé devant le Juge d'Eglife, il eft rapporté par Me. Albert Lettre C, art. 1. Le fecond fut rendu en la même Chambre Tournelle le 12.

Juillet 1720. conformément aux Conclufions de Mr. le Procureur Général, Préfident Mr. de Caulet Gragnagues dans la caufe de .   .   .   .

. Le Senéchal avoit inftruit comme cas privilegié. La Cour caffa & renvoya devant l'Official en feul , Me. d'Aftruc plaidant.

Le mari qui fe plaignoit de cet adultere avoit joint à la plainte des circonftances aggravantes, fçavoir que N . . . . avoit concouru & prêté fa main à l'avortement que fa femme avoit tâché de fe procurer par une feignée au pied qu'on lui avoit faite , ce N . . . . prefent à l'operation , & tenant la chandelle ; mais c'étoient là des allegations qui ne pouvoient point changer la nature du délit , quand même elles auroient été prouvées, puifqu'il auroit fallu prouver que la prétenduë feignée du pied avoit été faite en vûë de procurer cet avortement , & que ce N . . . étoit entré dans ce projet ; car celui qui procure l'avortement étant vrai homicide fuivant le *Canon Moyfes* 23. *quæft.* 2. ce N . . . en auroit été coupable comme complice, & l'homicide joint à l'adultere auroit rendu le délit privilegié , & de la compétance du Senéchal , *cap.* 139. *funt quædam* 23. *quæft.* 5. Ce Canon met encore le rapt & le vol au nombre des crimes dont la connoiffance appartient au Juge Royal.

Les conftitutions Canoniques regardent l'adultere comme un peché des plus graves d'un côté , *cap. quid in omnibus* 32. *quæft.* 7. & le mettent de l'autre au nombre des moindres crimes *de adulteriis vero , & aliis criminibus quæ funt minora poteft Epifcopus cum Clericis poft peractam pænitentiam difpenfare cap. at. Si Clerici extra de judic.*

D'où il faut conclurre que l'adultere n'eft pas regardé comme meritant une de ces peines qui rendent un Clerc jufticiable du Juge Royal ; & dont fait mention le Chapitre 139. *funt quædam* déja cité, & que la punition de ce délit eft du reffort du feul Juge d'Eglife, dans un Clerc pourvû qu'il ne s'y rencontre aucune circonftance qui en change la nature , & qui donne prife à la Jurifdiction Royale.

On peut rapporter ici un Arrêt du 21. Juillet 1646. rendu au Rapport de Mr. de la Roche, qui jugea que c'étoit un cas privilegié de refuser la Communion à la Sainte Table ; cet Arrêt fut rendu Chambres Assemblées contre un Prêtre du Diocése de Pamiers qui avoit refusé le jour de Pâques la Communion à une femme, en disant nous refusons la Communion aux yvrognes & aux paillards ; cette injure publique aggravoit sans doute le délit du Curé, mais n'influa point dans la décision de l'Arrêt qui jugea la question en These, & dépouillée de cette circonstance.

Le refus de la Communion est de la part du Curé une injure pour laquelle il peut être poursuivi criminellement, & la punition qu'il merite à ce sujet excede les bornes des peines Canoniques.

CHAPITRE XVII.

De l'action de dote male collocata, *& si la fille dotée par le pere, venant à lui succeder* ab inteftat, *doit conferer ou rapporter la dot à ses freres coheritiers, quoique le mari soit devenu insolvable depuis le mariage, ou s'il lui suffit* conferre inanem actionem.

UN étranger qui se marie en France, & qui n'y a aucuns biens fonds, ne peut prétendre que la dot lui soit delivrée, mais seulement les interêts *ad sustinenda onera Matrimonii.* On ordonne alors que la dot sera placée en main solvable, ou en fonds ; c'est ainsi que cette question fut jugée dans la cause de Victor Originaire de Suisse, & de la nommée Garaud sa femme par Arrêt d'Audience du 25. Juin 1714. Président Mr. le Premier, plaidans Mes. de Lardos & Huleau.

Deux raisons peuvent servir de fondement à cet Arrêt : la premiere qu'étant de l'interêt public que la dot soit confervée à la femme, elle ne peut trouver de sûreté dans la main d'un Etranger qui n'a aucuns biens fonds dans le Royaume, & qui n'en peut esperer par la voye de la succession légitime, puisqu'il est sans parenté ; la seconde qu'il n'est pas juste d'accorder aux Etrangers les mêmes prérogatives qu'aux Regnicoles, ce qui arriveroit pourtant si on leur livroit la dot avec la femme.

Le cautionnement est donc valablement requis, ce qui doit être ainsi ordonné *Argumento ducto* de cet usage, où les Cours du Royaume sont d'éxiger caution de payer le jugé du côté de l'Etranger qui a procès avec un Regnicole suivant la remarque de Mornac sur la Loy 1. *ff. judicatum solvi.*

D'ailleurs les Etrangers n'ont pas les mêmes avantages en jugement que ceux de la nation, puisqu'on leur refuse constament le benefice de la cession des biens ; ainsi qu'il resulte des Arrêts rapportés par Charondas en ses Réponses, *Liv.* 3. *Ch.* 37. & par Bacquet Aubeine, *Part.* 2. *Ch.* 16. Quoiqu'il semble que la faveur de la liberté que l'homme a reçû de la nature même, dût prévaloir sur les motifs de l'interêt civil qui ne permet pas de confondre dans un benefice accordé aux Citoyens, ceux qui n'ont pas droit de Bourgeoisie, mais des raisons de politique l'ont emporté ; elles ne veulent pas que la République accorde aux Etrangers les mêmes graces, & les mêmes prérogatives qu'a ceux qui ont pris leur naissance dans son sein. C'est la remarque d'Aristote, *Liv.* 7. *Ch.* 6. *de ses politiq.* & de Bacquet du Droit d'Aubeine, *Part.* 1. *Ch.* 2.

CHAPITRE XVIII. & XIX.

LA femme legataire même de l'entier usufruit des biens du mari, peut nonobstant ce legs repéter sa dot; en sorte que cet usufruit subsistera, & ne sera diminué que de cette portion de biens qui sera venduë pour le payement de la dot ; c'est la doctrine *de Ferr. sur la quest.* 541. *Guip.* Pour que la femme fût privée de joüir de ces deux avantages à la fois, il faudroit que le legs lui eût été fpecialement laiffé pour lui tenir lieu de dot, & en compenfation, *nifi fpecialiter pro dote ei maritus ea dereliquit*, *Leg. un.* §. 3. *Cod. de rei uxor aĉt.*

La nourriture & l'entretenement du legitimaire fur les biens du pere, empêche le cours de la prefcription de la légitime, & cette prefcription ne court que du jour qu'il eft forti de la maifon paternelle, ou qu'il a ceffé d'être nourri fur les biens de l'heredité. Mr. d'Olive Liv. 5. Ch. 31. rapporte un Arrêt de ce Parlement qui l'a ainfi jugé, en quoi le Légitimaire differe de la femme légataire dans le Teftament de fon mari, de fa nourriture & entretenement dans la maifon, qui eft obligée d'agir pour la repetition de ces cas dotaux depuis la diffolution du Mariage, fi elle veut fe mettre à l'abri de la prefcription, ce que la Loi *in rebus Cod. de jur. dot.* étend même au cas de diftribution des biens du mari.

La raifon de la difference eft prife de ce que le Légitimaire recevant journellement fa nourriture fur le Patrimoine du pere défunt, eft cenfé être en poffeffion de la légitime fubftituée par le Droit Civil à la place des alimens qui lui font dûs par les Loix de la nature, au lieu que le Legs fait à la femme de fa nourriture, ne pouvant lui reprefenter fa Dot, fi cela n'eft fpecialement porté par le Teftament, elle n'eft pas cenfée joüir de fa dot, quoi qu'en poffeffion des biens legués ; en forte que pour interrompre le cours de la prefcription elle doit neceffairement former fa demande judiciaire.

Je croi que ce qui eft donné a une femme avec charge expreffe de Fideicommis à fon decès, doit entrer dans la conftitution generale qu'elle fe fait de tous fes biens prefens & à venir ; par cette raifon qu'avant l'ouverture de la fubftitution, le fubftitué n'a nul droit fur les biens, *fubftitutio*, dit la Loi, *quæ non dum competit extra bona noftra eft Leg. fubftitutio, ff. de acq. rer. dom.* l'heritier grevé en eft confequament reputé le maître, la fubftitution pouvant devenir caduque par le predecès du fubftitué.

Il n'y a pas de doute que le fils ne joüiffe du privilege de
la

la dot de fa mere, fous quelque titre qu'elle tombe en fa
main, puifque la Glofe fur la Loi, *affiduis* §. *exceptis Cod.
qui potior in pign.* *habeant*, lui conferve ce privilege contre
la feconde femme repétant fa dot fur les biens du mari ;
quoique privilegiée elle-même, l'Empereur Juftinien dans la
Novelle 91. ayant expreffement refervé aux enfans le privilege de la dot de leur mere, il faut le leur conferver inviolablement, *jure filiationis,* ce que l'on peut étendre aux defcendans par la raifon de la Loi *Liberorum,* *ff. de verbor. fignif.*

CHAPITRE XXI.

*Si la veuve, qui ayant pris la tutelle de fes enfans, fe
remarie,* non petitis tutoribus *, eft fujette aux mêmes peines que celle qui fe remarie dans l'an de deüil.*

LA femme qui fe remarie *non petitis tutoribus*, a fes enfans du premier Mariage, doit être privée non-feulement de la fucceffion de fes enfans decedez depuis fon convol, mais même de fon augment dotal, & de tous les Legs
& avantages qu'elle peut avoir reçûs de fon défunt mari,
quoiqu'il l'ait difpenfée par fon Teftament des peines des fecondes Nôces.

C'eft ainfi que la queftion fut jugée en la feconde Chambre des Enquêtes le 30. Avril 1716. après partage vuidé en la
troifiéme au Rapport de Mr. l'Abbé de Palarin, Compartiteur Mr. l'Abbé de Roquette, entre Anne Loche qui avoit
convolé à des fecondes Nôces, & les heritiers *ab inteftat*,
des nommés Nicolas fes enfans.

Les Juges de la deuxiéme Chambre des Enquêtes, d'où
le partage fut porté, furent tous d'avis qu'Anne Loche étoit
privable de la fucceffion de fes enfans morts en pupillarité
après le fecond mariage, par fon convol *non petitis Tutoribus* ; mais ils furent partagez fur la queftion, fi elle étoit

privable de son augment & autres avantages reçûs de son mari ; les uns estimoient que cette femme n'ayant point d'enfans au tems de l'Instance, qui pûssent recüeillir le fruit de la peine qu'elle pouvoit avoir encournë, & se trouvant d'ailleurs dispensée par le Testament de son mari des peines des secondes Nôces, étoit assez punie, si on la privoit de la succession de ses enfans morts *ab intestat*, sans lui faire perdre des avantages que son mari avoit voulu lui conserver par une dispense aussi marquée.

Les autres au contraire appuyoient sur l'ingratitude de cette mere, qui avoit oublié ce qu'elle devoit & à ses enfans & à la mémoire de son mari, dont la dispense n'alloit point jusqu'à l'affranchir d'un devoir aussi naturel que celui de pourvoir à la défense de la personne, & des biens de leurs enfans communs avant de passer à un second mariage ; à quoi se joignoit une autre consideration prise de l'interêt public, qui exige que les pupilles ne soient point ainsi livrez à eux-mêmes & à la merci.

Ces dernieres raisons prévalurent avec fondement en la troisiéme Chambre des Enquêtes où le partage fut vuidé presque tout d'une voix le 25. Mai suivant.

Il fut décidé par ce même Arrêt que la mere n'étoit pas privable de la succession de ceux de ses enfans qui étoient decedez avant son convol, & que le second mari n'est pas tenu de rendre compte, conjointement avec sa femme de l'administration par elle faite pendant le second mariage, demeurant néanmoins ses biens hypothequés *in subsidium* pour le payement du reliqua.

CHAPITRE XXII.

De quels tems les biens du pere adminiſtrateur de ſes en-
fans ſont obligez pour les diſſipations qu'il en a
faites.

L'Arrêt dont fait mention l'Auteur, rendu à ſon Rapport au Procès de Turle, qui alloüa les enfans ſur les
biens de leur pere préferablement à la dot de la ſeconde
femme, pour la geſtion qu'il avoit euë de leur bien, échû
poſterieurement à ſon mariage avec cette femme, me paroît
ſingulier, par la raiſon que quoique le pere ſoit Procureur
legitime de ſes enfans non émancipez, *Leg. Sed hæ per-*
ſonæ, *ff. de procurat.* il ne pouvoit leur être obligé ici *ra-*
tione adminiſtrationis, & pour les diſſipations dont il s'agit,
que depuis qu'il s'étoit immiſcé dans cette adminiſtration,
Leg. pro officio, cod. de adminiſtr. Tut. car les Créanciers
ayant contracté de bonne foi avec le pere, & dans un tems
où ils ne pouvoient prévoir ſes diſſipations ni l'obligation
qu'il contracteroit à ce ſujet envers ſes enfans, puiſque la
ſucceſſion n'étoit point échûë ; c'eſt porter la faveur des enfans au-delà des termes de la Loi, que de leur accorder
un privilege d'hypotheque ſur des Créanciers anterieurs à
la geſtion du pere, puiſqu'il faut ici le regarder comme Procureur & legitime adminiſtrateur d'un bien aventif de ſes
enfans non émancipez ; & dans cette vûë n'accorder aux
enfans d'hypotheque que du jour de l'adminiſtration, y ayant
bien de la difference entre la décernation d'une Tutelle &
le cas dont il s'agit, puiſque cette décernation ſe repand
ſur tout ce qui entre dans la compoſition des biens du pupille, & qu'elle eſt générale, au lieu qu'ici l'adminiſtration
de la ſucceſſion échûë aux enfans étoit un évenement ſingulier ; & qu'à cet égard le pere avoit fait l'office de Pro-

cureur legal de fes enfans, & ne pouvoit leur être obligé que du jour de fa geftion.

On peut obferver à l'égard du pere adminiftrateur des biens de fes enfans qu'il a en fa puiffance, que ce pere ne peut aliener leur bien maternel ou aventif pour le payement même de leurs dettes *fine decreto* ; c'eft ainfi que la Cour le jugea au Rapport de Mr. l'Abbé Baftide en la troifiéme Chambre des Enquêtes le 7. Septembre 1722. dans le Procès de la Demoifelle Dupoux époufe du fieur Beral, contre Caffe frere & fœur.

Si les enfans font heritiers du pere qui a fait l'alienation de leurs fonds fans formalité de Juftice. Ils ne peuvent attaquer cette alienation & la débattre de nulliré, parce qu'ils font tenus de fon fait, *Leg.* **Cum à matre**, *cod. de rei vindicat.*

CHAPITRE XXIII.

Si la fille née, ex adulterino coïtu, *peut être legitimée par le mariage fubfequent de la mere avec l'adultere, contracté après la mort du premier mari, avec la difpenfe du Pape.*

Si les liberalitez faites à cette fille dans fon Contrat de mariage par fon pere & par fa mere, doivent être reduites aux fimples alimens.

IL eft certain que l'enfant né d'un adultere eft incapable de fucceder à fes pere & mere, & que ni leur mariage fubfequent ni la legitimation du Prince ne peut l'en rendre habile, fuivant la remarque de Graverol fur la Roche, *Liv. 2. tit. 3. art. uniq.* fondé fur la *Novelle 89. cap. ult.* mais cette incapacité n'exclud point la fille adulterine de pouvoir être dotée par le pere ou la mere, à la charge de reçour de la dot *foluto matrimonio*, le pere même eft obligé

de la doter sous cette condition, suivant l'Arrêt du 14.
Août 1664. du Parlement de Grenoble rapporté par Bas-
set en ses Arrêts, *Tom.* 1. *Liv.* 4. *tit.* 11. *Chap.* 2. Le motif de cet Arrêt peut être fondé sur la disposition de la Loi
2. *ff. de jur. dot.* qui envisage comme une chose interessante pour la Republique la constitution des dots en faveur des
filles, parce que c'est le lien ordinaire des mariages qui peu-
plent les Etats : C'est ce même motif qui peut déterminer
le Juge à laisser au mari de la fille adulterine la joüissance
des cas dotaux pendant le mariage, à quoi l'on peut ajoûter la raison de la Loi *pro oneribus, cod. de jur. dot.* que
la dot étant livrée & constituée par la femme à son mari
pour le soûtien des charges du mariage, il ne doit point
être privé de ses fruits pendant le tems de sa durée.

Au surplus la cause des alimens est si favorable que non
seulement le pere adulterin, mais l'ayeul même sont obligez
solidairement de les fournir à l'enfant bâtard, suivant l'Arrêt du 17. Fevrier 1652. rapporté par Boniface en ses Arrêts, *Tom.* 2. *part.* 2. *Liv.* 3. *tit.* 7. *Chap.* 1. *num.* 1. mais
cela doit toûjours être entendu jusqu'à l'âge où le bâtard est
en état de pouvoir gagner sa vie, suivant les Arrêts rapportez
par Loüet *Lettre A, Somm.* 4.

CHAPITRE XXVI.

Si après l'année de la vente des Marchandises, le Mar-
chand est recevable d'en former la demande, lorsqu'il
n'a point de reconnoissance par écrit du debiteur ; &
si le serment peut être deferé à ce même debiteur sur
la verité de la dette.

S Uivant l'art. 7. du tit. 1. de l'Ordonnance de 1673. concernant le Commerce, les Marchands en gros & en
detail sont tenus de demander le payement dans l'an après

la délivrance. Sur ce fondement il fut jugé par Arrêt de la Cour du 20. Décembre 1707. prononcé à l'Audience de la Grand'Chambre par Mr. le Premier Préfident de Moran, que le fieur Defpiau Marchand étoit irrecevable après l'année de la délivrance des Marchandifes, couchée fur fon Journal de boutique d'en former demande au fieur Ducros, fils & heritier d'autre Ducros, à qui la délivrance avoit été faite à la charge par Ducros de declarer par ferment qu'il ne fçavoit pas que la chofe fût dûë, plaidans Dumas Procureur pour Defpiau, & Teftori Procureur pour Ducros.

Cet Arrêt decide qu'après l'année même le Marchand eft recevable à déferer le ferment à celui qui a reçû la Marchandife fur la verité de la dette, auquel cas fi le débiteur confeffe, il doit être condamné au payement, s'il eft au contraire heritier du débiteur; on ne peut exiger de lui fi ce n'eft de jurer, s'il fçait on ne fçait pas que la chofe fe trouve dûë.

De cet article de l'Ordonnance fe tire une préfomption de droit que le prix des Marchandifes a été payé dans l'an; mais cette préfomption ne peut être détruite par d'autre preuve que celle qu'on peut tirer du ferment du défendeur, quand il n'y a point de reconnoiffance de fa part qui puiffe établir la preuve contraire, & anéantir la préfomption, c'eft la difpofition de l'art. 10. du même titre.

Cet Arrêt prouve encore que la Cour fuit fcrupuleufement la regle prefcrite par l'Ordonnance fur cette matiere.

CHAPITRE XXVII.

Si la nourriture & l'éducation des enfans d'un premier lit, peuvent être ôtées au pere remarié.

L'Education des enfans regarde toûjours le pere à l'exclufion des autres parens; c'eft à lui qu'il appartient de les rappeller dans fa maifon quand ils fe trouvent en d'autres mains, fuivant la difpofition formelle de la Loi 2. *cod. de liber. exhib.* & l'obfervation de la Glofe, *ibi. adi* dit cette Loi *Prefidem Provinciæ ac poftula filios tuos exiberi.* Il n'y a que le cas des mauvais traitemens & des excès de la part du pere qui pourroit faire l'exception de cette Loi : Alors le Juge commettroit l'éducation de fes enfans au plus proche parent ; mais le fecond mariage du pere n'eft pas un motif d'exclufion pour lui de cette éducation , parce que la Loi ne préfume point que ce fecond mariage change le cœur du pere à l'égard des enfans du premier lit ; au contraire elle préfume dans tous les tems favorablement de l'affection du pere à l'égard de fes enfans , *Leg. Cum furiofus , Cod. de curat. furiof. Leg. Si vero ,* §. *penult. ff. de adopt. Leg. Non folum ,* §. *de uno , ff. de rit. Nupt.*

Cette préfomption qui eft de droit ne peut être détruite que par la preuve du contraire , j'entends des mauvais traitemens qui excedent les bornes d'une correction paternelle & domeftique.

Quand le pere a convolé en fecondes Nôces , & qu'il y a de puiffans motifs pour conjecturer que les enfans du premier lit impuberes rifquent pour leur vie , en reftant dans la maifon de leur pere & de leur marâtre par la malice de celle-ci. La Cour a coûtume d'en l'aiffer l'éducation à l'ayeul ou ayeule maternels , comme il fut jugé le 14. Fevrier 1712. à l'Audience de la Grand'Chambre par Arrêt prononcé par Mr. le Premier Préfident de Bertier fur les Conclufions de Mr. Lecomte Avocat Général , Me. de Lardos plaidant pour le fieur de Sauveterre pere , & Me. de Lacroix pour Loujous & fon époufe , ayeul & ayeule maternels.

Dans l'efpece de cet Arrêt une fille du premier lit fe trouvoit donataire contractuelle de la moitié des biens de fon pere , & heritiere d'ailleurs de la dot de fa mere , qui par fon prédecez devoit tomber entre les mains de fon pere ; cette fille étoit dans fon bas âge , & recevoit des mauvais traitemens de la part de fa marâtre. La Cour ordon-

na qu'elle ſeroit élevée auprès de l'ayeul & ayeule maternels juſqu'à l'âge de 10. ans, après lequel tems elle ſeroit
renduë au pere pour être miſe dans un Convent à ſon
choix.

Cet Arrêt peut être fondé ſur la Loi 1. *ff. ubi pupill. educar. vel morari deb.* qui décide qu'on doit ſe regler en ce
point ſur les circonſtances ſingulieres qui peuvent ſe ren-
contrer pour donner l'excluſion au pere de cette éducation,
comme s'il y a du riſque pour la vie de l'enfant, ſur quoi
la Gloſe remarque que ce ſoupçon peut être établi ſi le pere
doit neceſſairement ſucceder au pupille; le cas de ſon décès écheant, & s'il eſt d'ailleurs dereglé dans ſes mœurs,
Mornac ſur la Loi 2. *Cod. ubi pupill. educar. deb.* obſerve
que le pupille dont le Tuteur eſt le plus proche ſucceſſeur
ab inteſtat, ne doit point être élevé dans ſa maiſon, ſuivant l'opinion de la Gloſe & des Interprêtes; mais il y a
cette difference entre le Tuteur & le pere, que celui-ci
eſt toûjours préſumé avoir de l'amour pour ſon fils; en ſorte
que pour l'exclurre de la Tutelle & de l'éducation de ſes
enfans, il faudroit qu'il ſe trouvât malfamé & d'une conduite reprochable.

Dans l'eſpece de cet Arrêt les mauvais traitemens de la
marâtre donnerent lieu de craindre pour la vie de cette fille
impubere, & ce fut proprement à la marâtre que l'Arrêt
l'enleva.

CHAPITRE XXX.

Si le fils de famille , mineur de trente ans , detenu pour des dommages & interêts , ou condamné à mort , peut épouser la plaignante , sans avoir le consentement de son pere.

Si la fille enceinte après l'âge de vingt-cinq ans , peut se marier sans le consentement de son pere , qu'elle n'a requis que depuis sa grossesse.

PAr Arrêt du 19. Janvier 1717. Président Mr. de Bertier Premier Président, plaidans Mes. Hulau pour Jourdan & Fournier fiancez , & Granier pour Fournier pere de la fiancée ; il fut jugé qu'il étoit indifferent que les Sommations & actes de respect faits par les enfans à leurs peres & meres , fussent faits avant ou après leurs fiançailles.

Le Contrat de fiançailles n'étant qu'une simple promesse de futur , & le mariage n'étant reputé accompli que par les épousailles, Il a paru suffisant que les Sommations respectueuses fussent faites *medio tempore* dans l'intervalle du Contrat de mariage ; & de sa célebration , par la raison qu'il suffit que les peres donnent leur consentement avant les épousailles pour qu'elles soient legitimes , suivant les Ordonnances Royaux , & que les Curés puissent départir valablement aux enfans de famille la Benediction Nuptiale.

CHAPITRE XXXI.

Des habits & linge conſtituez en dot.
De la dépenſe conſtituée en dot.

LA raiſon pour laquelle la femme ne peut repeter ſur les biens de ſon mari le prix de l'eſtimation entr'eux faite des choſes dotales pendant le mariage que depuis le jour de l'eſtimation, peut être priſe de ce qu'il ne ſeroit pas juſte de lui accorder à ce ſujet le privilege de priorité d'hypotheque ſur les Créanciers du mari ; parce que la femme s'étant conſtituée des choſes non eſtimées, on ne peut pas dire qu'elle eût lors du mariage aucune hypothéque pour cela ſur les biens du mari ; mais ſeulement le droit de retirer ces mêmes choſes lors de la diſſolution du mariage en l'état où elles ſe trouveroient. Cónſequemment ce ſeroit contre les regles de l'alloüer par privilege ſur les biens du mari pour le prix d'une eſtimation faite pendant le cours du mariage, parce que les Créanciers du mari n'ayant pas dû prévoir que la reſtitution de ces effets ſeroit changée en eſtimation, au moyen de laquelle la femme deviendroit Créanciere du mari, n'ont pû uſer de dénonce à la femme pour conſerver le rang de leurs hypotheques.

Je ſuis de l'opinion de la Gloſe *in verbo eſtimatæ*, ſur la Loi *In rebus, Cod. de jur. dot.* que quand le mari eſt inſolvable, la femme a une action pour retirer les fonds dotaux que le mari a reçûs, eſtimez lors du Contrat de mariage, & que ces fonds doivent être diſtraits en ſa faveur de la diſtribution du mari. La Loi *In rebus* me paroît déciſive pour cela, puiſqu'elle porte que ces fonds ayant originairement appartenu à la femme comme dotaux, ont naturellement reſté *in ejus dominio*, conſequemment elle peut les vendiquer *recta adverſus quos cumque poſſeſſores.*

CHAPITRE XXXIII. XXXIV. XXXV. *&* XXXVI.

C'Eſt un point de Juriſprudence de ce Parlement, que pour empêcher le privilege accordé à la femme par la Loi *Aſſiduis, Cod. qui potior. in pign. hab.* d'être preferée pour ſa dot aux Créanciers anterieurs de ſon mari ; les Créanciers doivent dénoncer par acte public leurs créances à la future épouſe, Mr. la Roche en ſes Arrêts, *Liv.* 2. *in verbo dot. art.* 1. obſerve que cette notification ou précaution de dénonce s'eſt introduite, *argum. Leg. Si fundum, Cod. de rei vindicat.* Me. Graverol ajoûte au même lieu qu'il ſuffit que cette notification ſe faſſe avant ou après le Contrat de mariage, pourvû que ce ſoit avant la célebration ſolemnelle en face de l'Egliſe, quoique la Roche ſemble exiger la dénonce avant les fiançailles ſur le bruit du Contrat de mariage

J'adopte volontiers la remarque que fait Graverol au lieu cité, qu'il lui paroît un peu extraordinaire que par les derniers Arrêts de ce Parlement, qui ont été depuis confirmez par ceux rapportez dans ce Chap. 35. (il ne ſuffiſe pas de faire l'acte de dénonciation au domicile de la future épouſe en parlant à quelqu'un de ſa maiſon ;) mais qu'il faille neceſſairement la faire à la perſonne.

Je ne vois pas quels peuvent être les motifs de décider que cette notification doive être faite indiſpenſablement à la perſonne ; il me paroît au contraire qu'il y a pluſieurs raiſons déterminantes pour autoriſer la notification faite au domicile.

1°. Il reſulte de la diſpoſition de l'Ordonnance de 1667. tit. 2. art. 3. que les ſignifications faites au domicile de la Partie, produiſent le même effet que ſi elles étoient perſonnelles ; par cette raiſon ſans doute qu'elles ſont cenſées connuës à la Partie : D'où il ſemble qu'il faut conclurre qu'il ſuffit que la notification des hypotheques ſoit faite au do-

micile de la future épouſe, parce qu'il eſt à préſumer qu'elle
en a eu par là une connoiſſance ſuffiſante.

2°. S'il falloit neceſſairement faire cette notification à la
perſonne, la précaution des Créanciers leur deviendroit
ſouvent inutile par la difficulté de parler à la perſonne avant
la conſommation du mariage ; car étant aujourd'hui d'uſage
preſque général qu'on paſſe ſans grand intervalle de la publication des bans à la celebration du mariage, au moyen
des diſpenſes des deux anonces qu'on obtient, & qu'on épouſe enſuite par permiſſion dans toute autre Egliſe que la Par-
roiſſe, & que les épouſailles ſe font pour ainſi dire clan-
deſtinement & furtivement ; il eſt bien difficile à un Créancier quelque vigilant qu'il ſoit (quand les futurs époux ſe
trouvent d'ailleurs d'intelligence) de pouvoir faire cette dénonciation à perſonne.

3°. Il n'eſt pas de cette notification comme d'un acte d'offre réelle, qui doit ſervir de fondement à une conſignation
que fait un débiteur à ſon Créancier ; alors comme il s'agit
d'établir & de conſtater le réfus ou l'acceptation de l'offre du
côté du Créancier, il faut que l'acte ſoit fait à perſonne ;
mais dans le cas d'une notification d'hypotheque n'étant ſimplement queſtion que d'en donner la connoiſſance à la perſonne intereſſée, ſans qu'il ſoit beſoin de réponſe de ſa part,
la ſignification faite au domicile ſemble devoir ſuffire.

4°. La diſpoſition de la Loi *Aſſiduis* renfermant un privilege extraordinaire, (ainſi que l'obſerve Mornac,) loin
de rendre ce privilege encore plus peſant & plus agravant
aux Créanciers du mari en les aſſujettiſſant à une dénonce
perſonnelle, il faut (ce ſemble autant qu'on le peut) en
adoucir la rigueur, en recevant dans les jugemens la notification faite au domicile, & lui donnnant le même avantage qu'à l'autre.

Je me range encore du côté des Arrêts rapportez par Graverol, *loco ſupra*, qui ont exigé non ſeulement une ſaiſie
générale, mais une pourſuite d'Enquans faite avant les épouſailles pour tenir lieu de dénonciation ; car il me paroît que

la simple saisie générale des biens du futur époux ne peut équipoller à la dénonciation, par la raison qu'il faut quelque chose de plus notoire & de plus public ; la saisie est un exploit proprement particulier entre le Créancier & le débiteur, elle ne devient publique que par les Enquans qui se font solemnellement, suivant les Ordonnances. Jusques-là, la saisie quoique générale peut être ignorée du public, & ce n'est pourtant que la voix publique qu'on conjecture qu'elle peut être connuë à la fiancée, à défaut de dénonciation faite par acte.

Quant à la dénonce faite par le coobligé avec le futur époux à la future épouse, je croi qu'elle ne peut servir au Créancier qui exerce les droits de son débiteur que pour la moitié de la dette, parce que par le droit nouveau & par la disposition de la Novelle *99.* chaque coobligé solidaire n'est tenu envers le Créancier que pour sa part & portion, quand les autres coobligez se trouvent solvables, à moins que le Créancier n'ait exigé de la part des coobligez une rénonciation au benefice de division introduit en faveur des coobligez, auquel cas il peut agir contre un seul pour le tout : ainsi si dans l'espece de l'Arrêt rapporté dans ce Chapitre *36.* les coobligez avoient eu renoncé au benefice de division, la dénonce faite par Maignac à la future épouse lui auroit rendu le Créancier préferable pour toute la dette, parce que Maignac auroit eu un interêt personnel pour toute la dette dans cette dénonce.

Je ne puis m'empêcher de faire ici une remarque au sujet du privilege singulier accordé aux femmes par la Loi *Assiduis,* de pouvoir vaincre & dénoncer dans l'ordre des hypotheques les Créanciers anterieurs du mari, qu'il seroit à souhaiter que ce Parlement se conformât à la pratique des autres Parlemens qui se regissent par le droit écrit, & où cette Loi est néanmoins sans vigueur, puisque les femmes y sont rangées du jour & datte de leur Contrat de mariage.

Cette Loi en effet est une source de Procès, & une oc-

cafion à la plûpart d'exercer leur mauvaife foi envers leurs
Créanciers ; elle eft une fource de Procès en ce qu'elle donne lieu aux diftribntions ruïneufes que l'on voit pendantes
dans les Tribunaux, & qui fe perpetuent dans les familles
par les faifies géncrales qu'un mari fait faire à fa femme
pour mettre toute fa fortune à couvert contre fes Créanciers
anterieurs aux Contrats de mariage ; & par ce privilege fingulier de préference que la Loi donne à la dot fur eux,
elle devient l'occafion des fraudes & des tromperies que les
maris mettent en œuvre contre leurs Créanciers, non feulement en faifant des reconnoiffances feintes & fimulées d'une
dot qu'ils n'ont pas reçûë ; mais en ôtant les moyens à leurs
Créanciers de pouvoir ufer de la voye de la dénonce à leur
future époufe, par la précipitation avec laquelle ils paffent
du Contrat des fiançailles à la celébration du mariage avec
difpenfe de bans ; en forte qu'un Créancier quelque vigilant
qu'il foit, eft roûjours furpris à cette occafion, & fe voit
fans reffource pour fon payement. La femme n'auroit point
à fe plaindre fi elle étoit rangée felon le droit commun par
la date de fon Contrat, & les Créanciers au contraire ont
lieu de regarder le privilege de la Loi *Affiduis* comme ini-
que, & dérogeant à la protection que la Loi doit au commerce des Contrats.

CHAPITRE XXXVII. XXXVIII. *&* XL.

JE croi que la déclaration du pere confignée dans le
Contrat de mariage de fon fils, concernant fes dettes
paffives, doit tenir lieu de dénonce à la future époufe, quand
cette déclaration eft faite par maniere de dénombrement des
affaires & de la fortune du pere de famille ; car la dénonce
peut être faite par équipollent, & il n'eft pas roûjours neceffaire qu'elle foit faite par acte à la future époufe, ainfi
qu'on le voit dans les circonftances d'une faifie génerale des
biens du mari fuivie des Enquans, parce que l'objet & la

fin de la dénonce n'étant que pour donner la connoiffance à la future épouse des hypotheques, dont les biens du futur époux se trouvent chargez ; il en faut conclurre que la déclaration du pere de famille est suffisante pour cela, & que la future épouse en pouvant tirer ses avantages par la connoiffance qu'elle lui donne n'a pas befoin d'une dénonce fpeciale, devant s'imputer fi malgré cette connoiffance elle paffe outre à la célebration du mariage, parce que *qui certus eft amplius certiorari non debet, Cap. eum qui de reg. jur. in 6.* Car fi cette dénonce avoit été introduite par la Loi *Affiduis*, qui donne ce privilege fingulier de priorité d'hypotheque fur les Créanciers du mari, alors on ne pourroit fuppléer au défaut de dénonce par équipollent ; mais fe trouvant introduite par la Jurifprudence des Arrêts, on peut en fe reglant par leur efprit décider que fi la future épouse a eu une connoiffance auffi pleine & auffi certaine que celle qui lui vient de la déclaration du pere de famille, des hypotheques dont les biens du futur époux étoient chargez. Cette connoiffance doit lui fuffire avec d'autant plus de raifon que d'un côté il eft de l'interêt public de conferver aux Créanciers l'ordre de leurs hypotheques, & que de l'autre le privilege de la femme étant contre le droit commun, & par confequent peu favorable en foi, il paroît raifonnable que la déclaration du pere de famille veille pour les Créanciers, & tienne lieu de dénonce, puifque rien ne peut lui être plus équipollent qu'une déclaration auffi folemnelle, ce qui fuffit fuivant la difpofition des Loix, *Leg. Nominatim, ff. de legat. 3. Leg. certum, ff. de reb. credit.*

A l'égard de la préference donnée à la dot de la feconde femme fur la dot de la belle fille reconnuë par le beaupere ; je croi qu'il faut ufer d'une diftinction, & ne pas faire une regle génerale de la décifion renduë par l'Arrêt dont fait mention notre Arreftographe ; je voudrois donc diftinguer ainfi. Où le mari lors du fecond mariage de fon pere, fe trouve fous fa puiffance où il eft émancipé. Au premier cas je croi qu'il faut alloüer la dot de fa femme par préference fur la dot de l'autre ; par la raifon qu'étant fous la main & puiffance de fon pere, la Loi le regarde ne faifant qu'une feule perfonne avec lui, & que d'ailleurs il fe trouve (pour ainfi dire) lié par l'autorité paternelle lors du fecond mariage de fon pere ; deux raifons qui l'empêchent d'agir pour la confervation du privilege de la dot de fa femme par une dénonce à la future époufe de l'obligation contractée à ce fujet par fon pere : Or les droits de la dot ne pouvant être vendiquez *conflante matrimonio* que par le feul mari, on ne peut rien imputer à fa femme fi elle n'a point ufé de dénonce pour la confervation du privilege de fa dot, & il feroit bien trifte pour elle que s'étant engagée au mariage, & ayant livré la dot à fon mari fous la foi de l'obligation de fon beau pere, elle fe vît fruftrée de la fûreté qu'elle avoit prife pour la confervation d'un bien que les Loix protegent fingulierement, *Leg.* 2. *ff. de jur dot.* Que fi au contraire le mari étoit émancipé au tems du fecond mariage de fon pere, ou la femme feparée en biens de fon mari ; alors n'y ayant point de dénonce faite à la future époufe, je croi que fa dot doit conferver le privilege qui lui eft accordé par la Loi *Affiduis*, parce que le mari auroit pû agir de fon côté, ou la femme feparée en biens qui depuis la feparation à l'exercice libre des actions qui concernent fa dot, *Leg. In rebus*, *Cod. de jur. dot.*

Pour ce qui concerne la portion qui compete à la femme pauvre fur les biens de fon mari decedé riche, il faut obferver que la difpofition de l'authentique, *præterea Cod. unde vir. & uxor.* reçoit fon application au mari pauvre à l'égard de la fucceffion de fa femme decedée opulente, fuivant la doctrine de *Benedict. in Cap. Raynut. verbo & uxor. nomin. adelaf. decif.* 5. *num.* 248. & que c'eft au Juge à regler la mefure des biens que doit avoir le conjoint furvivant pour le faire reputer pauvre ou riche. Cet Interprête ajoûte que la veuve ne doit point être reputée pauvre quoique fans dot, fi elle a une legitime à prétendre fur un pere riche, & que dans ces circonftances il n'y a pas lieu de lui adjuger le

quart

quart des biens du mari, ce qui a pareillement lieu à l'égard du mari qui a un pere riche & une legitime à prétendre sur ses biens.

Selon cette authentique, *præterea* la femme a le quart des biens si le mari défunt n'a laissé que trois enfans ou moins ; que s'il en a laissé plus de trois, elle n'a qu'une portion virile ; & dans ces deux cas, la proprieté doit être conservée aux enfans, & ne peut lui appartenir que par leur predecès. Sur ce quart où cette portion virille, la femme doit imputer le legs qui peut lui avoir été fait par son défunt mari. On peut voir sur cette matiere *Benedict. loco supra*, Ranchin *in tract. de success. ab intest.* §. 21. *num.* 6. Mrs. Maynard, *Liv.* 3. *Chap.* 25. *&* la Roche *sous le mot dot en ses Arrêts, Liv.* 2. *tit.* 6. *art.* 22.

Par Arrêt du 9. Septembre 1717. au Rapport de Monsieur de Raymond, la Grand'Chambre & Tournelle assemblées au Procès des sieurs Darles freres & la Dame de Grandiean ; la Cour n'adjugea à la Dame de Grandiean que 600. liv. de pension sur les biens du sieur Chamberlin son mari, qui avoit laissé trois cens mille livres de bien ; il est vrai qu'elle avoit 9000. liv. de dot, elle avoit demandé le quart de l'heredité fondée sur l'authentique, *præterea Cod. unde vir & uxor*, son mari étant decedé sans enfans. Quoique cette veuve eût 9000. liv. de dot, la Cour par un motif d'équité se determina à lui adjuger cette pension, en lui refusant le quart des biens du défunt mari, & cela par cette consideration qu'elle ne pouvoit vivre sans ce secours, avec cette aisance qui convenoit à la veuve d'un homme riche, & dont les grands biens tomboient dans les mains des collateraux.

CHAPITRE XLI.

De la revocation de la donation par la survenance d'enfans.

LA difposition de la Loi *Si unquam*, *Cod. de revocand. donat.* eft fondée fur une conjecture de volonté du donateur, qu'il n'auroit vraifemblablement pas fait la donation, s'il avoit penfé d'avoir dans la fuite des enfans, c'eft l'obfervation de Fernand dans le traité qu'il a fait fur cette Loi *num. 6.* cette donation renferme donc cette condition tacite dans le donateur *fi liberos non fufceperit.*

Les enfans du donateur qui n'a point de fon vivant impugné la donation, peuvent de leur chef en demander la revocation, fuivant les Arrêts rapportez par Boniface *Tom. I. part. I. Liv. 7. tit. 9. Chap. 3.* la raifon en eft que la Loi a uniquement envifagé la caufe des enfans dans fa difpofition ; & c'eft ce qui fait auffi que les Arrêts des differens Parlemens ont décidé que la furvenance d'enfans ne laiffoit pas de revoquer la donation ; quand ils venoient à mourir peu de tems après leur naiffance, on en trouve un dans Baffet en fes Arrêts, *Tom. 2. Liv. 6. tit. 3. Chap. 2.* conforme à celui dont fait mention nôtre Arretifte, il eft du 18. Août 1609. entre Jeanne Allard & Sufanne Molfane, l'art. 43. de l'Ordonnance de Fevrier 1731. l'a ainfi ftatué.

Cette Ordonnance a tranché toutes les difficultez qui s'étoient élevées entre les Interprêtes, & dont Mornac fait mention fur la Loi *Si unquam*, pour fçavoir fi le donateur pouvoit renoncer au privilege de cette Loi au préjudice de fes enfans ; l'art. 44. porte *que toute claufe ou convention par laquelle le donateur auroit renoncé à la revocation de la donation pour furvenance d'enfant, fera regardée comme nulle & ne pourra produire aucun effet.*

L'Ordonnance a regardé la caufe des enfans d'un œil fi favorable qu'en l'art. 42. elle veut que les biens rentrent dans *le patrimoine du donateur, libres de toutes charges & hypo-theques du chef du donataire, fans qu'ils puiffent demeurer affectés, même fubfidiairement à la reftitution de la dot de la femme du donataire, reprifes, doüaire ou autres conventions ma-trimoniales, ce qui aura lieu quand même la donation auroit été faite en faveur du mariage du donataire, & inferée dans le Contrat, & que le donateur fe feroit obligé comme caution par ladite donation à l'execution du Contrat de mariage.*

L'Art. 40. porte que la revocation aura lieu, encore que l'enfant du donateur ou de la donatrice fut conçû au tems de la donation.

Les donations même remuneratoires font revocables par furvenance d'enfans du donateur, ou par la legitimation faite enfuite par mariage fubfequent d'un enfant naturel qu'il avoit lors de la donation, c'eft la difpofition de l'art. 39.

A l'égard des donations remuneratoires, il femble qu'il eft équitable en dépoüillant le donataire des biens de lui adjuger la valeur des fervices rendus, *arbitrio Judicis*, c'eft fans doute l'efprit de l'Ordonnance ; car puifque la donation remuneratoire eft regardée comme le payement d'une dette, & que dans cette vûë les Arrêts l'ont conftamment jugée irrevocable par l'ingratitude même du donataire : Ne faut-il pas conclurre ici que le donataire doit être indemnifé à raifon des fervices qu'il a rendus, puifque fans cela l'Ordonnance en ftatuant la revocation de la donation, préjudicie-roit au droit d'un tiers, ce qu'elle n'a pas coûtume de faire dans les privileges qu'elle accorde.

CHAPITRE XLII. *&* XLIII.

Mornac fur la Loi 22. *Cod. de rei vindict.* obferve qu'il y a plufieurs cas où les interêts courent fans interpel-lation, du nombre defquels eft celui des interêts de la dot qui font dûs du jour du mariage, *at vero*, dit-il, *& cum dos vicem obtineat legitimæ naturalis, idem quoque in ea ſervari, quo ad uſuras à die matrimonii conſtat plus ſatis inter fori peritos*, c'eſt là un point d'uſage reçû au Parlement de Toulouſe, que les interêts courent du jour du Contrat de mariage.

Les interêts de la dot font alloüez aux heritiers étrangers de la femme, non ſeulement depuis le tems qu'elle a ceſſé d'être nourrie ſur les biens de ſon mari; mais au même rang que la dot, quoi qu'elle n'en ait point fait demande, ce qui fut ainſi jugé par l'Arrêt du 5. Juillet 1696. ſur quoi l'Auteur a équivoqué.

L'Arrêt qu'il cite du 18. Mars 1667. porte *ſans conſequence*, ainſi la queſtion n'avoit point été jugée en theſe, mais depuis il a été rendu un Arrêt le 30. Août 1727. au Rapport de Mr. Rey en la premiere Chambre des Enquêtes dans la diſtribution des biens du ſieur de Chaſtanet en faveur de Me. Ste. Marie Juge d'Auvillar, par lequel il fut jugé que les interêts dûs à Me. Ste. Marie, repréſentant la Dame de Perés, veuve du ſieur de Chaſtanet ſeroient alloüez au même rang que le capital, quoique la femme n'eût point fait demande de la dot, & que le ſieur Ste. Marie fût un ſucceſſeur étranger; ce n'eſt point contre les regles d'adjuger aux heritiers étrangers les interêts de la dot au même rang qu'a la femme, parce que ce n'eſt pas par un privilege perſonnel que ces interêts font alloüez à la femme au même rang que le capital; mais par la raiſon qu'ils lui tiennent lieu de fruit de ſa dot; les Créanciers ont le même avantage ici que les heritiers, parce que regulierement ils ont droit d'exercer les actions de leur débiteur.

La donation faite en faveur d'un des enfans qui naîtront du mariage (comme de l'aîné,) par le Contrat de mariage du pere & de la mere, eſt préferable à la dot d'une ſeconde femme ſur les biens du pere donateur; mais les interêts de la donation ne doivent être alloüez qu'après la dot & l'augment de cette ſeconde femme: C'eſt ainſi que cette queſ-

tion fut jugée le 11. Septembre 1649. en la deuxiéme
des Enquêtes, au Rapport de Mr. Olivier en la cause de
Pomarede contre Bigorre. Les interêts de la donation ne
furent pas regardez comme aussi favorables que l'avoient été
les interêts de la dot de la premiere femme, par la raison
de difference que la femme *certat de damno vitando* dans
la repetition de sa dot, au lieu que le donataire *certat de
lucro captando*.

CHAPITRE XLIV.

*De la repetition de la dot & augment sur les biens substi-
tuez, & sur les biens donnez nonobstant le retour, & si
la présence à un contrat de mariage nuit.*

POur que la dot puisse être repetée subsidiairement sur
les biens substituez, il faut qu'il y ait eu réelle numeration ; car la simple reconnoissance du mari ne suffiroit pas,
suivant la doctrine de Ferr. *sur la question* 2. de Duranti,
ut dos, dit ce Docteur, *possit repeti ex bonis substitutioni
obnoxiis oportet quod mulier doceat dotem numeratam esse cor-
poraliter, ita ut dos confessata sine reali numeratione hoc privilegium non habeat.*

La question, si notre presence comme témoin dans un
Contrat d'obligation que passe notre débiteur, peut nuire
à notre hypotheque s'il n'y a pas de protestation de notre
part, se réduit à ce point de sçavoir s'il y a eu de la part
du témoin une réticence frauduleuse de son hypotheque,
dans un Contrat pour lequel il a prêté son seing, officieu-
sement, & sans y avoir été appellé par quelque espece de
necessité, (comme on l'est par bienséance, ou par devoir) dans un Contrat de mariage de quelqu'un de sa famille.

Quand il y a reticence frauduleuse, (comme au cas que
le débiteur passeroit un Contrat de vente ou d'engagement

d'une chofe déja venduë à l'un des témoins, ou fur laquelle il auroit hypotheque fpeciale, fans que le témoin eût ufé
d'aucune proteftation : Alors fa préfence nuiroit fans difficulté à fon droit ou à fon hypotheque fur la chofe, fuivant
la Doctrine de Loüet & de Brodeau, & les Arrêts qu'ils
rapportent, *Lettre N*; *Somm. 6.* à quoi fe trouve conforme
la décifion renduë par l'Arrêt de ce Parlement du 18. Juin
1641. rapporté par d'Olive dans la nouvelle addition du Ch.
28. du Liv. 5.

Que fi le témoin comme le pere ou la mere affifte au Contrat par devoir ou par neceffité, (ainfi qu'il fe pratique ordinairement dans les Contrats de mariage des enfans ;) alors on
ne peut point regarder le filence des peres & meres comme
frauduleux, quand même ils auroient quelque droit fpecial fur
un fonds expreffement foûmis à l'hypotheque de la dot, par
les articles du Contrat ; & le défaut de proteftation ne pourroit leur nuire fuivant l'Arrêt de ce Parlement, rapporté par
Mr. de Cambolas Liv. 5. Chap. 25. dans l'efpece d'une mere
qui avoit affifté au mariage de fon fils, fans protefter de fon
hypotheque fpeciale fur la terre qu'il foûmettoit expreffement à l'hypotheque de la dot de fa future époufe.

Mornac, *ff. de refcind. vendit.* rapporte un préjugé du
Parlement de Paris contraire, par lequel il fut decidé qu'un
frere qui avoit été préfent au Contrat de mariage de fon
frere comme témoin, & qui n'avoit point fait de proteftation ni revocation de fon hypotheque en perdoit la priorité, & fe trouvoit reculé par celle de la dot conftituée, &
cela par cette raifon que le filence eft toûjours reputé frauduleux.

Lorfqu'il n'y a de la part de notre débiteur, qu'une obligation génerale de fes biens en faveur du nouveau Créancier pour une fomme prêtée, ou quelque engagement ou
vente de fonds fur lequel nous n'avons point fpeciale hypotheque ; alors notre préfence comme témoin, & le défaut
de proteftation de notre créance ne peut nous nuire, par
cette raifon alleguée par Loüet *loco fupra num.* 2. qu'il peut

fe faire, & que l'on peut croire que l'obligé a dequoi garantir ; mais fi en faifant cette obligation, l'obligé declaroit que fes biens ne font hypothequez à perfonne, alors felon *Loüet* le témoin devroit ufer de proteftation, fans quoi fon filence feroit reputé frauduleux : C'eft par ces diftinctions que j'eftime qu'il faut fe regler dans cette matiere, fans s'arrêter au préjugé rapporté par Mornac, qui paroît fingulier en ce qu'il repute conftamment le filence du témoin frauduleux, ce qui n'a pourtant lieu que dans les circonftances ci-deffus marquées.

J'ajoûte fur la matiere de la repetition de la dot & augment fur les biens fubftituez, que par Arrêt du *9.* Août 1677. rendu en la premiere Chambre des Enquêtes au Rapport de Mr. de Mua, entre la Dame Margueritte de Pelet veuve, la Dame Marie Dangeres & le fieur de Moreton, Chabrillou & le curateur decerné à l'heredité de Gabriel Dangeres. Il a été jugé que les interêts de la dot & de l'augment ne peuvent être pris même fubfidiairement fur les biens fubftituez ; mais feulement fur les biens libres du mari heritier grevé, ce qui doit être néanmoins entendu fi la fubftitution a été infinuée felon les Ordonnances.

CHAPITRE XLV.

De la prefcription contre la femme pendant le mariage.

IL n'y a nul texte du droit qui accorde à la femme en cas d'infolvabilité du mari, le recours contre le débiteur des deniers dotaux qui a acquis fa liberation par le fecours de la prefcription ; on doit au contraire decider fur la Loi même que la femme ne peut avoir ce recours.

Duperier *Liv.* 3. *Chap.* 5. de fes queftions qui panche à donner ce recours à la femme, ne fe determine que fur la Jurifprudence de fon Parlement qui s'eft introduite à ce fujet (dit-il) par un temperament que les Arrêts ont apporté à la déciſion de la Loi *Si fundum*, *ff. de fundo dotal.* Mr. Cambolas *Liv. 4. Chap. 27.* rapporte un Arrêt de ce Parlement du 26. Juillet 1620. par lequel il fut jugé qu'une preſcription commencée contre une fille ne court pas enſuite contre elle pendant ſon mariage, ſi ſon mari ſe trouve inſolvable, & il fonde la déciſion de cet Arrêt ſur la Loi *In rebus*, §. *non omnis*, *Cod. de jur. dot.*

La Loi *In rebus* citée par Cambolas, n'autoriſe point ce recours contre le débiteur en cas d'inſolvabilité du mari : l'Empereur qui y traite de l'exaction de la dot qui peut être faite par la femme après la diſſolution du mariage par la mort du mari, ou dans le cas de ſéparation ou de diſtribution de ſes biens, decide ſeulement que dans ces deux cas la femme ayant l'exercice libre de ſes actions, on peut lui oppoſer la preſcription, ſi elle néglige d'agir pour la repetition de ſes cas dotaux : On ne peut pas conclurre de la diſpoſition de cette Loi que la preſcription ne court point contre la femme, en faveur des débiteurs des deniers dotaux pendant le mariage en cas d'inſolvabilité du mari qui en a negligé la demande ; mais ſeulement que le mari ſe trouvant dépoüillé ou par la mort ou par la diſtribution de ſes biens, des actions dotales, la femme doit s'imputer ſi elle neglige d'agir contre ſes débiteurs, ou de vendiquer ſes biens dotaux alienez, à raiſon de quoi elle ne peut plus avoir recours ſur les biens de ſon mari entierement ſeparez des ſiens.

La liberation a tant de faveur & merite ſi fort d'être protegée, que dans cette vûë *Faber in ſuo Cod. Lib. 5. tit. 7. definit. 4.* donne pour maxime que le débiteur des deniers dotaux eſt valablement liberé, quoiqu'il en ait fait le payement au mari qu'il connoiſſoit inſolvable avant même l'écheance du payement, *ſi tamen* dit-il, *mulieris debitor inopi viro dotem ſolvat, adeoque antequam ſolutionis dies venerit placet liberationem contingere ; etiam ſi ſcit debitor maritum ſolvendo non eſſe :* Ce qui doit être entendu d'une connoiſſance

noiſſance

noiſſance particuliere au débiteur; car ſi l'inſolvabilité du mari étoit notoire au moyen d'une ſaiſie génerale, alors le dé-biteur ne payeroit point valablement ſi la ſaiſie lui avoit été ſignifiée : Or étant de regle certaine que celui qui preſcrit eſt ſemblable à celui qui a payé réellement ; ne faut il pas conclurre que le débiteur eſt valablement liberé envers la femme par le ſecours de la preſcription, & qu'elle ne peut avoir de recours ſur lui en cas même d'inſolvabilité de ſon mari.

Mais ce qui ſelon moi, doit mettre cette déciſion hors de toute atteinte, & le débiteur à l'abri de toute recherche de la part de la femme, eſt la diſpoſition de la Loi *Sicut*, *Cod. de præſcr.* 30. *vel* 40. *ann.* qui eſt expreſſe pour don-ner à la femme l'excluſion de toute action en garantie con-tre le débiteur qui a preſcrit, puiſqu'elle décide que la preſ-cription trentenaire court irrevocablement contre la femme, n'y ayant d'exception marquée que pour les pupill's ; *non fragilitate non abſentia, non militia contra hanc Legem defen-denda ſed pupillari ætate dumtaxat, quamvis ſub Tutoris de-fenſione conſiſtat huic eximenda ſanctioni.*

Il y a bien de la difference entre l'alienation du fonds dotal faite pendant le mariage, & la liberation que le débiteur acquiert par le ſecours de la preſcription pendant le mariage : Celui qui poſſede le fonds dotal eſt acquereur de mauvaiſe foi & le détient injuſtement, puiſque la Loi en prohibe l'alienation ; il ne peut donc être protegé par les Loix dans la poſſeſſion de ce fonds. Le débiteur au contraire qui ac-quiert ſa liberation à la faveur de la preſcription, ne fait qu'uſer du droit qui lui eſt ouvert, de pouvoir ſe liberer & de payer même à un mari qu'il connoît inſolvable ; en ſorte que le ſecours de la preſcription produiſant le même effet que le payement réel & effectif, le débiteur peut preſcrire de même qu'il auroit pû payer au mari, & cela me paroît ſans difficulté.

Je croi que la diſpoſition des deux Arrêts de ce Parle-ment, rapportez ſur la fin de ce Chapitre merite d'être ſui-

vie , & que le fonds dotal peut être vendu dans le même
Contrat de mariage où il a été conſtitué , & poſterieurement au mariage , s'il y a clauſe expreſſe dans le Contrat
qui en permette l'aliénation au mari.

La raiſon qui peut ſervir de fondement à ces déciſions ,
doit être priſe de ce que dans ces deux cas on ne fait rien
contre la prohibition de la Loi , qui défend l'aliénation de
la dot pendant le mariage avec le conſentement même de
la femme , parce que le motif de cette prohibition ceſſe dans
ce cas , qui eſt l'aſcendant trop ordinaire qu'un mari prend
ſur l'eſprit & la volonté de ſa femme , à la faveur duquel
il peut lui arracher ſon conſentement pour les aliénations
du fonds dotal , *ne muliebris ſexus fragilitas in perniciem*
ſubſtantiæ earum converteretur inſtit. quib. alien. licet vel non ,
ce qu'on ne peut pas craindre d'une aliénation à laquelle une
fiancée conſent par ſon Contrat de mariage , puiſqu'alors
tout dépend d'un traité fait en pleine liberté.

Quand l'aliénation du fonds dotal a été faite par le mari
& la femme conjointement , la femme ne peut en demander
la caſſation *conſtante matrimonio* , encore qu'il y ait une ſéparation volontaire , & un Certificat de pauvreté du mari qui
autoriſe la ſéparation ; ainſi jugé par Arrêt du 4. Juillet 1722.
rendu en la premiere Chambre des Enquêtes , au Rapport
de Mr. de Carellan Lamaſquere , en faveur d'Antoine Cha-
parede Bourgeois du lieu de Viol , contre Margueritte Chaſ-
ſan , femme d'André Jourquet.

La raiſon de cet Arrêt peut être priſe de ce que la ſéparation qui ſe fait *marito ad inopiam vergente* , ne donne aucune eſpece de faculté à la femme de commencer ni de traiter ſur la propriété du fonds dotal ; mais elle lui acquiert
ſeulement le maniment des fruits & revenus , pour être employez à l'entretien commun de ſon mari , d'elle & de leurs
enfans , *Leg. Ubi adhuc , Cod. de jur. dot.* Le mari n'eſt même pas abſolument dépouillé de la propriété du fonds dotal , (quoique ſeparé en biens d'avec ſa femme.) Cette propriété eſt alors dans une eſpece de ſequeſtration qui ne le

dépoüille point, de même que la faifie ne dépoüille point le faifi ; ainfi la femme ne peut avoir de droit fur cette proprieté, avec d'autant plus de raifon qu'elle peut rentrer libre dans les mains du mari, par un retour de fortune & par un rétabliffement de fes affaires. Or le mari étant maître des fonds dotaux a pû en faire l'aliénation *interim*, & la femme n'a point droit d'en demander la révocation pendant le mariage, puifqu'elle n'a point d'action en main, & qu'elle n'eft point perfonne legitime pour cela.

Quand le mari pourfuit le jugement d'un Procès en qualité de maître des biens dotaux de fa femme qui vient à déceder pendant l'Inftance laiffant des enfans fes heritiers ; il doit être affigné en réprife d'Inftance, *ut nova perfona*, & comme legitime adminiftrateur de fes enfans, fans quoi l'Inftance n'eft pas fujette à peremption, le decès de la femme en arrêtant le cours ; ainfi jugé par Arrêt d'Audience du 15. Juin 1715. en la Grand'Chambre, Préfident Mr. de Bertier plaidans pour Salat, mari, Me. d'Aftruc, & pour Durand fa Partie, Me. de Favier.

Suivant la Jurifprudence de ce Parlement le decès d'une partie inftanciée, ou d'un des Procureurs qui occupoit dans l'Inftance, en empêche non feulement la peremption ; mais proroge l'Inftance jufqu'à 30. ans depuis l'introduction.

Par Arrêt du 20. Avril 1719. prononcé à l'Audience par Mr. le Premier Préfident de Bertier, plaidans Mes. d'Hulau & Aftruc, il fut jugé que le Procès intenté par la femme avant fon mariage, concernant les biens dotaux tomboit en peremption, faute de pourfuites faites pendant le mariage : Cet Arrêt peut trouver fon fondement dans la Loi *Si fuxdum* 16. *ff. de fundo dot.* qui décide que quand la prefcription du fonds dotal a commencé avant le mariage, elle court pendant le mariage.

CHAPITRE XLVI.

Des cas aufquels le mari eft refponfable de la dot, quoiqu'il ne l'ait pas reçûë.

De la reconnoiſſance pour argent reçû ci-devant.

De l'exception de la dot non comptée.

JE fuis de l'avis de notre Auteur, que lorfque le beau-pere conftituant fe trouve folvable, le mari qui a négligé d'exiger la dot, doit en être quitte envers la femme en lui cedant ou à fes heritiers l'action qu'il a pour l'exaction de cette même dot.

Les ménagemens du gendre à l'égard du beau-pere qu'il n'a pas preffé pour le payement de la dot, fe trouvans autorifez par la Loi *Si extraneus, ff. de jur. dot.* me paroiffent appuyer cette opinion.

En effet fi la Loi n'impute point de négligence au gendre, qui par un ménagement raifonnable n'a pas voulu preffer fon beau-pere pour le payement de la dot, il en faut conclurre que n'ayant point exigé la dot d'un beau-pere qu'il connoiffoit folvable, nulle faute ne peut lui être imputée à cette occafion, n'y ayant que le cas d'une infolvabilité furvenuë qui peut rendre le gendre refponfable de fon inaction envers la femme ; mais fi le gendre n'a eu d'autre objet dans le filence qu'il a gardé fur la demande de la dot qu'il pouvoit faire à fon beau-pere, que d'ufer des ménagemens dont nous venons de parler ; c'eft fuivre l'efprit de la Loi, que de le mettre à l'abri de la reftitution de la dot qu'il n'a pas reçûë, & de renvoyer cette demande fur les biens du pere conftituant. Surquoi il faut remarquer que la décifion de Faber, qui fervit felon la remarque de notre Auteur de motif à l'Arrêt rapporté à ce fujet, n'eft pas renduë dans l'efpece du pere conftituant dot à fa fille ; mais du frere qui promet au futur époux la dot dont il étoit débiteur à sa sœur.

On sent d'abord la difference qu'il y a d'un cas à l'autre, prise des égards qu'un gendre doit naturellement à son beaupere, & qu'il ne doit pas au frere de sa femme debiteur de la dot, parce que suivant la Loi les collateraux étant réputez étrangers ; il s'ensuit que dans l'espece dont parle Faber au lieu cité, ce n'est point s'écarter de l'esprit de la Loi *Si extraneus*, que d'assujettir le mari qui a negligé la demande de la dot au remboursement, quoique le frere qui en demeure encore débiteur se trouve solvable.

On peut agiter ici la question, si la femme peut repéter la donation *propter nuptias* où son augment conventionel, quand le mari n'a point reçû la dot.

Les Docteurs se trouvent partagés sur cette question, de même que les Arrêts, *benedict. in cap. Raynut. in verbo*, & *uxor. decif.* 5. *num.* 221. *la Roche Liv.* 2. *Tit. du dot art.* 18. *Duranti quæst.* 77. *Cambolas Liv.* 3. *ch.* 2. rapportent des Arrêts de la Cour qui prouvent que la disposition de l'Authent. *sed quæ Cod. de Pact. conventis*, est reçûë dans ce Parlement, & qu'en consequence l'augment dotal ne peut être prétendu sur les biens du mari quand il n'a point été payé de la dot promise. Ce qui doit être entendu suivant *Ranch.* & *Ferr. sur la quest.* 224. *Guip.* Lorsque la femme elle-même a fait la constitution, Duranti d. quest. y comprend encore la constitution qui est partie de la main du pere de l'Epouse.

La raison en est à l'égard de la femme, que s'étant constituée la dot, elle doit s'imputer d'avoir été en demeure d'en faire le payement, & porter la peine de sa negligence, qui est la privation de son augment dotal selon la disposition *de l'Auth. sed quæ* ; & à l'égard du pere constituant qu'on ne peut imputer à negligence au mari, s'il n'a point exigé de lui la dot promise par un excès de ménagement suivant la Loi *Si extraneus, ff. de jur. dot.* ce qui doit avoir lieu avec la distinction marquée par la Jurisprudence de ce Parlement, je veux dire qu'on ne peut rien imputer au mari, si dans les dix

premieres années de l'échéance du payement de la dot , il n'a
point agi contre le beau-pere conſtituant, mais ſeulement après
les dix ans expirés ; en ſorte que ſi dans les dix ans la dot
promiſe par le beau-pere ne lui a pas été payée & qu'il vienne
à déceder , la veuve ne peut prétendre l'augment dotal ſur ſes
biens. Si au contraire le mari decede après les dix ans , l'augment ſera dû quoi que la dot n'ait pas été payée ; je croi
que c'eſt avec les modifications dont je viens de parler qu'il
faut recevoir *l'Auth. ſed quæ Cod. de Pact. conv.*

Les Arrêts du Parlement de Grenoble rapportés par Expilli , Arrêt Ch. 59. & ceux du Parlement de Paris par Papon en ſon Recuëil tit. de dots , Liv. 15. art. 13. ont décidé
que l'augment dotal eſt dû à la femme indiſtinctement , ſoit
que la conſtitution dotale ſoit partie de ſa main , où de celle
d'un Étranger , que la dot ait été payée ou non. Mais il faut ,
ſelon moi , reſtraindre la diſpoſition de ces Arrêts , & l'opinion des Interprêtes cités par Expilli à l'augment dotal Coûtumier , que la Coûtume locale du lieu fixe & détermine.

En effet , *Faber in ſuo Cod. Lib. 5. tit. de dot. prom. definit. 12.* dont Expilli employe l'autorité , parle de cet augment Coûtumier , & décide que l'augment conventionel n'eſt
point dû à la femme , ſi la dot par elle promiſe & conſtituée
au mari ne lui a pas été payée ; ſur quoi il faut faire cette diſtinction.

Quand l'augment ſtipulé entre les Parties , eſt relatif à la
dot conſtituée ; comme ſi par exemple il eſt reglé dans le
Contrat par une cottité , ou de la moitié ou du tiers de
la dot ; alors il n'eſt dû à la femme qu'au *prorata* du payement de la dot fait au mari ; ſi au contraire l'augment eſt donné à la femme principalement & indépendament de la dot ,
& comme pure liberalité du mari , alors il eſt dû quoique la
dot n'ait point été payée , parce que c'eſt une donation du
mari qui n'a nul rapport à la dot , & qui doit avoir ſon effet
par elle-même , c'eſt en ce ſens qu'il faut prendre *l'Auth.
ſed quæ* déja citée , & la doctrine des Auteurs. L'augment
Coûtumier eſt encore toûjours dû quoique la dot n'ait point

été payée au mari, parce qu'il eft donné par la Coûtume qui eft *ftricti juris*, & qui n'admet point de diftinction entre la dot payée ou non payée.

CHAPITRE XLVII *&* XLIX.

J E croi que l'Arrêt rendu après partage le 20. Juin 1668. rapporté au commencement de ce Chapitre, eft conforme aux regles, & qu'il faut conftament décider que quand la ceffion faite par le mari à un de fes créanciers d'une fomme dotale a été acceptée par le débiteur de cette fomme, la femme ne peut plus agir fur l'obligation cedée quoiqu'extante, fi la ceffion a été faite dans un tems non fufpect, & où les biens de fon mari n'étoient point dérangés.

La raifon de décider ainfi, eft prife de deux maximes également reçûës. La premiere que l'argent eft reputé meuble de fa nature, & conféquemment les obligations ou cedules fuivant *l'Obfervation de Duranti quæft.* 75. *num.* 2. La feconde que les obligations étant réputées meubles ne peuvent plus être fuivies par le créancier du Cédant, lorfqu'elles ont été dénaturées au moyen d'une ceffion acceptée, parce que les meubles n'ont point de fuite par hypotêque, lorfqu'ils font hors des mains du débiteur par l'alienation qu'il en a faite, *fuivant Rebuff. in tract. de litter. obligat. Gloff.* 2. *art.* 4. *num.* 38. *& la Roche en fes Arrêts Liv.* 2. *fous le mot hypotêques tit.* 4. *art.* 5.

La Loi *in rebus, Cod. de jur. dot.* qui donne le droit à la femme de vendiquer les fommes dotales, fi elles font extantes en cas de diftribution de biens du mari, ne pouvant être appliquée felon nos maximes aux ceffions acceptées, parce qu'alors les fommes ne font plus extantes mais dénaturées par la ceffion & l'acceptation, ce qui empêche la femme de pouvoir les fuivre par hypotêque.

Notre Compilateur fur cette matiere de ceffions, fait une diftinction qu'il appuye de l'autorité de deux Arrêts; ou le débiteur, dit-il, est à terme de payer la somme deleguée au tems de l'acceptation qu'il fait de la cession, où il n'est pas à terme. Dans ce dernier cas les créanciers du Cedant peuvent nonobstant l'acceptation, & avant l'échéance du terme faire saisir & arrêter la somme cedée, ce qu'ils ne peuvent faire, si au tems de l'acceptation le terme du payement étoit échû.

Cette distinction n'a point été adoptée par les derniers Arrêts, parce qu'on a trouvé qu'elle choquoit la disposition de la Loi & la doctrine des Interprêtes; en effet la Loi *Nomina* 17. *ff. de heredit. vel act. vend.* décide formellement que soit que le terme du payement soit échû ou non, on peut valablement faire cession de la dette, *nomina eorum qui sub conditione vel in diem debent, & emere, & vendere solemus ea enim res est, quæ emi & venire potest.* Si la dette peut être valablement acquise, l'Acquereur qui est le Cessionaire ne peut en être évincé par les créanciers du Cedant, quand il a signifié la cession au débiteur delegué. La Glose sur cette Loi, & Mr. Cujas, *ad Leg.* 19. *eod. tit.* confirment cette décision sur ces principes. Il fut jugé en la Grand'Chambre par Arrêt du 27. Juillet 1726. au Rapport de Mr. l'Abbé Boyer en faveur du sieur Roucairol, contre le sieur de Roquecesiere, que quoique le terme du payement ne fût point échû lors de la cession, & qu'il ne dût échoir qu'en 1728. posterieurement à cet Arrêt, la cession ayant été signifiée, les créanciers du Cedant n'avoient peu ensuite faire des executions sur la somme cedée : les banimens par eux faits furent cassez.

Après la cession du capital les interêts qui ont couru depuis la cession ne sont point dûs au Cedant, quoique la cession n'ait pas été signifiée au débiteur cedé, mais ils courent au profit du Cessionnaire, & alors ce débiteur cedé se libere valablement ; ainsi jugé en la troisiéme Chambre des Enquêtes au Rapport de Mr. l'Abbé de Mariote le 13. Mai 1721. entre Pierre Blanc, & Claude Jauffaud.

La raison de décider, fut prise de ce que la cession dépoüille le débiteur qui la fait, & que la signification n'est requise que

que contre ses créanciers pour dénaturer la dette & les empêcher de pouvoir suivre l'obligation avant d'être cancellée
par le payement.

CHAPITRE LI.

De l'émancipation tacite.

L'Absence volontaire du pere pendant 10. ans opere l'effet d'émanciper tacitement ses enfans qui ont demeuré
separés de lui, ce qui fut jugé dans l'espece suivante.

Le sieur Maynard qui avoit deux fils s'absenta du Royaume volontairement, & s'en alla en Espagne pour les affaires de son commerce ; cinq ans après son départ l'une de ses
deux filles se maria & eut un fils ; plus de dix ans après le
départ de son pere, elle fit un Testament par lequel elle ins-
titua Anne-Marie Mainard sa sœur au préjudice de son propre fils, lequel étant decedé à l'âge de trois ans, André Bassegui un de ses heritiers *ab intestat*, demanda sa portion de
sa succession, & de celle de sa mere qu'il avoit recuëillie,
Anne-Marie Mainard heritiere Testamentaire opposa le Testament ; Bassegui répondit que la Testatrice étant fille de famille n'avoit pas le droit de faire Testament suivant la Loi *6.
ff. qui Testam. fac. poss.* & autres textes qui declarent les er-
fans de famille incapables de faire Testament, même par la
permission de leur pere.

L'heritiere repliqua que son pere s'étant absenté volontairement pendant plus de dix ans, & la séparation se trouvant volontaire de la part du pere, produisoit une émancipation tacite, comme lorsque le pere a permis à son
fils d'habiter séparement de lui ; cette separation opere
l'émancipation tacite suivant la Loi 1. *Cod. de Patria potest.*
la Loi 25. *ff. de Adopt.* & c'est ainsi que la Cour l'a jugé
par Arrêt rendu en la premiere Chambre des Enquêtes
au Rapport de Mr. de Catellan la Masquere, le 7. Août

1730. Cet Arrêt debouta Bassegui de l'appel par lui interjetté de la Sentence du Senéchal de Carcassonne qui avoit confirmé le Testament, à la charge par l'heritiere instituée de bailler caution de restituer le tout a Mainard pere en cas il revint ; la Cour n'ayant pas reformé la Sentence pour ce dernier Chef concernant la caution , parce qu'Anne-Marie Mainard n'étoit pas appellante.

CHAPITRE LVII. *&* LXI.

LA disposition de la Loi *Hac edictali* , est reçûë non-seulement dans les Parlemens qui se regissent par le Droit Ecrit , mais dans ceux qui se reglent par la Coûtume , & où la Loi Romaine n'est reçûë que comme raison Ecrite ; c'est ce qu'on peut recuëillir de Mornac sur cette Loi , & de Brodeau sur Loüet *Lettre N , Somm.* 3. d'où il faut tirer cette conséquence que cette Loi a paru fondée sur les principes de cette équité qui doit toûjours dominer dans les jugemens , & qui sert de regle aux differens Tribunaux Superieurs de ce Royaume : il faut donc donner à cette Loi toute l'étenduë qui lui est propre , loin de la resserrer contre l'esprit du Legislateur. Et c'est dans cette vûë qu'on doit rejetter ici toutes les décisions qui peuvent diminuer la faveur des enfans du premier lit , & autoriser la disposition licentieuse de leurs peres ou meres qui convolent , & les avantages nuptiaux , ou de derniere volonté qu'ils se peuvent faire , soit directement , soit par voye oblique au préjudice des enfans du premier lit que cette Loi a eu pour objet de proteger.

C'est sur ces principes que je reglerai mes décisions. En commençant par l'Arrêt rapporté dans le *Ch.* 57. j'observerai que cet Arrêt a été rendu selon l'esprit de la Loi. Et que c'est avec fondement qu'il prononça le retranchement de la substitution faite par la femme en faveur du second mari , puisque cette femme ayant des enfans du premier lit , ne pouvoit sans doute , ni par voye d'institution ni de substitution (qui est une feconde inftitution) gratifier fon fecond mari au-delà de la légitime d'un des enfans du premier lit fuivant la Loi *Hac edictali* ; car la fubftitution tomboit fur la tête du mari, *judicio defunctæ uxoris*, & nullement par la voye d'*inteſtat* de fon fils, & cela fuffifoit pour autorifer le retranchement porté par la Loy *Hac edictali*. Ce retranchement devant même être ordonné toutes les fois qu'il paroît que par des voyes obliques, un des conjoints a voulu frauder la difpofition de la Loy en faveur de l'autre au préjudice des enfans du premier lit ; ainfi qu'il refulte de l'Arrêt du 29. Janvier 1658. rapporté dans le fecond Tome du Journal des Audiences, *Liv.* I. *ch.* 32.

Venant à l'Arrêt rapporté dans le Ch. 61. par lequel il fut décidé qu'une mere remariée peut valablement inftituer le fecond conjoint, à la charge de rendre à leurs enfans communs, fans que les enfans du premier lit puiffent demander le retranchement de l'inftitution felon la Loi *Hac edictali* : j'obferverai qu'il femble qu'en fe conformant à l'efprit de cette Loi, cette inftitution devroit être fujette au retranchement, parce qu'elle renferme une vraïe liberalité & donation envers l'heritier grevé, non-feulement par rapport à la joüiffance des biens, mais à la proprieté qui peut appartenir à cet heritier par le predecez du Fideicommiffaire, & par caducité de la fubftitution. Toutefois comme cette queftion fe trouve jugée par les differens Arrêts de la Cour rapportés par Mr. de Maynard *Liv.* 3. *Ch.* 75. Cambolas *Liv.* I. *Ch.* 21. la Roche *verbo* Mariage, *art.* 13. & d'Olive *Liv.* 3. *Chap.* 13. on peut regarder la décifion comme un point de Jurifprudence certaine de la Cour. Mais je croi qu'il faut décider, que fi par évenement la fubftitution devenoit caduque par le prédecès du Fideicommiffaire ; le mari ou la femme chargés de Fideicommis, ne pourroient prétendre à l'entiere heredité, & que l'inftitution feroit alors fujette au retranchement porté par la Loi en faveur des autres enfans du premier lit, ou de leurs heritiers en cas de predecez, par cette raifon que les Arrêts de la Cour dont fait mention d'Olive, ne laiffent que

H ij

la simple joüiffance des biens à celui des **Conjoints** qui eft chargé de rendre aux enfans, la proprieté demeurant par conféquent fujette au retranchement.

On peut agiter ici deux queftions affez intereffantes. La premiere fi les difpofitions de la femme qui a paffé à de fecondes Nôces fur le confentement exprès a elle donné par le Teftament de fon mari, font fujettes au retranchement de la Loy *Hac edictali*. La feconde fi ces mêmes difpofitions, foit de la femme à l'égard du fecond mari, foit du mari à l'égard de la feconde femme font affujetties à ce même retranchement, quand les enfans du premier lit ont donné leur confentement au Mariage de leur pere ou mere.

Sur la premiere queftion il faut obferver que le Préfident Faber *in fuo Cod. Lib.* 5. *tit.* 5. *definit.* 5. décide que le conjoint qui paffe à de fecondes Nôces fur le confentement ou du conjoint défunt ou des enfans du premier lit, n'encourt aucune des peines établies contre les fecondes Nôces. *Nullas pœnas patitur parens*, dit-il, *qui ad fecunda vota convolavit fi ex confenfu vel prædefuncti conjugis vel liberorum omnium ex priore matrimonio fuperftitum ita fecerit.* Cette décifion doit être étenduë felon Faber à la difpofition même de la Loi *Hac edictali*, puifqu'elle renferme une des peines des fecondes Nôces, & que ce Docteur les comprend toutes dans fa décifion, en quoi je ne fçaurois foufcrire à la Doctrine de Faber, parce qu'elle me paroît choquer la décifion de la Loi *Hac edictali*, & la *Novelle* 22. *de Nupt.*

En effet felon Faber le confentement feul du mari défunt aux fecondes Nôces met la difpofition de la femme à l'abri du rétranchement ; toutefois fuivant la Loi *Hac edictali* & la *Novelle* 22. la peine du rétranchement eft introduite en faveur des enfans du premier lit, confequemment le confentement de leur pere ne fçauroit préjudicier au droit qui leur eft acquis par la difpofition de la Loi, où il faudroit que ce confentement fût fortifié & foûtenu par le confentement exprès qu'ils auroient donné eux-mêmes étant majeurs au mariage de leur mere, & par leur rénonciation expreſſe au droit de rétranchement, établi en leur faveur par la Loi *Hac edictali*, en quoi j'adopte la Doctrine de Fachin, *controverſ. Lib.* 11. *Chap.* 65.

Il y a un Arrêt du Parlement de Grénoble dont je puis appuyer ma décision contre celle de Faber; il eſt rapporté par Baſſet, *Tom.* 1. *Liv.* 4. *tit.* 4. *Chap.* 2. Cet Arrêt a jugé que le rétranchement devoit avoir lieu, quoique le défunt eût permis à ſa femme de ſe remarier. La faveur des enfans du premier lit étant le principal motif de la Loi *Hac edictali*, les enfans ne peuvent être privez par le conſentement de leur pere du Benefice de cette Loi, quand même ils ſeroient ſes heritiers; & en cette qualité garans des ſtipulations ou conſentemens qu'il pourroit avoir prêtez, parce que par le conſentement que leur pere défunt a donné au ſecond mariage de la femme, il n'a fait autre choſe que lui remettre de ſon chef l'injure que les ſecondes Nôces pouvoient faire à ſa mémoire; en ſorte que ce conſentement ne peut lier les enfans & les fruſtrer du Benefice de la Loi, par lequel ils peuvent de leur chef requerir le rétranchement dont il s'agit : l'Arrêt que j'ai rapporté au Ch. 21. de ce Livre peut confirmer ma décision.

Venant à la ſeconde queſtion, je croi que les enfans étant majeurs doivent non ſeulement conſentir au mariage de leur mere; mais qu'ils doivent encore ſe départir en ſa faveur du rétranchement porté par la Loi, & que s'ils ſont mineurs ils ſont reſtituables envers ce conſentement, & leur rénonciation au rétranchement, à moins qu'ils n'ayent eu de juſtes & legitimes motifs de conſentir & de renoncer, c'eſt la doctrine de Fachin *loco ſupra*.

A l'égard du conſentement donné par les enfans au ſecond mariage de leur pere, il ne peut les exclurre du rétranchement, ſi lorſqu'ils l'ont prêté ils étoient ſous la puiſſance paternelle, quoique majeurs, parce qu'ils ſont cenſez avoir conſenti par contrainte, *velle non creditur qui obſequitur imperio paris vel domini*, dit la regle du droit; ce qu'on préfume facilement dans le fils non émancipé, à quoi fe joint une autre raifon, prife de la confufion que la Loi fait de la perfonne du fils non émancipé avec celle du pere, qui exclud toute efpece de Contrat & de convention entr'eux.

CHAPITRE LXIII.

Si le fils de famille âgé de plus de trente ans, qui après avoir fait trois actes à fon pere, paffe un Contrat de mariage, & enfuite refufé de l'executer pour obéïr à la volonté de fon pere, doit être condamné à des dommages & interêts envers fon accordée.

C'Eft une queftion, fi le mariage contracté *in extremis* avec une concubine, ou dans la maladie dont on eft decedé, avec difpenfe de deux bans après la publication du premier, & permiffion d'époufer au chevet de fon lit, & d'y recevoir la Bénediction Nuptiale par fon Curé, peut fournir un legitime moyen d'appel comme d'abus ; cette même queftion fut agitée à l'Audience de la Grand'Chambre le 6. Septembre 1708. La Cour par fon Arrêt prononcé par Mr. le Premier Préfident de Moran, fur les Conclufions de Mr. l'Avocat Géneral d'Avifard déclara n'y avoir point d'abus.

Dans l'efpece de cet Arrêt le nommé Dichi après avoir vêcu en concubinage avec la Demoifelle Guerin, veuve de Delpech, de laquelle il avoit eu plufieurs enfans, étant tombé dangereufement malade, crût pouvoir affurer l'état de fes enfans & réparer l'honneur de cette femme s'il l'époufoit avant mourir : Pour cet effet après la publication d'un ban, & avoir obtenu de l'Evêque non feulement la difpenfe de deux autres ; mais la permiffion d'époufer au che-

vet de fon lit, il y reçût la Bénediction Nuptiale de fon Curé
en préfence de Témoins, & décéda trois jours après.

Dichi fix jours avant fon decès avoit fait fon Teftament;par
lequel il avoit inftitué heritiere la Demoifelle Maubert fa
mere, avoit legué une penfion viagere à la Demoifelle Guerin de 12. fétiers de bled, & de 40. liv. d'argent, & à chacun de fes enfans la fomme de 2000. liv. à titre d'inftitution & pour leurs droits legitimaires.

La Demoifelle Maubert pour emporter le legs fait à la
Guerin, & faire réduire ceux des enfans fur le pied d'une
penfion alimentaire comme étant bâtards, prit des Lettres
en appel comme d'abus de la célebration & Bénediction de
ce mariage ; ce faifant, demanda la caffation du legs fait
à la Guerin concubine du Teftateur, & la réduction des
legs faits à titre d'inftitution à ces bâtards en une penfion
viagere & alimentaire.

La Guerin de fon côté demanda la caffation du Teftament pour préterition faite du pofthume dont elle étoit enceinte, & la maintenuë aux biens de fon mari, comme tutrice & legitime adminiftrereffe de la perfonne & biens de
leurs enfans communs.

La Cour après avoir declaré n'y avoir abus au mariage
en queftion, confirma le Teftament fait au profit de ladite
Maubert, caffa le legs fait aux enfans en ce qu'il contenoit
l'inftitution pour droit de legitime, leur adjugea & au pofthume le revenu de ce legs de 2000. liv. pour tenir lieu
de penfion alimentaire, & confirma le legs fait à ladite Guerin, plaidant Me. de Montaudier pour lad. Guerin.

Cet Arrêt paroît fe choquer dans fa difpofition, puifque
d'un côté il laiffe fubfifter le legs fait à la Demoifelle Guerin, & que de l'autre il caffe les legs faits par le Teftateur
à leurs enfans communs, que d'un côté il laiffe fubfifter le
mariage, & par cette raifon conferve le legs à la Guerin,
& de l'autre il reduit les enfans qui font procréés de cette
conjonction à la condition des bâtards, en caffant les legs
à eux faits fous le titre honorable d'inftitution, & confir-

mant en faveur d'un étranger le Teftament dans lequel le poſthume ſe trouve préterit.

Les Juges regarderent ſans doute ce mariage comme vrai Sacrement & conjonction legitime, & ce fut le motif qui les détermina à laiffer ſubſiſter le legs fait à la Demoiſelle Guerin qu'on eſtima avoir acquis le nom de femme, ils cafferent les legs faits aux enfans, & ils les réduifirent à la condition des bâtards, par la raiſon que ce mariage ne pouvoit produire aucun des effets civils, étant contracté *in extremis* avec une concubine, ce qui eſt fondé ſur la diſpoſition des articles 5. & 6. de la déclaration de l'année 1639.

C'eſt une autre queſtion, ſi les enfans peuvent être reçûs oppoſans au ſecond mariage que leur pere veut contracter ſous prétexte qu'il eſt deshonorant pour lui & pour ſa famille. Cette difficulté ſe préſenta en la Cour, & fit la matiere d'un Procès entre la Demoiſelle de Lacoſte, le nommé Guillaume d'Arles & ſes enfans joints à leur oncle paternel.

Ces enfans & leur oncle ayant prétendu que le mariage que Guillaume d'Arles venoit de contracter avec la Demoiſelle Lacoſte deshonoroit leur famille, en ce que cette femme étoit vagabonde & de mauvaiſe vie, formerent leur oppoſition à ce mariage devant le Sénechal de Montpellier : Cette oppoſition ayant été accüeillie par l'Ordonnance de ſurcis que le Sénechal donna à la publication des bans; la Demoiſelle Lacoſte fut appellante en la Cour de cette Ordonnance, & pour ſoûtenir ſon appel & démontrer l'injuſtice de l'Ordonnance du Sénechal, elle repréſenta par la bouche de Me. de Cauffade ſon Avocat, que l'oppoſition étoit fondée ſur des faux faits, & qu'elle étoit calomnieuſe. 1°. Qu'il paroiffoit par le Contrat de mariage, par le Teſtament & le Mortuaire de ſon pere qu'elle n'étoit point vagabonde, mais de la ville de Montpellier. 2°. Que c'étoit une pure calomnie de lui imputer qu'elle étoit de mauvaiſe vie & malfamée, de quoi elle demandoit réparation.

Me. Favier plaidant pour Guillaume d'Arles, diſoit que les

les enfans étoient irrecevables à cette opposition, parce qu'ils
doivent respecter les volontés du pere , & qu'il est monf-
trueux de voir des enfans censurer la conduite de leurs
peres.

Me. de Montaudier plaidant pour les enfans, soûtenoit
l'opposition bien fondée ; car quelque respectable que soit
la personne des peres , les enfans sont reçûs à former opposition au mariage de leur pere quand il y a un empêchement
canonique comme au cas present, que Lacoste étoit une femme
vagabonde, ce qui selon le Concile de Trente étoit , di-
soit-il , un obstacle à la célebration du mariage, à quoi il
ajoûtoit que cette femme étoit malfamée , ce qu'on offroit
de prouver.

La Cour par son Arrêt prononcé à l'Audience de la Grand'-
Chambre le 6. Mai 1709. par Mr. de Montbrun Président,
sur les Conclusions de Mr. le Procureur Géneral demit les
enfans & l'oncle de leur opposition avec dépens, enjoig-
nit à tous Curés & leurs Vicaires de départir la Bénediction Nuptiale aux fiancés.

Le motif de décider de cet Arrêt , fut que les enfans ne
prouvoient aucun des faits qu'ils avoient mis en avant pour
appuyer leur opposition ; car on ne peut pas dire que
les enfans soient irrecevables à former opposition au mariage de leur pere , ils ne le peuvent à la verité que pour cause
interessante pour l'honneur du pere & de la famille ; je veux
dire , dans le cas d'un mariage qui répand la honte, & une
espece d'ignominie sur le front du pere, & qui réjaillit sur
les enfans ; mais dans ces circonstances leur opposition doit
être accuëillie suivant la Doctrine de Mornac, & l'Arrêt
du Parlement de Paris, qu'il rapporte sur la Loi 1. *ff. de
obseq. à liber. & libert. &c.* par cet Arrêt rendu le 18. Juillet
1568. contre un nommé Clubat âgé de plus de soixante
ans, l'opposition de deux filles qu'il avoit, fut reçûë contre le mariage que leur pere avoit contracté, & qu'il vouloit consommer avec une femme prostituée , l'Arrêt fit défenses au pere de passer outre à peine de la corde.

Vainement oppoſeroit-on pour autoriſer la liberté que le pere ſemble avoir à ce ſujet, & pour condamner l'oppoſition des enfans, cette remarque de la Gloſe *ad §. non autem in verbo patria poteſtas*, *Leg. Cum oportet*, *Cod. de bon. quæ liber.* que *Lex erubeſcit filios fieri caſtigatores parentum*, puiſque ce n'eſt point ici le lieu de placer cette maxime qui n'a d'application que dans le cas, ou par un renverſement de diſcipline & d'ordre, le fils entreprend de s'ériger en correcteur des mœurs du pere par la voye de l'autorité & du commandement ; mais lorſqu'il eſt queſtion non ſeulement de retirer un pere de la voye de l'égarement par l'autorité publique du Magiſtrat, mais de l'intérêt particulier des enfans qui ſe trouve à mettre obſtacle à un mariage deshonorant pour eux & pour la famille, il ne peut être revoqué en doute que les enfans ne ſoient perſonnes legitimes pour former cette oppoſition.

CHAPITRE LXV.

Si pour la légitime des enfans on peut retrancher les dots conſtituées à leurs ſœurs.

L'Ordonnance du mois de Février 1731, concernant les donations art. 35. a derogé à la Juriſprudence de ce Parlement, en ce qu'elle n'ordonnoit le retranchement des dots immenſes en faveur des legitimes qu'après le decez du mari.

Cet article porte *que la dot, même celle qui aura été fournie en deniers ſera pareillement ſujette au retranchement pour la légitime dans l'ordre preſcrit par l'article precedent, ce qui aura lieu, ſoit que la légitime ſoit demandée pendant la vie du mari, ou qu'elle ne le ſoit qu'après ſa mort, & quand il auroit joüi de la dot pendant plus de 30. ans, ou quand même la fille dotée auro.t renoncé à la ſucceſſion par ſon Contrat de Mariage ou autrement, ou qu'elle en feroit excluſe de droit, ſuivant la diſpoſition des Loix, Coûtumes ou uſages.*

La cauſe des enfans eſt fort protegée par cette Ordonnance, non-ſeulement par cet article, mais par celui du retour des biens donnés *per ſupervenientiam liberorum*, puiſque le retour des biens ſe fait ſans charge d'hypotéque ſubſidiaire pour la répetition de la dot reçûë par le donataire & ſans aucun égard de donations mutuelles ou remuneratoires.

Le motif de l'Ordonnance eſt pris du fonds même des Loix de la nature, qui mettent pour ainſi dire les enfans en poſſeſſion des biens de leurs peres pendant la vie de ceux-ci, & qui ne préſument pas que les peres ayent entendu les en priver par les donations dont on vient de parler.

CHAPITRE LXVI.

Si les enfans, ou le gendre créancier de la dot qui lui a été promiſe, peuvent oppoſer le défaut d'inſinuation d'une donnation faite à un de ſes freres par le pere commun.

IL y a un pareil Arrêt à celui que l'Auteur rapporte, rendu en la deuxiéme des Enquêtes au mois de Février 1724. au Rapport de Mr. Laroque, par lequel il fut décidé que les donations faites par un pere à l'un de ſes enfans, quoique non inſinuées, ſont préferables ſur ſes biens à la conſtitution dotale de ſa fille poſterieurement faite.

La raiſon de cette déciſion peut être priſe de ce que les enfans ſont reputés par la Loy maîtres des biens de leurs peres, *vivo parente* & conſéquemment leurs créanciers à raiſon des donations qui leur ſont faites, ce qui rend les donations anterieures préferables ſuivant la maxime, *qui prior eſt tempore prior eſt jure*, & par cette même raiſon ces donations n'ont pas beſoin d'inſinuation, puiſqu'elles ne ſont pas regardées comme ſimples liberalités.

L'Ordonnance de Février 1731. en l'article *19.* n'excepte de la formalité de l'infinuation que les donations faites dans les Contrats de mariage en ligne directe.

CHAPITRE LXVII.

De la femme, qui étant heritiere de fon mari, ne fait pas inventaire.

ON a jugé contre l'opinion de l'Arretifte, que la femme heritiere pure & fimple de fon mari, ne perd pas fa dot par le défaut d'inventaire ; & que les créanciers du mari ne peuvent valablement lui oppofer le défaut d'inventaire pour la priver de fa dot.

C'eft ainfi que la chofe fut jugée le 31. Mars 1711. en la premiere Chambre des Enquêtes, au rapport de Mr. Deiga en faveur de Margueritte Portes, veuve & heritiere de Pierre Berri contre le fieur Thouron Marchand de Carcaffonne, créancier de Berri ; cette femme fut reçûë à repudier l'heredité, & a repeter fa dot nonobftant le défaut d'inventaire. La queftion avoit été ainfi jugée le 3. Juin 1708. au rapport de Mr. de Lanes.

Ces derniers Arrêts font conformes aux anciens de la Cour, qui font rapportez non feulement par Mr. Maynard, mais par Mr. de la Roche Liv. 2. *fous le mot dot art.* 21. Il en feroit autrement de l'augment dotal, ou donation de furvie : Je croi que dans ces circonftances de défaut d'inventaire, les créanciers du mari pourroient lui oppofer ce défaut, & qu'elle perdroit fon augment ; & cela par cette raifon tirée de la Loi *Affiduis, Cod. qui potior. in pignor. habeant*, que dans la repetition de la dot, la femme, *certat de damno vitando*, & que dans celle de la donation de furvie, *certat tantum de lucro captando* ; car quoique la Loi la repute creanciere du mari pour cette efpece de donation du jour du Contrat de mariage, & qu'il femble qu'en repudiant l'heredité

& fe rangeant à la qualité de créanciere, elle doive en fuivant l'ordre de fon allocation être rangée avant les créanciers du mari poftericurs à fon mariage. Toutefois ayant con-
fondu fes droits & actions par l'acceptation pure & fimple
de l'heredité, & s'étant mife en butte aux créanciers hereditaires, elle ne peut plus à leur égard être reputée créanciere, mais plûtôt debitrice ; en forte que ce feroit porter
trop loin la faveur des conventions matrimoniales, que de
lui adjuger dans ces circonftances l'augment dotal. Puifqu'il
eft de maxime que les femmes ne font point relevées des
omiffions qu'elles ont faites & de l'ignorance du droit, que
lorfqu'il s'agit pour elles *de damno vitando*, qui eft le vrai
motif des Arrêts, qui nonobftant l'omiffion de faire inventaire, leur ont confervé la dot contre les créanciers de l'heredité.

J'obferverai ici que fuivant la difpofition des Loix *6. ff.*
quæ ut indign. & 48. ad Trebell. eod. l'heritier qui expile l'heredité eft privé de la part & droits qu'il pourroit avoir en la
chofe recelée ; à quoi fe trouve conforme la Jurifprudence
du Parlement de Paris, atteftée par Brodeau fur Loüet,
Lettre C, Somm. 36. num. 7.

On ne fuit point à la rigueur dans ce Parlement la difpofition de ces Loix, non plus que de la Loi *Ult. §. licentia*,
Cod. de Jur. deliber. qui prononce la peine du double contre
celui qui a commis le recelé ; mais on le condamne fimplement à la reftitution de la chofe, à moins que l'expilation
ne fût outrée & l'entreprife amandable, auquel cas on adjuge
à la partie des dommages & interêts contre le coupable d'expilation. C'eft ainfi que la queftion fut decidée par une Sentence arbitrale en date du 11. Avril 1731. dans laquelle j'eus
l'honneur d'entrer comme arbitre avec Mrs. de Quinquiri &
Aftruc, celebres Avocats de ce Parlement ; ce fut dans le
Procès de la Dame Dupa, veuve du fieur Dupa Officier de
Cavalerie, & du fieur Lanoye heritier du fieur Dupa ; cette
veuve (quoique convaincuë de recelé) ne fut condamnée
qu'à la fimple reftitution de la chofe ; il eft vrai que l'expila-

tion n'étoit point d'une nature à meriter la peine des dommages & interêts.

CHAPITRE LXVIII. & LXIX.

QUand la fille a atteint l'âge où les Loix & les Ordonnances lui permettent de contracter mariage *invito sed requisito parente*, le pere peut être contraint de la doter, & la mesure de cette dotation est le montant de la legitime, suivant la doctrine de Fernand, qui peut servir de regle sur cette matiere ; car si suivant le langage des Loix les enfans sont reputez maîtres des biens de leurs peres pendant la vie même de ceux-ci, *viro quodammodo patre domini existimantur instit. de hæred. qualit. & differ.* (ce qui tombe principalement sur la legitime,) il en faut conclurre que la dot étant établie *ad sustinenda onera matrimonii, Leg. Pro oneribus, Cod. de jur. dot.* Le pere doit être contraint par l'autorité du Magistrat de doter sa fille dans les circonstances où la Loi autorise son mariage, indépendamment de la volonté & du consentement du pere, & que cette dotation doit se faire à concurrence du montant de la legitime de la fille sur les biens paternels.

Voici comme s'explique sur cette question Fernand, *repet. in Leg. In quartam, secund. præfat. art. 2. num. 11. hæc conclusio tamen quæ vult filiis in vita patris legitimam non deberi pluribus casibus limitatur, limitatur. 1°. Et limitatur. 2°. Quando filia esset conjugio matura, quoniam pater officio judicis compellitur filiæ legitimam sive dotem constituere.*

Par Arrêt de la troisiéme Chambre des Enquêtes rendu au Rapport de Mr. de Caussade le 21. Juillet 1725. entre le Sr. Doumenc pere, & le sieur Charpentier & Doumenc mariez ; il fut jugé que le pere est tenu de doter sa fille, quoique mariée contre sa volonté, & qu'elle eût d'ailleurs de quoi se doter elle-même ; il est vrai que dans l'espece de cet Arrêt la fille soûtenoit que son bien propre consistoit en peu de chofe : Il y a des Interprêtes qui ont prétendu que le pere ne peut être contraint à doter fa fille que lorfqu'elle n'a pas de quoi fe doter elle même.

Il eft certain que felon le droit écrit la fille mineure qui n'a ni pere ni mere, peut fe marier fans le confentement de fes curateurs & parens collateraux ; les Interprétes & entr'autres Cujas, dont l'autorité eft fans contredit la plus refpectable pour ce qui concerne l'interprétation des Loix Romaines, décide par l'autorité de ces mêmes Loix dans fa confultation 39. que le pere même dans fon Teftament ne peut impofer cette Loi à fa fille mineure de fe marier par le confentement de fes curateurs, & la raifon qu'il en donne *quia ad tutoris vel curatoris officium non pertinet nubat pupilla an non.*

Les differens Arrêts de ce Parlement confirment cette doctrine, de même que ceux du Parlement de Provence qui fe regit par le droit écrit, Boniface *Tom. 2. Liv. 5. tit. 1. Chap. 9.* en rapporte qui ont rejetté des oppofitions formées par les collateraux aux mariages de leurs parens, quoique deshonorans pour leur famille.

La difcipline de l'Eglife Gallicane eft conforme au droit civil fur ce point. Les Canons 22. & 24. du 4me. Concile d'Orleans ; le Canon 6. du 3me. Concile de Paris ne requierent pas le confentement des curateurs des mineurs, ou de leurs parens collateraux, ils fe contentent d'exiger celui des peres & meres.

Toutefois s'il y a quelque foupçon de fubornation de la fille mineure : La Cour a coûtume fur l'oppofition formée au mariage par le curateur & par fes plus proches parens collateraux, d'ordonner qu'avant dire droit la fille demeurera cloîtrée pendant l'efpace de trois mois dans un Convent que la Cour defigne à ce fujet, pour y déliberer fur le choix qu'elle doit faire, interdifant à la fille toute fréquentation avec celui dont on foupçonne la fubornation, après lequel délai elle fera interrogée par un Commiffaire à ce députe.

C'eft ainfi que la Cour prononça par fon Arrêt du 31. Août

1724. Préfident Mr. de Nupces, moi plaidant pour Jeanne Françoife Sembres fille, âgée de dix-neuf ans, qui n'avoit ni pere ni mere, & Me. de Latournerie pour François Robert & Jean Bonecarrere curateurs de cette fille, & fes anciens tuteurs appuyez d'une déliberation des parens colliateraux de la mineure. Mr. Lemazuyer Procureur-Général avoit conclu à ce qu'il fût paffé outre à la célebration du mariage. Nonobftant l'oppofition, le nommé Audibert fils d'un Chirurgien de Touloufe étoit l'époux que cette mineure s'étoit deftiné ; cette fille executa l'Arrêt, & ayant perfifté dans fa volonté le mariage fut celebré.

La Cour a coûtume d'adjuger aux fiancés des dommages & interêts par le réfus des fiancées, quoique mineures d'accomplir le mariage ; & cela quand même le fiancé n'auroit réellement fouffert aucun dommage à cette occafion, le réfus étant reputé injurieux donne lieu à ces dommages & interêts : Ainfi jugé à l'Audience de la Grand'Chambre par Arrêt prononcé par Mr. le Premier Préfident de Bertier le 27. Janvier 1711. en faveur d'un nommé Reday contre la nommée Feitte que la Cour condamna à 150. liv. de dommages envers Reday, dépens compenfez, fauf l'expedition de l'Arrêt payable par ladite Feitte, plaidant pour elle Me. de Latournerie, & pour Reday Me. d'Ozum.

Il faut obferver que quand le pere a autorifé par fa prefence le Contrat de fiançailles de fa fille, il doit être condamné folidairement avec elle aux dommages & interêts : C'eft ainfi que cet Arrêt le jugea. Ordinairement les filles font condamnées à de moindres dommages que les hommes ; la fille mineure qui a paffé des Articles fans l'autorifation d'un curateur eft également foûmife à des dommages & interêts, fuivant l'Arrêt du 17. Decembre 1709. prononcé à la Grand'Chambre, par Mr. de Riquet Préfident, entre Noble de Belliffen & la Demoifelle Delmas âgée de 15. ans, fille d'un Marchand de Perpignan qui avoit contracté feule, & fans être affiftée d'aucun parent ni curateur, & qui fut condamnée à quinze cens livres de dommages, plaidans Mes. de Lardos & Cauffade.　　　　　　　　　　A

A l'égard des dommages ftipulez par les Parties dans les Articles de mariage en cas de dedit & de réfus, de paffer à la célébration de la part de l'une ou de l'autre. La Cour ne prononce pas toûjours rigoureufement la condamnation de la même fomme qui a été fixée pour cela, & ces dommages & interêts lui font arbitraires : Ainfi par Arrêt prononcé par Mr. de Marmieffe à l'Audience Tournelle le 16. Mai 1714. la fomme de 6000. liv. ftipulée en cas de dedit entre Jean-Loüis Lautier & la Demoifelle Devic dans leurs Articles de mariage fut reduite à celle de 3000. liv. à laquelle Lautier fut condamné envers la fiancée avec dépens, plaidant pour la fille Me. de Lardos, & pour Lautier Me. de Latournerie.

Dans l'efpece de cet Arrêt les deux Parties étoient en minorité, Lautier avoit contracté fous l'autorité de fon curateur & malgré fes parens, qui avoient formé oppofition à fon mariage fur le fondement qu'il étoit homme de condition & riche, au lieu que la fiancée étoit la fille d'un Chirurgien & pauvre d'ailleurs ; Lautier avoit perfifté un an malgré l'oppofition de fes parens à demander l'execution des Articles de mariage, il changea tout-à-coup de volonté, & demanda la refolution du Contrat de fiançailles fur le fondement de la fubornation pratiquée à fon égard, établie par la difference de la condition & de la fortune des Parties qui rendoient le mariage peu fortable. La Cour caffa les Articles de mariage, & avec la condamnation des dommages & interêts dont on a parlé, ordonna que la Devic reftituëroit les nipes qu'elle avoit reçûës de Lautier, fur quoi elle feroit crûë fur fon affertion.

CHAPITRE LXX.

De la conſtitution pour tous droits paternels & maternels.

LA conſtitution faite par le pere mariant ſa fille aprés le decés de ſa femme pour tous droits paternels & maternels, *vago & effuſo ſermone* doit être priſe ſur le patrimoine du pere, quoique le payement des droits maternels fût échû par la mort de la mere; c'eſt ainſi que cette queſtion fut jugée ſelon la diſpoſition de la Loi *Ult. Cod. de dot. promiſſ.* par Arrêt du 17. Juin 1719. rendu en la Grand'-Chambre, au Rapport de Mr. Dupui dans la cauſe de Dame Izabeau de Pujol, épouſe de Meſſire de Bon Premier Préſident en la Cour des Comptes, Aydes & Finances de Montpellier.

Mornac ſur cette Loi obſerve que la queſtion doit être ainſi jugée dans les païs qui ſe regiſſent par le droit écrit, *ut in patria*, dit-il, *juris ſcripti ex regula hujus legis tota dos à patre profecta cenſeri debeat, nihilque filiæ de bonis matris accedat, ſecus in regionibus moratis.* Dans le païs Coûtumier où le mari entre en Communauté de biens avec la femme, la conſtitution ſeroit diviſée ſur les biens des deux conjoints.

Il y a un Arrêt de la Cour contraire à celui du mois de Juin 1719. par lequel il fut jugé en la premiere Chambre des Enquêtes, au Rapport de Mr. de Villeſpaſſans le troiſiéme Septembre 1705. que la dot conſtituée par le pere après la mort de la mere, tant du chef paternel que maternel, devoit être priſe également ſur les biens du pere & de la mere; les Parties au Procès étoient Me. Paul Lanuſſe d'une part, & les Créanciers de Dardés conſtituant dot de l'autre.

L'Arrêt du 17. Juin 1719. eſt plus juridique, puiſqu'il

eſt conforme à la diſpoſition litterale de la Loi *Ult. Cod. de dotis promiſſ.* dont voici les termes, *ubi autem ex rebus tam ſuis quam paternis,* (c'eſt du pere conſtituant que la Loi parle) *vel aliis quæ non acquiruntur, vel ex ſuis debitis dixerit ſe feciſſe hujuſmodi liberalitates, tunc ſi quidem inopia tentus eſt ex illis videri rebus dotem, vel ante nuptias donationem eſſe datam quæ ad filios vel filias pertinent, ſi vero & ipsè idoneam ſubſtantiam poſſidet in hoc caſu, quaſi de ſuo patrimonio dotem, vel ante nuptias donationem feciſſe intelligatur.*

D'où il faut conclurre que ſi les biens du pere peuvent ſupporter la conſtitution ; c'eſt ſur ces biens ſeuls qu'il faut la prendre dans l'eſpece de ces Arrêts.

CHAPITRE LXXI.

De la femme qui ſe remarie dans l'an du deüil, & ſi l'an eſt de douze mois accomplis.

LA queſtion qui a été décidée par cet Arrêt ne pouvoit à mon avis former un conflit d'opinions & d'Arrêts, ſi elle eût été enviſagée du veritable côté, & on l'auroit jugée de même que cet Arrêt l'a fait ; mais comme on ſe détermine ſouvent à décider un point de droit ſelon les préjugez de l'eſprit, & qu'on ne regarde pas la choſe de toutes ſes faces. On riſque de s'écarter de la bonne voye. Mr. d'Olive Liv. 3. Chap. 32. ſur la fin applaudit au préjugé rapporté par Mr. Maynard qui diſpenſa une veuve d'accomplir les 12. mois de l'année de deüil ; il dit à ce ſujet que ce Parlement uſe d'indulgence envers les femmes en ce qu'il prend le 12. mois de l'année de deüil, commencé *pro completo* ; en ſorte que la femme n'eſt pas ſujette aux peines de celles qui ſe remarient dans l'an de deüil, Mr. Cambolas eſt de même avis, traité des peines des ſecondes Nôces, *Liv. 6. num. 13.*

La Loi 2. *Cod. de ſecund. Nupt.* eſt bien formelle pour nous convaincre que les Empereurs n'ont pas crû devoir traiter favorablement les veuves dans ces circonſtances, puiſqu'en ajoûtant deux mois au deüil des femmes, ils ont regardé cet eſpace comme fort court.

Le principal motif de la Loi 2. dans la prorogation du délai eſt l'honnêteté publique, les marques d'affection qu'une veuve doit à la memoire de ſon mari, le peu de faveur que les femmes meritent parmi les Chrêtiens dans leurs ſecondes Nôces ; dans cette vûë on ne peut regarder le douxiéme mois commencé comme fini, parce qu'il faudroit pour cela regarder d'un autre œil que la Loi, les ſecondes Nôces, c'eſt-à-dire, comme favorables ; car jamais le jour, le mois, ou l'année commencée ne ſont reputez accomplis que dans les choſes de ſoi favorables : Or les ſecondes Nôces loin d'être traitées favorablement par les Empereurs Chrétiens, font perdre aux femmes pluſieurs avantages qu'elles auroient conſervé dans un état de viduité, (ainſi qu'on peut le recuëillir des Loix du Cod. au titre *de ſecund.* *Nupt.*) ce n'eſt donc point en faveur de ces Nôces qu'il faut employer la maxime *in favorabilibus annus incœptus pro completo habetur :* Maxime ? ſur laquelle a pourtant appuyé d'Olive en ſouſcrivant à l'Arrêt de Maynard, & il faut au contraire conclurre qu'en ſuivant l'eſprit des Loix du Code & de la Loi 2. il faut douze mois accomplis pour l'année du deüil ; car (ainſi qu'on l'a déja remarqué (les Empereurs regardent l'eſpace de deux mois qu'ils ont ajoûté par cette Loi aux dix mois des Loix précedentes, comme un eſpace fort court, *parvum enim tempus poſt decem menſes ſervandum adjicimus.*

Sur quoi il faut obſerver que ſi les Loix anterieures n'avoient point établi un eſpace d'une année pour le deüil, c'étoit parce qu'elles avoient jugé l'eſpace de dix mois depuis la mort du mari aſſez long pour empêcher le mélange du ſang du défunt avec le ſecond mari ; d'ailleurs les legiſlateurs n'avoient garde de retarder le çonvol des femmes &

de prolonger l'année du deüil, puifque dans la vûë de re-
peupler l'Empire Romain épuifé par les Guerres civiles, &
de le rendre par-là floriffant, ils ordonnoient les fecondes
Nôces aux femmes au deffous de 50. ans, fous des peines
qu'on appelloit *pœnæ orbitatis*.

Les Empereurs Chrétiens animez par d'autres motifs,
ayant jugé à propos de regler le tems des fecondes Nôces
après l'année entiere; il n'a plus fallu confulter l'ancienne
difpofition du droit fur ce point, comme étant abrogé par
de nouvelles Loix; ainfi il faut conclurre qu'aux termes
des nouvelles conftitutions, & en fuivant leur efprit il faut
que l'année du deüil foit accomplie pour que la veuve puiffe
fans encourir les peines de la Loi, paffer à de fecondes Nôces; & par ces raifons la difpofition des Arrêts de ce Parlement, rapportez par la Roche, Liv. 2. *verbo* mariage,
art. 27. & par l'Auteur de cette compilation doit prévaloir, & merite la préference fur l'Arrêt auquel d'Olive applaudit, & fur la doctrine de Cambolas.

CHAPITRE LXXII.

De la femme qui mal-verfe dans l'an, ou après l'an du deüil.

S Elon la difpofition des Arrêts rapportez par Mr. Cambolas Liv. 3. Chap. 45. la femme qui avoit malverfé
pendant fon veuvage étoit privable de la fucceffion de fes
enfans, qui étoit adjugée à leurs plus proches parens du
premier lit, elle l'étoit encore de l'augment dotal & des
avantages nuptiaux, quoi qu'elle eût époufé celui avec qui
la malverfation avoit été commife.

Les Arrêts rapportez par Mr. la Roche, Liv. 2. tit. 4.
art. 16. avoient introduit cette diftinction, que fi la malverfation avoit été commife par la femme fous la foi d'un
Contrat de mariage beni enfuite; elle n'encouroit aucune

de ces peines qui n'avoient lieu que dans les circonstances où la femme avoit succombé sans promesse antecedente.

La derniere Jurisprudence de la Cour a dérogé non seulement à ces anciens Arrêts ; mais à celui du 21. Fevrier 1656. rapporté dans ce Chapitre.

Il y a un Arrêt du 7. Juin 1728. rendu au Rapport de Mr. de Laroque en faveur d'Anne Cavaillé, épouse de Loüis Fabre contre Jean Matet, qui relaxe Anne Cavaillé de la demande de Matet, tendante à ce qu'attendu sa malversation après l'année de deüil & pendant son veuvage avec Loüis Fabre non precedée d'aucune promesse de mariage, elle soit declarée indigne & déchûë de son augment & de tous les avantages nuptiaux, procedant de Matet son premier mari en faveur de Matet fils demandeur.

La question avoit été ainsi jugée par plusieurs Arrêts anterieurs. 1°. Le 13. Juillet 1712. au Rapport de Mr. de Bojat après partage, Compartiteur Mr. de Barta en la cause de Rose Gironne contre Bertrand Biscaye. 2°. Le 22. Août 1720. au Rapport de Mr. de Lauriere entre Marie Martin & Antoine Brun. 3°. Le 13. Août 1722. au Rapport de Mr. de Pegueirolles en faveur de la nommée Lagarde contre les nommez Feit & Domerc.

Le motif de cette nouvelle Jurisprudence est fondé sur ce que le mariage subsequent efface absolument la faute commise par la veuve selon l'expression de la Glose, *Cap. tanta est vis extra qui filii sint legitimi in verbo legitimi. Matrimonium omnia præcedentia purgat & sic proxima, sive etiam præcedens causa turpitudinis sublata est.*

La distinction de promesse de mariage antecedente à la malversation n'est plus d'usage, par la raison que le mariage subsequent est une manifestation de la promesse verbale de l'homme, & qu'il suppose que la femme ne s'est livrée à la subornation que sous la foi de cette promesse. Il n'y a d'ailleurs aucun texte du Droit civil, qui prive la femme de ses avantages nuptiaux pour avoir malversé après l'an de deüil, avec celui qu'elle épouse ensuite.

CHAPITRE LXXIII.

De la femme qui fe remarie non petitis tutoribus, *& fi étant exclufe de la fucceffion de fes enfans du premier lit, morts impuberes, les enfans du premier lit en font pareillement exclus.*

PAr Arrêt du 26. Août 1722. rendu en la deuxiéme Chambre des Enquêtes au Rapport de Mr. de Courtois confirmatif d'une Sentence du Sénéchal de Montpellier, en faveur de Demoifelle Marguerite Bibal, contre la Dame de Blay femme du fieur Comte. Il fut jugé que ladite de Blay femme en premieres Nôces du fieur Bibal qui avoit paffé à de fecondes Nôces, fans avoir fait pourvoir de Tuteur à fa fille du premier lit, étoit déchûë de fon augment dotal, de la fucceffion de Jeanne Bibal fa fille decedée depuis fon fecond Mariage, & de tous les avantages qu'elle avoit reçûs par le Teftament de fon mari, ce qui fut adjugé par l'Arrêt à la Demoifelle Marguerite Bibal tante du premier mari, avec reftitution de fruits des fonds jouïs par ladite de Blay en vertu du Teftament de fon mari depuis l'inftance introduite.

Il y avoit bien dans ce procès cette circonftance aggravante, que la veuve avoit malverfé pendant fa viduité avec le fieur Comte, des œuvres duquel elle fe trouva enceinte avant leur Mariage, mais la décifion de l'Arrêt fut renduë fur le fondement de la perfidie de cette femme qui avoit convolé *non petitis tutoribus*. En quoi elle étoit d'autant plus coupable, qu'elle avoit reçû des marques d'une grande confiance de la part de fon mari, puifque par fon Teftament il l'avoit inftituée heritiere fans qu'il parût qu'il l'eût chargée de Fideicommis à l'égard de fa fille.

Il femble qu'il y a même motif d'exclurre les enfans du fecond lit, de la fucceffion de ceux du premier lit morts impu-

beres, quand la mere qui eſt privable de leur ſucceſſion par
ſon convol *non petitis Tutoribus* eſt decedée, que lorſqu'elle
eſt encore vivante, par cette raiſon que la mere ſe voit revivre après ſa mort même dans la perſonne de ſes enfans, &
qu'elle eſt toûjours punie en leur perſonne, ſoit qu'elle ſoit
vivante ou décedée ſuivant l'expreſſion de la Loi, *penè per
filii corpus pater magis quam filius periclitatur inſtit. de Noxal.
action. §. finial.*

On trouve un conflit d'Arrêts & de déciſions ſur la queſtion traitée dans ce Chapitre, Mr. d'Olive aux notes du liv.
3. ch. 6. rapporte un Arrêt du 9. Juin 1537. par lequel il fut
jugé que l'excluſion de la ſucceſſion du fils decedé impubere, étoit perſonnelle à la mere qui s'étoit remariée ſans lui
avoir fait pourvoir de Tuteur, & que les enfans du ſecond
lit comme plus proches devoient recueïllir la ſucceſſion, &
exclure ſes oncles paternels.

Mr. Cambolas, liv. 5. ch. 31. en rapporte un tout contraire de l'année 1627. puiſqu'il décide que non-ſeulement la
nommée Ducros mere qui s'étoit remariée *non petitis Tutoribus*, mais la Pulvarel fille du ſecond Mariage étoient priva-
bles de la ſucceſſion de la fille du premier lit decedée impubere, dont la ſucceſſion fut adjugée à ſes plus proches parens du côté paternel. Les raiſons dont Cambolas appuye cet
Arrêt, me paroiſſent victorieuſes.

Cet Arrêt ſe trouve d'ailleurs ſoûtenu par un Arrêt du 8.
Juin 1633. rapporté ſur la fin du même Chapitre, & je croi
que leur déciſion doit ſervir de regle, & qu'il eſt juſte de punir la faute de la mere dans la perſonne même des enfans iſ-
ſus d'un Mariage dont la vûë a fait oublier à cette mere le devoir le plus eſſentiel de la pieté maternelle. Je croi qu'il faut
conſtamment décider que la ſucceſſion des enfans du premier
lit appartient aux parens paternels, lorſque la mere s'en eſt renduë indigne pour avoir convolé à des ſecondes Nôces ſans
leur avoir fait pourvoir de Tuteur, & rendu le compte tutelaire; quoique Graverol ſur la Roche, *liv.* 2. *verbo* Mariage, *art.* 16. ne donne l'excluſion à la mere que lorſque l'en-
faut

fant decedé a laiffé des freres ou fœurs du premier lit ; car cette doctrine eft contraire à celle de Mrs. de Cambolas & Catellan, & aux Arrêts qu'ils rapportent, & à l'Arrêt du 26. Août 1722. ci-deffus rapporté.

CHAPITRE LXXVI.

Si les enfans jouïffent du droit d'infiftance pour la dot de leur mere fur les biens de leur pere.

LE droit d'infiftance accordé à la femme fur les biens du mari, eft fondé fur le droit de gage & de retention que la femme a de ces mêmes biens jufques à l'effectuel payement de fa dot, *jus dotis eft inter cætera, ut eo nomine poffit mulier bona mariti retinere ; in quorum poffeffione reperitur eo tempore quo maritus moritur. Cum habeat illa jure pignoris obligata ;* c'eft la doctrine de Faber *in fuo Cod. lib.* 5. *tit.* 7. *definit.* 11. Ce droit d'infiftance fe repand donc, fur tous les biens du mari, & ne demeure pas reftraint à la feule maifon, comme l'a prétendu Defpeyfes, fur le fondement que cette infiftance n'étoit accordée à la femme que pour lui conferver la prééminence dans la maifon du mari, dont il n'étoit pas convenable de la priver après fa mort, & de ce faux principe il a tiré cette conféquence que la prééminence *in domo* étant refervée à la femme, le droit d'infiftance ne devoit point paffer à fes enfans.

Il eft fenfible que le droit d'infiftance doit-être accordé à la femme indiftinctement fur tous les biens de fon mari, puifqu'en vertu de fes hypotêques elle s'en trouve faifie *jure pignoris* au tems de fon decès, ce que non-feulement Faber, mais d'autres Interprêtes tiennent comme une maxime conftante entre autres, *Mynfinger Lib.* 6. *obfervat.* 82. en forte que c'eft une illufion de dire que la feule confideration de la prééminence *in domo* qu'il eft convenable de conferver à la femme, a donné lieu à ce droit d'infiſtance.

La femme ayant la retention des biens du mari juſques au rembourſement de ſes cas dotaux, tranſmet conſéquemment le droit d'infiſtance à ſes enfans, il n'y a pour s'en convaincre qu'à jetter les yeux ſur la diſpoſition de Juſtinien dans la Loy *aſſiduis Cod. qui potior in pignor. habeant*, par laquelle les enfans jouiſſent de tous les privileges annexés par cette conſtitution à la dot de leurs meres, & cette conſtitution eſt fondée ſur la pureté des maximes du droit, ſelon leſquelles les droits & actions des peres & meres ſont devolus aux enfans, *Leg. 7. ff. debon. damnat. Leg. in ſuis ff. de ſuis & legitim. hæred.* C'eſt ſur ces principes, que j'eſtime qu'il faut conſtamment décider que les enfans doivent jouïr du droit d'infiſtance ſur les biens de leur pere, de la même maniere que leur mere qu'ils repreſentent en jouïſſoit; c'eſt-à-dire, *jure pignoris.*

Ce droit d'infiſtance doit être reſtraint en faveur des enfans, au ſeul cas ou leur pere a inſtitué un Collateral ou un étranger heritier, & la femme n'en doit pas jouïr au préjudice des créanciers. En cas de ſaiſie generale, on adjuge ſeulement à la femme une proviſion pendant procès ſur les biens du mari.

CHAPITRE LXXIX. & LXXX.

GUipape au lieu cité par notre Arretiſte après avoir dit que la prohibition de détraction de la Quarte Trebellianique, faite au premier degré doit-être étenduë aux degrès ſuivans par cette raiſon que, *clauſula in principio vel circa principium inſtitutionis adjecta, porrigitur ad omnia capitula ſubſequentia*, ajoûte s'il n'y a pas de raiſon de conjecturer le contraire, *maxime quando nulla ſubeſt ratio quare ita ad ſequentia non debeat referri*, d'où il faut conclurre que quand l'inſtitution hereditaire tombe ſur la femme du Teſtateur, ou ſur quelque Collateral avec prohibition de Quarte Trebellianique, ſi un enfant du Teſtateur eſt ſubſtitué avec charge de rendre le Fideicommis , alors il y aura lieu de préfumer que la prohibition n'a été faite qu'en faveur du fils heritier Fideicommiffaire pour lui conferver l'heredité en fon entier , mais que cette prohibition n'eft pas faite pour lui (fi le cas y échoit, que par fon decès le Fideicommis tombe fur l'autre fubftitué) & qu'alors fes heritiers peuvent détraire la Quarte qui peut l'être de droit, toutes les fois qu'elle ne fe trouve point prohibée expreffement.

J'eftime néanmoins qu'il faut ici faire une diftinction fondée fur la préfumée volonté du Teftateur , qui fert de regle à la décifion de Guipape, & qui eft prefque toûjours le guide, qu'il faut fuivre dans les matieres de fubftitution. Sçavoir qu'il y a lieu de préfumer une repetition de claufe prohibitive de détraction de Quarte dans le fils même qui reçoit le Fideicommis des mains de la femme, à laquelle cette prohibition a été faite , quand le fubftitué à ce fils eft un autre des enfans du Teftateur appellé fous la qualification de mâle , parce que cette qualification dénote la volonté du Teftateur de conferver les biens en leur entier *favore agnationis* , l'objet du fubftituant qui a fait la prohibition à la femme heritiere grevée , ne pouvant être que de faire paffer l'heredité toute entiere à fa defcendance mafculine. *Confervandæ æquationis gratia* ; car les Interprêtes donnent à cette Claufe de mâles cette même interprétation. Mais fi une fille du Teftateur eft fubftituée au fils ou à quelque parent collateral ; alors il y a lieu de conjecturer que la prohibition ne paffe point à ce fils , & qu'elle n'a été faite à la femme heritiere grevée , que dans la vûë de conferver l'heredité entiere aux feuls mâles.

Pour ce qui concerne la queftion , fi dans la prohibition d'ufufruit que fait la mere à fon mari des biens qu'elle laiffe par Teftament à fes enfans , l'ufufruit de la portion de leur légitime peut être compris. Je ne vois pas que cette queftion puiffe élever aucun doute , & qu'il ne faille conftamment décider que l'ufufruit de la légitime des enfans ne pût être prohibé au pere.

En effet, les termes de la Novelle 117. établissent cette propofition d'une maniere felon moi, bien claire & bien précife. *Poftquam reliquerint filiis partem quæ lege debetur, quod reliquum eft fuæ fubftantiæ, &c.* Ce n'eft donc que de ce qui excede la légitime des enfans que l'ufufruit peut être prohibé au pere, la raifon en eft fenfible, la légitime n'eft pas une liberalité de la mere, mais de la Loy. La mere ne peut donc point impofer de condition à la légitime qui paffe fur la tête du fils, telle que la Loy l'a lui défere, & avec cet avantage pour le pere qu'il en aura l'ufufruit, tant que le fils demeurera en fa puiffance, Mr. d'Olive qui rapporte un Arrêt conforme, *Liv.* 3. *Ch.* 38. traite cette queftion un peu au long, mais tout fe reduit aux raifons dont je viens d'appuyer ma décifion fans entrer dans une plus grande difcuffion de droit.

Fin du quatriéme Livre.

LIVRE V.
DES CONTRATS.

CHAPITRE PREMIER.

Du Contrat d'Anticrese.

SI l'on suivoit la disposition des Decretales citées par l'Auteur, ce ne seroit pas seulement l'Excedant de l'interêt légitime que le créancier possesseur du fonds devroit imputer au débiteur sur le sort principal, mais les fruits entiers perçûs deduites les dépenses, *si sortem suam deductis impensis de fructibus jam perceperit absolute possessionem restituat debitori,* *cap.* 1. *extra de usur.* ce que la Glose confirme en expliquant en quoi consistent les dépenses dont parle cette Decretale qu'elle dit être celles qui sont absolument necessaires, & qui ont été faites pour la perception des recoltes ; le Ch. 2. *eod.* contient la même disposition.

Ces Decretales doivent être entenduës selon moi, du cas ou le créancier a fait le prêt d'un argent qui se trouvoit oisif entre ses mains, & pour lequel il n'avoit aucun débouché ; car alors celui qui prête doit le faire gratuitement selon le précepte de l'Evangile *mutuum date nihil inde sperantes.* Si le créancier eût été dans les circonstances que les Théologiens appellent *damnum emergens, vel lucrum cessans,* ou qu'il eût été subrogé au droit d'un créancier qui avoit un titre legitime de percevoir les interêts du débiteur ; alors il auroit pû

fans rifquer la cenfure des Canons, percevoir les fruits du fonds
à lui baillé en Anticrefe en reprefentation des interêts legitimes, & jufques à concurrence, le furplus imputé fur le
fort principal. *Gloffa in cap. conqueftus* 8. *de ufur. eod.*

Sur la queftion, fi dans le Contrat d'Anticrefe où les fruits
du fonds quels qu'ils foient, font cedés au créancier en reprefentation de l'interêt des fommes prêtées ? j'eftime qu'il faut
fuivre la diftinction que donne Mornac fur la *Loy* 11. §. *fi Anticrefis* , & la difference qu'il fait entre un fonds de terre, &
une maifon. A l'égard du fonds de terre, il dit après Dumoulin que le créancier qui en a joüi doit imputer fur le fort principal les fruits qu'il a perçûs excedans l'interêt legitime
des fommes qui lui font dües, ce qui n'a pas lieu pour la maifon qui a été baillée par le débiteur au créancier en nantiffement, fous ce pacte qu'il fe fairoit une compenfation de l'interêt avec l'habitation, parce qu'alors il n'y a rien d'ufuraire
de la part du créancier, mais un relâchement de la part du
débiteur du veritable prix du loüage.

Je croi que dans cette matiere il faut fe regler (autant qu'il
fe peut) par l'efprit des Ordonnances Royaux, qui en fixant
le taux des interêts, font bien entendre que l'imputation fur le
fort principal eft jufte, toutes les fois qu'il confte que les
fruits annuellement perçûs excedent notablement les interêts
legitimes.

C'eft ce qui me détermine en foufcrivant à la doctrine
de Mornac, de décider que quand il paroît que le fonds de
terre a produit beaucoup au-delà des interêts legitimes, l'Excedant doit être imputé par le créancier fur le fort principal ;
car de quoi peut fe plaindre le créancier fi on ordonne cette
imputation, puifqu'on lui adjuge les interêts legitimes des
fommes pour lefquelles il a reçû le fonds en nantiffement,
& qu'il retire le capital des fommes prêtées. Toutefois s'il
paroiffoit que les fruits perçûs annuellement n'excedent point
confiderablement le montant des interêts legitimes, je croi
qu'il faudroit faire une compenfation abfoluë de ces fruits
avec les interêts fuivant la Loy du Contrat, parce qu'on ne

peut alors arguer le Contrat & le qualifier d'ufuraire dans l'intention du créancier, ce qui n'a lieu que lorfqu'il a pris un fonds dont probablement & notoirement les fruits annuels excedoient de beaucoup le montant des interêts legitimes, comme fi par exemple il a pris en Anticrefe expreffe un Moulin qu'on a coûtume de donner à ferme fous la rente annuelle de 200. liv. & que les interêts de la fomme prêtée n'aillent qu'à 150. liv. alors le créancier doit faire l'imputation des 50. liv. annuellement fur le fort principal ; parce qu'en prenant ce Moulin il a dû fe preparer à faire cette imputation par la connoiffance qu'il avoit de fon revenu certain & fixe. Que s'il a au contraire eu intention de faire une compenfation pleine de la rente avec les interêts, il eft tombé dans le vice d'ufure reprouvé par les conftitutions canoniques, & par les Ordonnances Royaux, & doit fubir cette imputation.

C'eft au Juge a diftinguer dans les differens cas qui fe prefentent, les Contrats où cette ftipulation de compenfation expreffe des fruits avec les interêts legitimes eft ufuraire, & quand il y a un jufte foupçon de paction ufuraire de la part du créancier fondé fur la connoiffance probable qu'il avoit du revenu annuel du fonds, excedant confiderablement le montant des interêts ; alors le Juge fe conforme aux regles quand il prononce l'imputation.

On doit obferver ici qu'il fuffit que le Contrat porte que le fonds a été baillé en Anticrefe, fans qu'il foit befoin d'ajoûter que les fruits feront compenfés avec les interêts. Par cette raifon, qu'il fuffit de defigner la chofe fans y ajoûter les effets qu'elle doit produire : or la Loy 11. §. *fi Anticrefis, ff. de pignor. & hypoth.* ayant fuffifamment établi la nature de ce Contrat, & les effets qu'il doit produire, il eft fuperflu d'en faire mention dans le Contrat de bail.

Le créancier nanti du gage a droit de retention jufques à ce qu'il foit payé des fommes qui luj font dûës par le débiteur en capital & interêts, outre & par-deffus celle qui fait le fujet de l'engagement, & cela au préjudice du créancier même anterieur & par preference ; ainſi qu'il a été jugé en la troiſiéme Chambre des Enquêtes le 14. May 1725. au Rapport de Mr. l'Abbé de Mariote, entre Jeanne Bailleſſe veuve de *Simon Pellier*, Pierre Bertrand, & Noël Monteil.

Cet Arrêt eſt fondé ſur le titre du Code *etiam ob Chirographariam pecuniam pignus teneri poſſe*, & ſur la doctrine de Cujas *in parat. eod.* où il s'explique en ces termes, *tum id proponitur quod ſolum habet rubrica quaſi præcipuum caput conſtitutionis eum qui pignus accepit ex cauſa certæ pecuniæ creditæ etiam id retinere poſſe oppoſita exceptione doli, ex cauſa alterius pecuniæ creditæ ſine pignore, nudo Chyrographo, quæ Chirographaria dicitur, licet ejus nomine pignus acceptum non ſit.*

CHAPITRE II.

Du loüage & reconduction tacite.

SElon Faber au lieu cité par l'Arretiſte fondé ſur la Loy 13. *ff. locati* §. *ult.* il ne peut y avoir de reconduction tacite, lorſque le Contrat de bail à loüage eſt par écrit, mais ſeulement quand il eſt verbal ; cette diſtinction n'eſt pas ſuivie par la raiſon que Faber lui-même allegue, *in rationalibus eod. loco, ff. locati verbo niſi in ſcriptis, &c.* que cette reſtriction *niſi in ſcriptis, &c.* eſt une addition que Tribonien Compilateur des Loix a faite à cette Loy 13. *ff. locati*, ce qui ne ſçauroit être revoqué en doute, puiſque c'eſt Juſtinien qui introduiſit cette nouvelle eſpece de Contrats par écrit, inconnus à l'ancienne Juriſprudence, & dans le tems d'Ulpien Auteur de cette Loy 13.

Il n'y auroit preſque jamais parmi nous de reconduction tacite, ſi elle ne devoit avoir lieu que lorſque le bail à loyer eſt verbal, puiſque tous les baux à ferme des fonds de Campagne, ou à loyer des maiſons ſont par écrit ; la preuve par témoins ne pouvant être reçüe au-delà de 100. liv.

liv. fuivant les Ordonnances. Cependant la Jurifprudence des Arrêts autorife cette reconduction tacite dans le Royaume, fuivant l'Obfervation de Mornac fur cette Loy 13. & l'Arrêt même de la Cour du 21. Avril 1649. rapporté dans ce Chapitre. Mais cet Arrêt eft contraire à la difpofition de cette Loy 13. en ce que la reconduction tacite d'une maifon ne peut avoir lieu fuivant la décifion du Jurifconfulte, que pour autant de tems que le locataire l'occupe après le bail expiré, *in urbanis prædiis pro ut quifque habitaverit.*

Surquoi il faut obferver que ces dernieres paroles *nifi in fcriptis, &c.* ne changent point le fonds de la difpofition de la Loy, par la raifon que c'eft une addition de Tribonien ; ainfi que la fort judicieufement obfervé le Prefident Faber.

Il faut conftamment décider que la reconduction tacite pour les maifons n'a lieu que pour le tems qu'elles ont été habitées après le tems du Bail à loüage expiré. Ce que Mornac fur ce paragraphe obferve en ajoûtant que c'eft la Jurifprudence des Arrêts, *perpetuum hunc judicandi morem fervant judices ubi de lutetianis ædibus agitur. Servatur & hoc ipfum in Provinciis ubi etiam per fingula quæque trimeftria locationes fiunt* ; mais cette regle doit être ainfi entenduë felon le même interprête, que le locataire eft toûjours tenu de payer le femeftre du loüage, quoiqu'il ne l'ait que commencé, ou le trimeftre felon l'Ufage de Paris ; ne pouvant être conftraint au-delà, *totius enim trimeftris penfio folvenda eft licet inquilinus tempus non impleat, amplius autem folvere non cogitur, Bouvot Tom. 2. verbo* Bail à ferme *quæft.* 45. confirme cette décifion, & ajoûte que la reconduction tacite eft toûjours cenfée faite aux mêmes conditions du Contrat de Bail.

Les autres Interprêtes décident que le Locataire n'eft point tenu de payer par la reconduction tacite qu'au prorata du tems qu'il a continué d'habiter, *dicendum eft*, dit Faber *loco fupra in rational. verbo in urbanis, dicendum eft in id tempus quo habitaverit reconduxiffe eum videri qui verius*

*hujus loci senfus eft ab accurfio , Bartholo , & aliis Interpretibus
magis receptus* ; l'U fage a reglé parmi nous felon Mornac ,
la reconduction tacite des maifons au femeftre ou trimeftre
commencé ; mais cela n'eft jamais porté à une année , par
cette raifon , de difference que fait Faber *loco fupra* entre la
reconduction tacite du fonds de Campagne avec celle des
maifons , que dans le loüage des maifons , les fruits que produit ce loüage font journalieres à la difference de ceux des
fonds de Campagne qui font annuels , *in prædio autem ur-
bano fruƈtus habitationis percipitur uniformiter non tantum
qualibet anni parte , fed unoquoque die.*

De ce qui vient d'être obfervé , il faut neceffairement conclurre que foit que le Bail à loyer d'une maifon ait été originairement par écrit , ou verbal, peu importe à la reconduction tacite qui fe fait après le Bail expiré , laquelle ne peut
jamais être portée au-delà du femeftre du loüage dans les
lieux ou il fe regle par femeftres , & du trimeftre fi c'eft l'Ufage des lieux ; on peut ici obferver que la reconduction tacite
n'a jamais lieu en chofes mobiliaires , fuivant le même Faber
loco fupra fur le mot *in urbanis.*

CHAPITRE IV.

De la vente faite par un billet privé qui porte qu'il en fera paßé Contrat.

C'Eft une queftion fi la vente d'une chofe mobiliaire ,
faite par une courtiere ou revendeufe à la Toilette ,
qui exerce publiquement ce métier dans une Ville , (quoique non affermentée) eft nulle ; en forte que celui qui fe
trouve le maître de la chofe venduë , ait droit de l'évincer
de l'acheteur , en offrant le prix de l'achat , quand ce maître
ne fe plaint point que le meuble lui a été volé.

Cette queftion fit la matiere d'un partage en la troifiéme
Chambre des Enquêtes dans cette efpece.

Le fieur Verchant habitant de Montpellier fe retira dans une maifon de Campagne, crainte de la contagion en l'année 1721. Il laiffa dans fa maifon fa belle-fille, qui par l'entremife d'une courtiere publique de cette Ville, vendit au fieur Vieuffens une Tapifferie, un lit, & quelques chaifes ; fon mari étant alors aux Ifles de l'Amerique, elle & fon mari étant decedez, Verchant revint à Montpellier, & fit affigner Vieuffens en reftitution de ces effets à lui vendus, avec offre de lui rembourfer la fomme de 200. liv. qui faifoit le prix de cette vente, prétendant que fa belle-fille n'avoit pû faire la vente de ces meubles qui appartenoient à fon mari dont il étoit heritier.

L'acheteur défendit à cette demande en difant qu'il étoit acheteur de bonne foi, que la vente lui ayant été faite par une courtiere publique de la Ville, qui en trafiquoit journellement de femblables, cette vente ne pouvoit être attaquée.

Le Procès porté en la troifiéme Chambre des Enquêtes au Rapport de Mr. l'Abbé de Mariotte le 13. Mars 1724. il intervint partage, Compartiteur Mr. de Cauffade, vuidé enfuite felon l'avis du Rapporteur qui fut d'autorifer cette vente & de la déclarer valablement faite.

La faveur du Commerce de cette efpece de ventes, fut le motif déterminant de cet Arrêt ; car à la rigueur la vente auroit dû être declarée nulle, & l'acheteur fuffifamment dédommagé par la reftitution du prix offert ; les effets vendus appartenant au mari qui ne pouvoit avoir donné fon confentement à cette vente, puifqu'il étoit aux Ifles Ameriquaines : Mais on confidera que l'interêt public devant toûjours prévaloir au particulier ; on fe trouvoit ici dans les circonftances de faire l'application de cette maxime, puifque l'interêt public exigeoit que les ventes des meubles, negociées par les courtieres publiques fuffent autorifées ; ces ventes étant une reffource pour la plûpart des familles indigentes & honteufes, fans quoi elles feroient expofées quelquefois à manquer du neceffaire.

CHAPITRE V. *&* VI.

JE croi que cette claufe inferée dans le Contrat de vente
à faculté de rachat, que le vendeur ne pourra ufer du
rachat qu'après un certain tems fixé par le Contrat eft ufuraire, & qu'elle affujettit l'acquereur à imputer fur les fruits
perçûs pendant fa joüiffance, l'excedant des interêts legitimes de la fomme qui fait le prix de la vente, fi ces circonftances fe rencontrent & concourent ; fçavoir la modicité du prix de la vente d'un côté, & l'habitude de fenerer dans l'acheteur de l'autre, qui font les marques de l'u-
fure qui fe commet par cette efpece de Contrat, felon la
Glofe, fur le Chapitre *conqueftus extra de ufur.*

En effet fi le fonds produit à l'acheteur beaucoup au-delà
de ce qu'il pouvoit raifonnablement prétendre : Eû égard au
prix de la vente, & que l'acheteur ait lié le vendeur par la
claufe dont on vient de parler : Ne faut-il pas conclurre
que l'acheteur a entendu s'engraiffer par la joüiffance du fonds
& retirer des interêts exceffifs de la fomme qui fait le prix
de la vente jufqu'au tems du rachat, ce qui eft ufuraire ;
fur-tout fi cet acheteur eft dans l'habitude de fenerer &
d'exiger des interêts illegitimes ; mais hors de ces circonftances ou autres femblables, qui font regarder le Contrat
comme pignoratif. Cette claufe ne rend pas le Contrat ufuraire ; mais elle eft rejettée *vitiatur & non vitiat.* felon *Ferr.*
fur la queft. 516. *Guip.*

La raifon de cette décifion que la léfion d'outre moitié
du jufte prix n'a pas lieu dans la vente d'une heredité ou
de tous les droits noms & actions qui en dépendent, à l'effet de pouvoir faire refcinder cette vente par le benefice de
la Loi 2. *Cod. de refcind. vend.* La raifon, dis-je, eft prife
de ce que pouvant y avoir dans l'heredité des dettes paffives inconnuës, à raifon defquelles l'acquereur ou acheteur de cette heredité peut être recherché pendant les

trente ans que dure l'action ; il ſeroit injuſte que s'étant ex-
poſé aux perils de cette recherche , on lui enlevât le profit qu'il a fait dans l'achat de cette heredité , par cette raiſon de la Loi que *ſicuti damnum hæreditatis emptorem reſ-
picit , ita & lucrum , Leg. 2. §. ſicuti 9. ff. de hæred. vel act.
vendit.*

Cette Maxime ou regle peut ſouffrir une exception ; ſçavoir quand l'acheteur de l'heredité ne court aucun riſque par
le pacte appoſé au Contrat de vente , qu'en cas il ne trouve
rien de liquide en l'heredité , il ne payera point le prix convenu , alors il y a lieu de caſſer la vente de l'heredité par
la leſion d'outre moitié du juſte prix.

L'Arrêt de la Cour qui jugea que la leſion d'outre moitié du juſte prix , n'avoit point lieu dans la vente de la coupe
d'un bois peut être appuyé d'un préjugé du Parlement de
Dijon anterieur de plus d'un ſiécle , & rendu dans la même eſpece , il eſt rapporté par Bouvot , *Tom. 2. verbo vente
queſt.* 28. où cet Auteur agitant cette queſtion , ſi la leſion
d'outre moitié du juſte prix peut faire reſcinder la vente d'un
bois ou des grains , la réſoût ainſi ; qu'en meubles il n'y a
point de reſtitution , *quia vilis & abjecta poſſeſſio mobilium* ,
& il rapporte un Arrêt du mois de Novembre 1583. Les
arbres ſeparez du fonds ſont conſequemment reputez meubles , & ils ne ſont reputez immeubles qu'autant qu'ils
tiennent au fonds par les racines , & c'eſt alors qu'on peut
dire qu'ils ſont partie du fonds.

On peut ici agiter quelques queſtions avec Fachin , *controverſ. Lib. 12. Cap. 20. 23. & 24.* qui ont rapport à ce
qui fait la matiere de ce Chapitre ; la premiere , ſi le Benefice de la Loi 2. *Cod. de reſcind. vendit.* a lieu dans la vente du fonds faite d'autorité de Juſtice ; la ſeconde , ſi le fonds
revient au vendeur libre des hypothéques ou ſervitudes im-
poſées au fonds par l'acquereur ; la troiſiéme , ſi le vendeur
reprend le fonds avec la reſtitution de fruits depuis la vente.

Sur la premiere queſtion , Fachin après avoir rapporté
un conflit d'opinions , ſe range du côté de ceux qui tien-

nent que l'autorité même du Juge qui a interposé son decret à la vente, n'empêche pas la récision si la lesion d'outre
moitié du juste prix s'y rencontre.

La Jurisprudence de ce Parlement avoit introduit une
distinction à la faveur de laquelle on auroit pû concilier
les opinions differentes, & réduire la question à un point
fixe.

Cette distinction est marquée par la Roche, Liv. 2. des
Decrets, art. 60. si le Décret émanoit d'un Juge subalterne, & qu'il y eût lesion d'outre moitié du juste prix dans
la vente judiciaire, alors en prenant la voye de l'appel, &
des Lettres incidantes en récision, fondées sur cette lesion
d'outre moitié, la vente judiciaire étoit rescindée, ce qui
n'avoit pas lieu si le Decret émanoit de la Cour.

Suivant l'observation de Ranchin & de Ferriere sur la
question 22. de *Guip.* depuis les formalitez prescrites par
l'Edit des criées du Roi Henri II. quand les formalités ont
été remplies, il n'y a plus lieu d'attaquer la vente judiciaire
ou le decret par cette voye de lesion d'outre moitié de quelque autorité qu'il émane, soit d'un Juge superieur, soit d'un
subalterne ; & c'est ainsi que les Arrêts rapportez par *Loüet*
Lettre D, Somm. 32. l'ont constamment jugé.

Il faut excepter toutefois selon l'observation de Brodeau,
eod. les decrets volontaires qui se font du consentement des
Parties, à l'effet seulement de purger les hypotêques aufquels la lesion d'outre moitié du juste prix a lieu, il faut
excepter encore les decrets forcez, rendus contre les Mineurs ou l'Eglise, dans lesquels il ne faut qu'une lesion considerable, c'est-à-dire qui approche du quart ou du tiers de
la juste valeur du fonds decreté pour operer la récision du
decret, suivant la Doctrine de *Ferriere* sur cette question
de *Guip.*

Graverol sur la *Roche*, titre des decrets art. 51. observe
que la Loi 2. *Cod. de rescind. vendit.* n'a pas lieu aux decrets, parce qu'ils ont une cause necessaire, & qu'ils sont
d'ailleurs appuyez de l'autorité publique, ce qui doit être

entendu felon la nouvelle Jurifprudence des Arrêts des decrets forcez indiftinctement rendus ou par le Juge fuperieur ou par le fubalterne contre des perfones non privilegiées ; car la caufe des Mineurs & de l'Églife demeure exceptée de droit ; ainfi qu'il a été obfervé.

Venant à la feconde & troifiéme queftion, Fachin *loco fupra* Chap. 23. remarque fur la feconde, que les Interprêtes font partagez, les uns foûtenant avec Bartole que les hypotêques & fervitudes contractées depuis la vente fubfiftent malgré la récifion du Contrat, les autres avec Balde que la refcifion du Contrat entraîne avec foi les hypotêques contractées *medio tempore*, qui demeurent éteintes, *Fachinæus* fe range du côté de ces derniers, & je croi que fon opinion doit prévaloir par cette raifon, qu'il eft de maxime que le Contrat étant refolu & annullé par l'autorité de la Loi, *ex neceffitate juris*, les hypotêques contractées depuis la vente, & les fervitudes font par là anéanties, *Leg. Si res*, *ff. quibus mod. pign. vel hypoth. folvitur*, *Leg.* 4. **5.** *fed Marcellus*, *ff. de in diem addict.*

La décifion de *Fachin* peut être appuyée de l'autorité de Dumoulin *in confuet. Parif.* §. 22. *N°.* 45. de *Maynard* Liv. 3. Chap. *69.* de *Ferr.* fur la queft. 575. de *Guip.*

Pour ce qui concerne la troifiéme queftion qui tombe fur la reftitution des fruits, le même *Fachin*, Chap. 24. la trouve difficile, *controverfia*, dit-il, *eft difficilis utrum venditione refciffa ex remedio*, *Leg.* 2. *Cod. de refcind. vendit. res venditori reftituenda fit fimul cum fructibus ab emptore perceptis.*

Il y a en effet des grands argumens pour affujettir l'acquereur du fonds à la reftitution des fruits. 1°. La Loi *Cum autem* §. *cum redhiberetur & Leg. Quod fi nolit. in fin. ff. de edilit. edict.* où la vente étant refcindée par l'action redhibitoire, la reftitution des fruits eft ordonnée. 2°. La Loi *Videamus*, *ff. de ufur.* par laquelle toutes les fois que la reftitution d'une chofe eft ordonnée par l'autorité de la Loi la reftitution des fruits lui eft acceffoire ; il y a encore plufieurs

argumens preſſans que cet Interprête rapporte, pour preuve
de la difficulté qu'il trouve dans cette queſtion , il la réſoût
enfin en faveur de l'acquereur du fonds , qu'il dit être diſ-
penſé de la reſtitution des fruits par pluſieurs raiſons qu'il
allegue , dont la plus déciſive me paroît celle que cet acquereur étant poſſeſſeur de bonne foi fait les fruits ſiens ,
ſuivant la Loi *Bonæ fidei* , *ff. de acquir. rer. domin.* Car on
ne peut pas dire qu'il ſoit poſſeſſeur de mauvaiſe foi , ſous
prétexte qu'il auroit connu la leſion d'outre moitié lors du
Contrat , puiſque la Loi ne prohibe point les marchés avan-
tageux que chacun tâche de faire dans les achats & dans
les ventes , & que ce n'eſt que par équité qu'elle fait rentrer le vendeur lezé d'outre moitié dans la poſſeſſion du fonds
par cette préſomption de droit qu'il a fait la vente *neceſſitate*
coactus ; ce que la modicité du prix donne lieu de croire.

Or dans ces circonſtances l'acheteur ayant un titre qui le
conſtituë poſſeſſeur de bonne foi , ce ſeroit contre les regles
de l'aſſujettir à une reſtitution de fruits.

CHAPITRE VII.

Si l'acheteur qui a ſçû que la choſe achetée n'appartenoit
pas au vendeur , ou étoit obligée à un autre , peut
demander la garantie.

IL faut d'abord établir pour maxime que dans le Contrat de vente , la garantie eſt dûë de droit par le vendeur
ſans ſtipulation expreſſe , *Leg. 6. Cod. de evict.* & que cette
garantie renferme deux choſes , la reſtitution du prix d'un
côté , & les dommages & interêts de l'autre , *Leg. Evicta ,*
ff. de eviction.

Ces regles reçoivent une exception priſe de la connoiſſance que l'acheteur a eûë au tems de la vente , que le fonds
n'appartenoit point au vendeur ; alors cet acheteur ne peut
prétendre

prétendre que la reftitution du prix , quoiqu'il ait ftipulé expreffement la garantie ; c'eft la décifion de la Loi troi-fiéme , §. *emptor. Cod. commun. de legat.* dont la difpofition doit être fuivie à mon avis dans les differentes efpeces de ventes , quoique la Loi foit dans le cas de la vente du fonds fubftitué , parce que la raifon déterminante de fa décifion eft commune aux autres efpeces de ventes.

Il paroît en effet que l'Empereur Juftinien , rempli des ve-ritables maximes du droit ne réfufe à l'acheteur la pleine garantie qu'à caufe de fa mauvaife foi , puifqu'il l'accorde à celui qui eft acquereur de bonne foi , *bonæ fidei procul du-bio emptoribus integra jura & nullo modo ex hac conftitutione deminuta contra venditores habentibus* ; ce que la Glofe *in verbo integra jura* , explique de la pleine garantie.

Si la mauvaife foi de l'acquereur eft une des raifons dé-terminantes de la Loi ; cette raifon doit être appliquée à toute efpece de vente , foit qu'elle tombe fur des biens fubf-tituez ou non ; car quoique la décifion foit renduë dans cette Loi fur une vente de biens fubbftituez , cela fe ren-contre ainfi *ex contingentia facti* , comme difent les Doc-teurs , mais la raifon de la décifion n'en eft pas moins com-mune aux ventes des autres biens , qui n'appartiennent point au vendeur , & qui tombent dans les mains d'un acquereur de mauvaife foi.

On ne peut pas douter que les Loix ne foient attentives à punir la mauvaife foi des acheteurs , puifque la Loi *Si fundum , Cod. de evict.* réfufe même la reftitution du prix à l'acquereur de mauvaife foi , s'il n'a pas ftipulé la garan-tie , quoique la pleine garantie foit de droit acquife à l'ac-quereur fans ftipulation.

Il y a un Arrêt de la Cour qui fuivant ces principes ré-fufa la pleine garantie à un acquereur de mauvaife foi , & qui ne lui adjugea que la fimple reftitution du prix ; il fut rendu au Rapport de Mr. de Gaujac en la troifiême Chambre des Enquêtes le 23. Janvier 1722. dans cette efpece.

Leftrade Bourgeois du lieu de Segun avoit acheté de Jean

Planté des fonds dotaux de sa femme avec pleine connoissance qu'ils étoient dotaux, le vendeur s'étoit obligé par le Contrat à lui garantir la chose venduë, Planté
pere émancipe Jean Planté son fils. Après la mort de sa femme, celui-ci fait instance contre Lestrade en délaissement
des biens ayant appartenu à sa mere dont il étoit heritier.
Lestrade appelle en garantie son vendeur, qui fut relaxé de
la pleine garantie & des dommages & interêts demandez,
& condamné à la simple restitution du prix de l'achat.

Il y a un Arrêt contraire rendu dans la même espece d'une
alienation du fonds dotal, revoquée par la femme après la
mort de son mari dans la cause de Pierre d'Ortet, & les
heritiers de Luquet mari d'Anne Colat : Ces heritiers furent condamnez à la pleine garantie ; cet Arrêt fut rendu
au Rapport de Mr. l'Abbé Castain le 26. Mars 1722.

Il faut se ranger du côté de l'Arrêt du 23. Janvier 1722.
rendu au Rapport de Mr. de Gaujac, non seulement par les
raisons dont je viens d'appuyer ma décision ; mais encore
parceque les Docteurs & notament *Zoesius ad tit. dee vic-
tionib. num.* 21. sont de cette opinion, que l'acquereur de
mauvaise foi ne peut dans aucun cas prétendre les dommages & interêts.

CHAPITRE VIII.

Du droit de retour.
Si la rénonciation faite à un legs est révoquée par la sur-
venance d'enfans.

Quoique le rétour de la dot ait lieu en faveur du donateur par le prédecès du donataire, qui laisse même
des enfans, si ces enfans viennent à mourir ensuite laissans
le donateur avec leur propre pere en vie ; cette maxime cesse
dans les lieux ou par coûtume locale le mari gagne la dot

conftituée à la femme par donation en Contrat de mariage, à moins que le donateur n'ait fpécialement refervé le rétour : C'eft ainfi que cela fut jugé par un Arrêt de la Cour du 22. Avril 1664. rapporté par Albert Lettre D, fous le mot dot art. 14. Cambolas Liv. 1. Chap. 5. *num.* 2. rapporte un Arrêt du 19. Avril 1622. qui jugea que la dot faifoit rétour au pere fans aucune diminution, & que le mari qui avoit furvêcu, fes enfans ne pouvoit même prétendre un droit legitime fur la dot. Dans le cas où il n'y a point coûtume locale de gain de dot en faveur du mari. Cet Arreftographe fait mention au même lieu d'un Arrêt, qui en cas de rétour affujettit les biens donnez, fubfidiairement pour la répetition de la dot & augment de la femme du donataire ; & c'eft ce que nous apprend Mr. Maynard, Liv. 6. Chap. 60. l'Ordonnance de Février 1731. n'a point dérogé à cette Jurifprudence ; mais feulement à celle du rétour *per fupervenientiam liberorum* ; ainfi que je l'ai obfervé ailleurs.

Je croi qu'on ne peut décider en théfe que la rénonciation à un droit établi foit une vraye donation, & qu'il faut démêler en cela quels font les veritables motifs de la rénonciation ; car fi la rénonciation n'eft pas pure liberalité, & qu'on puiffe conjecturer que quelque motif ou de récompenfe, de fervices, ou d'extinction de procès, ou de compenfation lui ait donné lieu. Alors le rétour ne doit point être accueilli, fur-tout en collaterale, où le rétour n'ayant été introduit que par extenfion, merite d'autant mieux d'être reftraint.

La diftinction établie par l'Arrêt mentionné par l'Auteur, entre la donation faite par le pere, & celle qui eft faite par la mere à leur fille dans fon fecond mariage, & qui fait rétour au pere, quand elle ne laiffe que des enfans du premier lit & non à la mere ; cette diftinction eft fondée fur les vrayes maximes, felon lefquelles le pere eft favorable fur ce point, *Leg. Jure fuccurfum 6. ff. de jur. dot.* puifqu'il eft appellé au rétour par la Loi elle-même, au lieu que la mere n'en joüit que par extenfion ; en forte que le rétour fe faifant en faveur de la mere contre la rigueur du droit , & par pure grace , il faut plûtôt le reftraindre que lui donner trop d'étenduë.

Je croi que les Arrêts qui ont décidé que les interêts de de la dot qui fait rétour au pere ou à la mere conftituans ne font dûs que dépuis l'inftance font juridiques , parce que les interêts des dots ne peuvent être regulierement privilegiez dans la répetition qui s'en fait, qu'en la main de la femme ou des enfans qui la réprefentent, le privilege de la dot leur étant particulier , fuivant la Loi *Affiduis* , *Cod. qui potior. in pignor. habeant.* Et cela avec d'autant plus de raifon que c'eft même un privilege fingulier introduit par la Jurifprudence de ce Parlement , & nullement fur la Loi *Affiduis* , d'alloüer en faveur de la femme & des enfans qui la réprefentent, les interêts de la dot au rang de la dot même.

On peut obferver ici , 1°. Que quoiqu'il ait paffé en maxime felon l'opinion de Martin qui a prévalû fur celle de quelques autres Interprêtes, que l'exiftance des enfans fait ceffer le rétour de la dot en faveur du pere conftituant. Il y a néanmoins un cas excepté de cette regle par la Jurifprudence des Arrêts de la Cour ; fçavoir , lorfque le fils donataire eft condamné pour crime & executé à mort furvivant fon pere , & que ce fils laiffe des enfans de fon mariage ; car en ce cas *favore patris donatoris* , *& in odium fifci* , l'exiftance & furvivance des enfans n'empêchent point le fait du rétour , fuivant la remarque de Mr. *Maynard* , Liv. 2. Chap. 91. en fes Arrêts , & l'Arrêt rapporté par *Charondas* , en fes réponfes Liv. 6. Chap. 114. 2°. Que l'exiftance des enfans n'empêche pas le droit de rétour fi la dot a été conftituée par un étranger qui a ftipulé ce rétour , fuivant Cambolas au lieu déja cité *num.* 5.

3°. Que fuivant l'obfervation de Graverol fur la Roche, *Liv.* 6. *verbo dot. art.* 21. quoique l'exiftance des enfans du fils donataire faffe ceffer le rétour en faveur du pere donateur , plufieurs Docteurs l'entendent ainfi quand tous les enfans fur-

vivent à l'ayeul, ou en tout cas pour la portion des furvivans ; mais non pour exclurre le rétour pour celle des prédecedez. Ce Commentateur eft du parti de ceux qui donnent tout aux enfans furvivans à l'exclufion de l'ayeul donateur ; fur quoi il dit que ce Parlement a pris ce temperament entre ces deux opinions contraires, qui eft d'ordonner le retour des portions des enfans prédecedez en faveur
de l'ayeul, à la charge de les conferver aux furvivans freres des défunts fes petits-fils par une efpece de Fideicommis tacite, & il rapporte deux Arrêts conformes. A l'égard
du rétour qui fe fait des biens donnez libres de toute hypotheque contractée *medio tempore*, je rapporterai ici un Arrêt de la Cour qui ne fert qu'à confirmer cette maxime,
puifqu'il eft rendu dans des circonftances qui fembloient peu
favorables au rétour des biens, & qu'il adjuge néanmoins
ce rétour.

Le fieur Marquis d'Alez avoit fait les pourfuites pour
la punition d'un crime commis par Baftide fils donataire
de fon pere, il en demanda le payement fur les biens fujets au rétour fondé fur la faveur que merite la pourfuite
d'un crime, dans la punition duquel le public fe trouve intereffé. Baftide pere s'oppofa à cette demande, fondé fur les maximes qui adjugent au pere le rétour des biens donnez libres de toute hypotheque contractée depuis la donation :
La caufe plaidée en l'Audience Tournelle le 13. Juillet 1712.
Me. de Caumels plaidant pour le fieur d'Alez, il intervint
Arrêt fur les Conclufions de Mr. le Procureur-Géneral, qui
déclara les biens fujets au rétour, exempts de l'hypotheque
du fieur d'Alez.

CHAPITRE IX.

De l'infinuation des donations.

L 'Art. 27. de l'Ordonnance du mois de Février 1731.
porte que non feulement les Créanciers & tiers acque-
reurs du donateur pourront oppofer le défaut d'infinuation ;
mais encore les heritiers , donataires , pofterieurs & legataires du donateur , & généralement tous ceux qui y auront
intérêt , autres néanmoins que le donateur.

Cet article déroge à la Jurifprudence de ce Parlement ,
fuivant laquelle l'heritier du donateur ne pouvoit oppofer
le défaut d'infinuation non plus que les legataires & donataires pofterieurs.

L'art. 26. autorife l'infinuation des donations, au delà
même des délais reglez par les anciennes Ordonnances , même après le decès du donataire , pourvû que le donateur
foit encore vivant ; mais la donation ne peut avoir d'effet en
ce cas que du jour de l'infinuation.

La raifon pour laquelle les Créanciers peuvent oppofer le
défaut d'infinuation , quoique la donation porte réelle tradition du fonds donné , & que le donataire en ait joüi publiquement au vû & fçû des Créanciers qui ont contracté
avec le donateur , peut être prife de ce que l'infinuation étant
la feule voye legale établie par l'Ordonnance, pour rendre
les donations & fubftitutions notoires ; le donataire doit
s'imputer s'il n'a pas pris cette voye contre les Créanciers.
La connoiffance qu'ils ont eüë d'ailleurs de la donation ne
pouvant leur nuire , puifque l'Ordonnance qui a établi l'infinuation n'en fait point mention , c'eft la Doctrine de *Ri-*
card traité des donations , Tom. 1. part. 1. Chap. 4. Sect. 3.
pag. 281.

Toutes les donations à celles près qui font faites dans les
Contrats de mariage en ligne directe , font fujettes à la for-

malité de l'infinuation , fuivant les articles 19. & 20. de
cette même Ordonnance.

La Déclaration du 17. Novembre 1690. requeroit l'infinuation de toutes les donations fans diftinction , & ce
Parlement fuivoit cette regle par fes nouveaux préjugez ;
en forte que les donations en ligne directe , faites dans les
Contrats de mariage étoient fujettes à l'infinuation.

La Déclaration du Roi de l'année 1717. concernant l'infinuation des donations, porte que les infinuations faites
aux Bureaux établis à ce fujet , feront auffi valables que fi
elles avoient été faites aux Juftices Royales. Les Arrêts
de ce Parlement le jugeoient de même , l'art. 23. de la nouvelle Ordonnance a dérogé à cette Déclaration , puifqu'il
affujettit les donations d'immeubles réels , ou de ceux qui
fans être réels ont une Affiette felon les Loix , Coûtumes
ou Ufages des Lieux , & ne fuivent pas la perfonne du
donateur à l'infinuation , fous peine de nullité devers le
Greffe des Bailliages ou Sénéchauffées Royales , ou autre
Siége Royal , reffortiffant nuëment au Parlement , tant du
domicile du donateur que du lieu dans lequel les biens donnez font fituez ou ont leur Affiette , & pour ce qui concerne les donations des chofes mobiliaires , l'infinuation doit
en être faite feulement au Siége Royal du domicile du donateur reffortiffant nuëment au Parlement.

L'art. 26. de l'Ordonnance déroge encore à la Jurifprudence de ce Parlement , en ce qu'elle donne à l'infinuation
faite dans les délais portez par l'Ordonnance un effet ré-
troactif au tems de la donation contre les Créancies du donateur *intermedii temporis*. Cet article porte que *lorfque l'infinuation aura été faite dans les délais portez par les Ordonnances , même après le decès du donateur ou du donataire ,
la donation aura fon effet du jour de fa date à l'égard de toutes
fortes de perfonnes*.

C'eft une queftion fi les biens de l'heritier grevé font hypothequez au Fideicommiffaire, depuis le jour que cet heritier
a été faifi de l'heredité , foit à raifon des diffipations que

cet heritier a faites des biens ſubſtituez, ſoit par l'omiſſion
de faire inſinuer la ſubſtitution, de même que les biens du
Tuteur ſont affectez au pupille, *à die adita Tutelæ* ; & ſi ce
Fideicommiſſaire eſt préferable au Créancier qui a contracté avec l'heritier grevé *medio tempore*, & pendant le tems
de ſa jouïſſance. Il y a un Arrêt rendu en la troiſiéme
Chambre des Enquêtes, au mois d'Août 1723. au Rapport
de Mr. l'Abbé de Mariotte, entre le ſieur Milhet Notaire
de Toulouſe, Marie-Roſe & Angelique Laroche qui alloüe
par préference le Créancier au Fideicommiſſaire.

Le motif de cet Arrêt fut que par l'Ordonnance de
Moulins, renouvellée par la Déclaration de 1712. les ſubſ-
titutions non inſinuées ne peuvent être oppoſées aux Créanciers.

La difficulté ſe tiroit pourtant de la Déclaration même,
qui rend les heritiers grevez reſponſables envers les Fideicommiſſaires du défaut d'inſinuation ; par où il ſemble que
les biens de ces heritiers ſont affectez au Fideicommiſſaire,
dépuis le jour qu'ils auroient dû faire cette inſinuation ; mais
ce n'eſt là qu'une action de récours, qui donne ſeulement
droit au Fideicommiſſaire de pourſuivre une condamnation
à ce ſujet ; en ſorte qu'il ne peut avoir d'hypothéque que
du jour de la condamnation, de même que pour les alienations
qui ont été faites, quoiqu'il ſemble d'abord que les biens
de l'alienant devroient être hypothéqués au Fideicommiſſaire dépuis le jour de l'alienation, & qu'il devoit être pré-
feré aux Créanciers qui ont poſterieurement contracté avec
l'heritier grevé. Toutefois il faut décider le contraire, par
la raiſon ; que nulle Loi n'a donné hypothéque au Fideicommiſſaire ſur les biens de l'heritier grevé à ce ſujet ; mais
ſeulement une action perſonnelle *ex Teſtamento*, ſuivant *Peregr. de Fideicom. art.* 45. *num.* 13.

CHAP.

CHAPITRE XII.

Si la reſtitution du mineur dans une cauſe commune pro-
fite au majeur.

IL faut diſtinguer ainſi avec Mornac & les Interprêtes
dans cette queſtion, ſi la reſtitution du Mineur profite au
Majeur dans une cauſe commune, où il a été traité d'une
choſe diviſible, ou indiviſible par ſa nature; ſi elle eſt divi-
ble comme ſi c'eſt une heredité commune entre le Majeur &
le Mineur, la reſtitution du Mineur ne profite point au Majeur; ſi au contraire la choſe ne peut tomber en partage,
comme s'il a été traité d'une extinction de ſervitude commune
à tous les deux, alors la reſtitution du Mineur profite au Majeur, c'eſt la doctrine de Mornac ſur la Loy *Uniq. Cod. ſi*
in commun. eademq. cauſ. in integr.

CHAPITRE XIII.

Si le mineur peut être reſtitué lorſqu'il a ratifié après
ſa majorité.

JE ſuis de cette opinion, que ſi le Mineur devenu Majeur
paye l'entiere dette à laquelle il s'étoit obligé pendant ſa
Minorité, il ne peut être reſtitué en entier par la raiſon que
ce payement eſt une ratification & une approbation ſuffiſante
de l'obligation déja contractée. Et c'eſt la doctrine *de Faber*
in rational, Leg. denique ff. de Minor. ad §. ſcio etiam. Pecu-
nia, dit-il, *numeratur ad implendam ſtipulationem, Leg. ſi*
ita fuero §. 1°. ff. de novat. & ideo verum eſt impleri hoc caſu
perficique contractum poſt Majorem ætatem, Leg. 9. §. ſed quod

Tome II.   O

prætor ait quod metus caufa , ac proinde amitti beneficium reſti-
tutionis quæ alioquin competeret , & il appuye cette déciſion
de pluſieurs textes du droit. Pereſius ſur le titre du *Cod. ſi*
Major. faЄt. ratum habuer. n. 1. tient la même doЄtrine , &
répond aux argumens qu'on peut tirer de la Loy 3. §. *ſcio ff.*
de Minor.

Par la même raiſon , le Mineur qui devenu Majeur reçoit le payement entier d'une obligation préjudiciable contractée en ſa faveur pendant ſa Minorité , ne peut plus être
reſtitué envers cette obligation. Autre choſe ſeroit s'il n'avoit
reçû que les interêts , ou quelque partie du capital à compte
depuis ſa majorité , parce qu'alors l'obligation n'étant point
éteinte par la cancellation , on ne peut pas dire qu'il ſe
ſoit départi du droit d'être relevé contre cette obligation
par la voye legale ; ce qu'il a reçû du capital ne pouvant in-
duire une ratification de l'obligation , puiſque ce n'a été qu'en
deduЄtion , & qu'il eſt cenſé s'être tacitement reſervé le benefice de la reſtitution , de là qu'il n'a point abſolument liberé le débiteur par la cancellation.

L'Arrêt rapporté dans ce Chapitre qui accorda le benefice de reſtitution au ſieur de Pompignan , quoiqu'il eût
reçû dans ſa minorité la ſomme entiere à laquelle étant
mineur , il avoit tranſigé ſa légitime , eſt contraire à cette
doЄtrine de Faber & de Pereſius , & ne peut être appuyé
de la Loy qui lui ſervit pourtant de fondement ; par cette
raiſon , que dans l'eſpece de cette Loy le mineur qui s'étoit
immiſcé en l'heredité paternelle n'avoit exigé étant majeur
que quelque petite dette de cette heredité , & n'avoit point
confirmé par là d'une maniere pleine & entiere , *quod minor.*
geſſerat , & c'eſt ce qu'on ne peut pas dire du majeur qui
cancelle par le payement qu'il reçoit une obligation con-
ſentie en ſa faveur pendant ſa minorité ; car il ratifie pleinement cette obligation , & ſe trouve dans les circonſtances
du paragraphe *Si quis Leg. 3. de minor. eod.* & par conſequent exclus du benefice de reſtitution.

Il faut donc conſtamment décider que l'execution pleine

& entiere de l'acte après la majorité donné au mineur cette exclusion, & qu'elle équipole à une ratification expresse : or une obligation n'est jamais mieux executée que lorsque le créancier la cancelle par le payement entier qu'il reçoit.

CHAPITRE XIV.

Si l'heritier du mineur peut demander cassation de la do-nation faite par le mineur, quoique le mineur de-venu majeur ne se soit pas plaint.

IL est sans difficulté que l'heritier du mineur peut deman-der de son chef la recision des Contrats, par lesquels son Auteur a été lezé, quoique l'action n'ait point été prépa-rée par le défunt, parce que regulierement les actions recis-soires passent aux heritiers, quoique non preparées *Leg.* 18. §. *ult. ff. de Minor.* Il n'y a que l'action en recision d'une do-nation inofficieuse qui ne passe point sans preparation *ad extraneos hæredes*, suivant la doctrine *de Duranti quæst.* 30.

Il n'en est pas ainsi des créanciers, les actions recissoires qui competoient à leurs débiteurs, ne passent point sur leur tête sans préparation, par cette raison que quoique les créan-ciers exercent de plein droit les actions de leur débiteur, l'ac-tion recissoire en demeure exceptée; car cette action n'est ja-mais comprise dans une cession generale de droits, & a re-gulierement besoin pour pouvoir être exercée d'un mandat special de celui qui l'a en main selon la doctrine *de Loüet & Brodeau, Lettre C, Somm.* 12. *& l'Arrêt rapporté eod.*

CHAPITRE XV.

Si le fils de famille qui cautionne pour son pere peut être relevé.

LE fils de famille qui est majeur de 25. ans s'oblige valablement par toute sorte de causes, excepté pour simple prêt reprouvé par le Macedonien. *Filius familias ex omnibus causis tanquam pater familias obligatur, & ob id agi cum eo tanquam cum patre familias potest, Leg. 39. ff. de obligat. & action.*

Sur ce principe il peut valablement cautionner pour son pere, & s'obliger envers un autre solidairement avec lui, *obligatur in solidum*, dit la Glose sur cette Loy *Verbo obligatur*; ces maximes servirent de fondement à un Arrêt qui fut rendu le 2. Juin 1729. en la premiere Chambre des Enquêtes de ce Parlement au Rapport de Mr. de Raymond dans un procès ou j'avois écrit pour la Demoiselle Catherine, Fitton épouse du sieur Rey Marchand de Pontac en Bearn, contre Jean Forcadelle habitant de la Marque en Bigorre, par cet Arrêt Forcadelle fut demis de sa demande en recision de trois obligations par lui consenties étant majeur de 25. ans, solidairement avec son pere sous la puissance duquel il étoit en faveur de la Demoiselle Fitton, l'une de ces obligations étoit causée pour semence fournie par cette créanciere au pere de Forcadelle, pour ensemencer ses terres dans une année où elle alleguoit que la grêle avoit ravagé la recolte du bled. Ce fils fondoit ses moyens de restitution sur la reverance paternelle à laquelle il soûtenoit n'avoir pû resister, mais il fut décidé suivant la Doctrine de Mr. Cambolas, & l'Arrêt qu'il rapporte, *Liv. 2. Ch. 12.* que ce n'étoit pas là un moyen pertinent de recision des obligations. L'Arrêt démit Fourcadelle de ses Lettres en restitution. Dans cette affaire on adjugea les interêts à cette Créanciere dépuis la datte des obligations, felon la coûtume de Bearn, à laquelle les Parties s'étoient foûmifes, quoique le débiteur foûtint que les interêts n'étoient point dûs felon les Ordonnances & la Jurifprudence des Arrêts pour fimple prêt, que du jour de la demande judiciaire.

L'exception du Senatus-Confulte Macedonien ne peut avoir lieu que lorfqu'il s'agit d'un prêt d'argent comptant, ou de quelque Marchandife venduë *in fraudem Senatus Confulti*; ce qui fut ainfi jugé au Rapport de Mr. de St. Laurens, en la troifiéme Chambre des Enquêtes le 28. Août 1713. entre les Demoifelles d'Agel d'une part, & Tremoüille de l'autre, dans l'efpece fuivante.

Le fieur de la Bourgade étant mineur & fous la puiffance paternelle, prit des Marchandifes chez Tremoüille pour s'habiller, revenant à la fomme de 720. liv. Il en fit fon billet à Tremoüille; celui-ci après le decès de la Bourgade demanda payement de cette fomme aux Demoifelles d'Agel, fœurs du défunt, & fes heritieres *ab inteftat*, elles oppoferent à cette demande l'exception du Senatus-Confulte Macedonien. Tremoüille demandeur répouffa cette exception, en foûtenant que ce n'étoit point le cas de ce Senatus-Confulte. 1°. Parce qu'on n'accufoit point le fieur Labourgade d'avoir donné dans aucune fole dépenfe, & d'être un diffipateur. 2°. Parce que fuivant le mémoire & le compte des Marchandifes venduës, il paroiffoit qu'elles l'avoient été à jufte prix; & que d'ailleurs le Marchand ne pouvoit être convaincu d'avoir livré fa Marchandife *in fraudem Senatus-Confulti*. Sur ces raifons les Demoifelles d'Agel furent condamnées au payement de cette fomme de 720. liv. avec dépens.

L'efprit du Senatus-Confulte a été d'arrêter le cours des foles dépenfes des fils de famille, & de mettre les peres à l'abri des embûches qu'un fils diffipateur & endetté pourroit tendre à fa vie, dans la vûë de devenir le maître de fes biens, pour s'acquitter des obligations qu'il pourroit avoir contractées par des emprunts, c'eft l'obfervation de la Glofe fur la

1. *ff. de Senatus Conf. Macedon.* Ainſi dès qu'il conſte qu'il n'y a point de diſſipation de la part du fils de famille , & que ſes obligations ont une fin legitime , comme pour s'alimenter ou pour ſe vêtir , elles doivent être autoriſées ; puiſque le fils de famille majeur eſt capable de toute ſorte de Contrats *excepto Macedoniano.*

CHAPITRE XVI. & XVII.

IL paroît par le langage de l'Arreſtographe que le motif de l'Arrêt du 3. Fevrier 1667. qui autoriſa l'obligation ou le cautionnement de la mere pour le fils , eſt fondé ſur ce que les condamnations pour leſquelles il étoit detenu lui fermoient la porte de la ceſſion des biens : il faut donc reſtraindre le cautionnement de la mere pour le fils , au cas où il ne pût s'affranchir des contraintes perſonnelles par le remede de la ceſſion de biens ; c'eſt ce que j'ai déja obſervé ſur le Chap. 1. du 4. Livre , à l'égard de la femme qui l'oblige pour tirer ſon mari de priſon.

C'eſt ſur ce principe qu'une mere qui avoit cautioné pour ſon fils fut relevée de ſon obligation, j'avois écrit pour la mere l'Arrêt eſt du 31. Mars 1729. après partage porté de la deuxiéme à la troiſiéme des Enquêtes au Rapport de Mr. l'Abbé Boyer en faveur d'Antoinette Cauſſe contre le ſieur Folguiere Lieutenant de Rabaſtens , le fils étoit priſonnier pour une dette à raiſon de laquelle il pouvoit faire ceſſion de biens.

Il faut néanmoins ſelon moi , uſer ici des mêmes diſtinctions que j'ai marquées, Chap. 1. Liv. 4. à l'égard des perſonnes , en examinant ſi la voye de la ceſſion de biens eſt pour elles une reſſource trop rude & trop violente, ou non.

Il faut obſerver ſur le Chapitre 17. que ſi l'on pouvoit conjecturer que la rénonciation de la femme à ſon hypothéque eſt une couleur donnée à un cautionnement veri-

table auquel elle a été induite, comme fi elle avoit renoncé
en faveur des Créanciers de fon mari fans interêt perfonnel ;
alors elle feroit relevée de cette rénonciation, comme d'une
obligation contractée pour fon mari fans caufe ; & c'eft ce
qu'on peut recuëillir de la rémarque faite par Graverol fur *Mr.
de la Roche*, *Liv. 5. tit. 2. verbo velleyan. art. uniq.* que les
femmes font fi favorifées lorfqu'elles intercedent pour autrui, qu'on les releve des ceffions qu'elles acceptent de la main
de leurs Créanciers en augmentation de leurs hypothéques
fur les biens de leurs maris infolvables, pourveu qu'il pa-
roiffe tant foit peu qu'elles ont été induites à paffer l'acte,
parce qu'alors on confidere la ceffion prife en augmentation
d'hypothéque, comme une précaution qui fent le dol & une
couleur donnée à un cautionement veritable réprouvé par les
Loix.

Toutefois s'il n'y a pas lieu de conjecturer que la femme
a été induite à prendre la ceffion des Créanciers, & qu'il
n'y ait aucun foupçon de cautionement prêté pour fon mari ; alors le Contrat fubfifte, & la femme feroit irrécevâ-
ble à fe pourvoir en refcifion *ope velleyani*, Graverol *eod.*
rapporte un Arrêt de la Cour du 11. Septembre 1674. qui
autorifa un Contrat de cette efpece.

Notre Arretifte obferve que quoique la rénonciation de
la femme foit jugée valable, néanmoins fi dans le même
Contrat où elle a renoncé à une hypothéque, elle s'oblige
pour un autre ; tout l'acte fera emporté felon que les Juges
en convinrent le 13. Mai 1653. en un Procès où la queftion
ne fut pas jugée à caufe des circonftances.

La raifon de cette décifion peut être prife de cette maxime que les Contrats ne peuvent être entretenus pour une
Partie, & annullez pour l'autre, parce que toutes les claufes
& ftipulations compofent un feul & même corps d'acte ;
en forte qu'on ne peut les féparer fans une deftruction entiere,
felon l'obfervation de *Brodeau fur Loüet*, Lettre *D*, *Somm.*
69. num. 3. fondée fur la Loi *Si ita*, *ff. de oper. libert. &*
Leg. 16. de adminiftr. tut. eod.

Il faut encore obferver que les Lettres en refcifion d'un Contrat, doivent non feulement être impetrées dans les dix années de l'Ordonnance ; mais fignifiées avec affignation à la Partie, *Leg. 6. Cod. de in integr. reftit. min.*

C'eft une queftion qui donna lieu à un partage de fçavoir fi une femme qui pendant le mariage s'oblige folidairement avec fon mari, & qui deux années après fon obligation, & le decès de fon mari la ratifie par un autre acte, peut être relevée *ope Senatus Confulti velleyani.*

La Dame de Boileau & le fieur Mercier fon mari, s'étant obligez folidairement envers le fieur Pradenc pour la fomme de 1250. liv. deux ans s'étant écoulez dépuis cette obligation, & le fieur Mercier étant decedé, la Dame de Boileau ratifia fon obligation par une feconde, qu'elle confentit en faveur du Créancier. Se trouvant enfuite pourfuivie pour le payement, elle impetra de Lettres pour être reftituée envers les deux obligations *ope velleyani* ; la Cour par fon Arrêt rendu au Rapport de Mr. Charlari en la deufiéme des Enquêtes en l'année 1729. après partage enterina les Lettres en reftitution, & relaxa la Dame de Boileau du la demande du Créancier.

La difpofition de *l'Auth. fi qua mulier, Cod. ad velleyan.* donna fans doute lieu à ce partage. A s'en tenir au texte de cette Loi, c'eft à l'obligation que la femme contracte en faveur de fon mari, qu'il en faudroit borner la décifion ; elle porte que pareille obligation ne peut être jamais foûtenuë par quelque ratification qu'en puiffe faire enfuite la femme. *Si qua mulier crediti inftrumento confentiat proprio viro, aut fcribat & propriam fubftantiam, aut fe ipfam obligatam faciat ; jubemus hoc nullatenus valere, five femel, five multoties hujufmodi aliquid pro eadem re fiat. &c.* Mais la Glofe entrant dans l'efprit du legiflateur, applique fa décifion aux obligations même que la femme contracte, comme caution du mari, & folidairement avec lui. *Imò loquitur in creditore pro quo interceffit, & ipfa confenfit in publico inftrumento, an fibi præjudicet quæritur? Dicitur quod non.*

C'eft

C'est sur ce principe que peut être appuyé l'Arrêt , qui vuida le partage en faveur de la femme, hors de ces circonstances d'une obligation contractée par une femme solidairement avec son mari, *constante matrimonio.* Quand la femme majeure ratifie l'obligation après deux années de sa datte par une seconde, elle ne peut plus être relevée *ope velleyani ,* suivant la Loi 22. *Cod. eod. tit.*

Il faut observer que la décision de l'Aut. *si qua mulier* doit être appliquée indistinctement à toute espece de ratification que la femme pourroit faire, soit pendant la vie, soit après le décès du mari, par la raison que cette Loi ne distinguant point les differens tems, ce n'est point à nous d'admettre des distinctions, y ayant même apparence que l'Empereur Justinien soigneux de proteger la cause des femmes a voulu les affranchir des obligations qu'elles pourroient contracter à l'occasion de la premiere, où l'on peut conjecturer que l'autorité maritale a agi, & cela pour arrêter le cours de cette espece d'obligations.

CHAPITRE XX.

Si le pacte commissaire a lieu dans les ventes.

De la clause aposée dans les constitutions des rentes, que l'acheteur de la rente pourra repeter le capital, faute de payement pendant deux ans.

Si l'on peut purgare moram celeri præstatione.

LE pacte commissaire aposé dans les ventes, est fondé sur la Loi 2. *ff. de Leg. Commiss.* ce pacte est reconnu licite dans les ventes, tant en païs de droit écrit que coûtumier ; mais il est reprouvé dans les Contrats d'engagement comme capticux & onereux au débiteur, qui peut toûjours reprendre la chose baillée à titre d'engagement, en remboursant son Créancier *damnatur hæc pactio in pignoribus*

& hypothecis ob captionem fragilis debitoris & asperitatem credi-
toris ; c'est le langage de Mornac , *ff. de Leg. commissor.* &
telle est la Doctrine de *Guip. quæst.* 6. & de Ferrier. *ibi* , qui
ajoûte (en rapportant un Arrêt de ce Parlement) que ce pacte est illicite non seulement dans l'engagement des fonds &
des immeubles , mais des effets mobiliaires.

Suivant la rigueur du droit le pacte commissoire doit avoir
son effet *hoc ipso* , que l'acheteur est en demeure , quoique
non interpellé par le vendeur , *Leg. Si fundus* 4. §. *Marcellus*
ult. ff. de Leg. Commiss. mais les Tribunaux superieurs qui se
reglent ordinairement sur des principes d'équité , ne suivent
point rigoureusement cette disposition de la Loi , *& si facilè*
nihil mutandum sit ex solemnibus , tamen ubi æquitas evidens
poscit subveniendum est , dit la regle du droit ; & sur ce principe ils reçoivent l'acheteur interpellé par le vendeur sur le
payement du prix de la vente , de purger la demeure dans un
délai qui leur est arbitraire , selon la remarque de *Loüet* , Lettre *P* , *Somm.* 50. *num.* 2. ce qui est confirmé par *Mornac* sur
la Loi 21. *ff. de constit. pecun.*

Sur quoi il faut observer que la minorité n'est pas un moyen
de restitution , & que le mineur qui n'a pas purgé la demeure
ne peut être relevé de cette omission ou négligence , selon la
Doctrine de Brodeau *loco supra* , *num.* 5.

De ce qui vient d'être dit , il faut conclurre que le pacte
commissoire en quelques termes qu'il soit conçû , n'est jamais
reputé que comminatoire ; en sorte que pour constituer la Partie en demeure , il faut necessairement une interpellation judiciaire , après laquelle le Juge donne *ex æquitate* un délai
pour purger la demeure. Ce qui doit être ainsi pratiqué dans
tous les Contrats où il y a des clauses résolutoires par la convention des Parties.

Toutefois si le pacte commissoire se trouve fait dans un engagement *ex intervallo* , il est valide ; ainsi jugé au Rapport
de Mr. Courtois , en la deuxiéme des Enquêtes au mois de
Mai 1722. dans l'espece d'un fonds donné en engagement
pour certaine somme , avec pacte consigné dans un billet pri-

vé , fait enfuite par le débiteur qui avoit engagé fon fonds ,
que s'il ne faifoit pas de fon vivant le rachat de biens enga-
gez , il vouloit que l'engagement paffât en vente pure , & que
fes heritiers n'y fuffent plus reçûs. L'Arrêt démit l'heritier de
la demande en délaiffement du fonds.

Si le billet avoit été fait *incontinenti* & le même jour du
Contrat , la Cour avoit rendu une décifion contraire , parce
qu'alors ce billet auroit fait partie du Contrat même , fuivant
la maxime *quæ fiunt incontinenti ineffe intelliguntur, Leg. Juris
gentium ,* §. *quin imò , ff. de pact.* ce que Dumoulin confirme
in confuetud. Parif. §. 78. *Gloff.* 1. *num.* 57. où il regarde les
Contrats paffez le même jour fur la même affaire (quoique
féparez de Regiftre) comme ne faifant qu'un feul & même
corps de Contrat

CHAPITRE XXI.

*Si la caution de la rente conftituée peut contraindre le débi-
teur principal d'en payer le capital , tandis que la
rente eft payée.*

JE croi que le ceffionnaire ne peut agir en garantie contre
le cedant pour la reftitution même du prix , foit qu'il ait
renoncé ou non à la garantie , s'il ne s'eft expreffement refervé la reftitution du prix de la fomme cedée en cas d'infolvabilité du débiteur ; ainfi quand même dans l'éfpece de l'Arrêt du 4. Mai 1678. il ne fe feroit pas rencontré de la part de
Teiffeire une rénonciation à la garantie , en faveur de Boërie
fon cedant ; il auroit été également irrecevable à lui demander la reftitution du prix , parce qu'il ne s'étoit refervé que la
verité de la dette , & que pour obtenir la reftitution du prix ,
il auroit fallu que le cedant lui eût garanti la folvabilité du
débiteur.

Je fonde cette décifion fur les raifons fuivantes ; en premier lieu , ſur ce que celui qui vend ou qui cede l'action qu'il a ſur ſon débiteur n'eſt point tenu de ſa ſolvabilité , *Leg. Si nomen* 4. *ff de hæred. vel action. vendit.* en ſorte qu'ayant reçû le prix de la ceſſion , il ne peut être contraint à le reſtituer en cas d'inſolvabilité du débiteur par cette maxime que *repetitio nulla eſt ab eo qui ſuum recepit.* Pour l'aſſujettir & le condamner à cette reſtitution , il faudroit qu'il eut garanti au ceſſionnaire cette ſolvabilité , parce qu'alors la reſtitution du prix devient une ſuite de la garantie , étant ſenſible que le ceſſionnaire n'a compté le prix de la ceſſion que ſur la foi de la garantie , & ſur l'eſpoir du recours contre le cedant en cas d'inſolvabilité du débiteur ; c'eſt ce qu'on peut conclurre de la Loi citée , où le Juriſconſulte n'aſſujettit le vendeur ou le cedant à la garantie de la ſolvabilité du débiteur , qu'autant qu'il l'a promiſe au ceſſionnaire.

En ſecond lieu , il n'en eſt pas de la vente ou ceſſion d'une hypothéque , comme de celle d'un fonds ; dans la vente du fonds la pleine garantie eſt dûë par la nature du Contrat , *Leg.* 6. *Cod. de eviction.* par cette raiſon ſans doute que l'acheteur ne met rien au hazard quand il ſe détermine à cette acquiſition ; qu'ainſi il doit être ſaiſi du fonds , & en joüir paiſiblement , que ſi au contraire le fonds lui eſt évincé , la reſtitution du prix doit lui être faite en lui adjugeant des dommages & intérêts , parce que tout cela ſe trouve renfermé dans les conventions tacites des Parties , & vient comme une ſuite du Contrat de vente ; il n'en eſt pas ainſi de l'acquiſition d'une hypothéque , celui qui prend la ceſſion s'expoſe au hazard de l'inſolvabilité du débiteur ; & voilà pourquoi la Loi lui réfuſe la garantie & le recours contre le cedant.

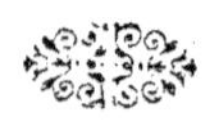

CHAPITRE XXIII.

De quel tems le Donataire peut prendre sa donation.

PAr l'article 15. de l'Ordonnance du mois de Février 1731. il est porté qu'aucune donation entre-vifs ne pourra comprendre d'autres biens que ceux qui appartiendront au donateur dans le tems de la donation, l'art. 17. excepte de cette regle les donations faites en Contrat de mariage en faveur des conjoints ou de leurs descendans, soit par les ascendans, soit par des collateraux ou par des étrangers.

Cet article ajoûte qu'a l'égard de ces donations il sera au choix du donataire de prendre les biens tels qu'ils se trouveront au jour du decès du donateur, en payant toutes les dettes & charges, même celles qui seroient posterieures à la donation, ou de s'en tenir aux biens qui existoient dans le tems qu'elle aura été faite en payant seulement les dettes & charges existantes audit tems.

Cette Ordonnance ne donne que deux tems pour opter, & cette regle doit être suivie dans le cas même d'une donation faite par un pere dans son Contrat de mariage au premier enfant qu'il élira, sans qu'on doive considerer le tems de l'élection, ni s'y arrêter comme un troisiéme tems.

La raison en est qu'étant de maxime, que dans toutes les stipulations dont l'effet est suspendu jusques à un certain tems, on regarde le tems du Contrat, *Leg.* 18. *ff. reg. jur.* le Pere se trouvant une fois lié & obligé par le Contrat de mariage à faire la restitution des biens à celui de ses enfans qu'il élira, l'élection faite dans sa suite doit avoir un effet retroactif au tems du Contrat contenant la donation, l'élection ne faisant que mettre le sceau à la donation, & n'ajoûtant rien à l'obligation déja contractée par le pere en faveur des enfans à naître.

CHAPITRE XXIV.

Si un donataire après avoir accepté la donation sous cer-
taines charges & conditions, la peut repudier & s'en
départir.
Si le donataire universel peut être convenu personnellement,
& au-delà de la valeur des biens donnés.

LE donataire universel étant reputé comme un possesseur
des biens à titre particulier (ainsi que je l'ai prouvé ailleurs) il s'ensuit qu'il n'est pas tenu de faire aucun inventaire
pour empêcher la confusion de ses biens propres avec ceux
du donateur, & qu'il est toûjours reçû à repudier, & à se
dépoüiller des effets donnés pour mettre ses biens propres à
l'abri de la recherche des créanciers du donateur. C'est ainsi
que la question fut jugée en la distribution des biens de voisins
le 10. Septembre 1722. en la troisiéme des Enquêtes au Rapport de Mr. Malaret, entre le sieur d'Izarn Seigneur de Cor-
nus, & le sieur Jean Roubin. Dans l'espece de cet Arrêt le
donataire universel qui se trouvoit chargé par la donation du
payement des dettes y énoncées, avoit fait diverses consig-
nations aux créanciers indiqués, il avoit conséquamment fait
acte de donataire par le payement des dettes, toutefois il fut
reçû à repudier, quoiqu'il n'eût point fait d'inventaire.

L'Ordonnance de 1731. art. 36. donne la faculté au donataire des biens presens & à venir de renoncer si bon lui
semble à la donation, quoiqu'il l'ait acceptée avec cette condition de payer les legitimes des enfans du donateur : l'art.
18. veut que le donataire des biens presens sous condition
de payer indistinctement toutes les dettes & charges de la succession du donateur, même des légitimes indefiniment, puisse
renoncer à la donation, ce qui doit être entendu des donations faites en Contrat de mariage en faveur des Conjoints

ou de leurs defcendans. Ces deux articles ne diftinguent point
à la verité le cas ou le donataire univerfel a fait inventaire d'a-
vec celui où il n'en a point fait, mais outre que le défaut d'inventaire ne peut être un obftacle à la repudiation de la donation, fuivant l'Arrêt de ce Parlement déja rapporté ; c'eft
qu'il fuffit que l'Ordonnance ne foit point entrée dans aucune diftinction à ce fujet, pour qu'il faille conftamment décider que le donataire univerfel foit des biens prefens & à venir eft reçû à repudier ; quoiqu'il n'ait point fait d'inventaire, & qu'il ait même fait acte de donataire en payant ou en
exigeant des dettes de la fucceffion.

CHAPITRE XXV.

De la donation de tous les biens prefens & à venir, fous
la referve de l'ufufruit.

L A nouvelle Ordonnance art. 16. porte *qu'en cas que*
le donateur fe foit refervé la liberté de difpofer d'un effet
compris dans la donation des biens prefens, ou d'une fomme fi-
xe à prendre fur les biens donnés, ledit effet ou ladite fomme
ne feront point compris dans la donation, quand même le dona-
teur feroit mort fans en avoir difpofé, auquel cas ledit effet ou
ladite fomme appartiendroit aux heritiers du donateur, nonobf-
tant toutes claufes ou ftipulations à ce contraires.

L'Article 18. contient une exception en faveur des donataires par Contrat de mariage conçûe en ces termes, *&*
en cas que ledit donateur par Contrat de mariage fe foit refer-
vé la liberté de difpofer d'un effet compris dans la donation de
fes biens prefens, ou d'une fomme fixe à prendre fur lefdits
biens ; voulons que s'il meurt fans en avoir difpofé ledit effet ou
ladite fomme appartiennent au donataire ou à fes heritiers, &
foient cenfés compris dans ladite donation.

Il faut ici obferver que fuivant cette nouvelle Ordonnance conforme en cela au nouveau droit Romain, la donation

n'en eſt pas moins valable , quoiqu'abſolument deſtituée de
reſerve de la part du donateur , ſoit qu'elle ſoit faite en
Contrat de mariage de tous les biens preſens & à venir , ou
des biens preſens ſeulement hors du Contrat de mariage.

CHAPITRE XXVI.

Si le Mineur Marchand peut être relevé.
Si le Mineur peut recevoir valablement ſans autorité de
 Juſtice , les ſommes qui lui ont été conſtituées ; & ſi
 le conſtituant peut être recherché faute d'employ.
Des interêts reçûs par le Mineur.

LA queſtion , ſi le mineur Marchand peut être relevé
pour fait dépendant de ſon commerce , avoit été jugée
contre le mineur par les Arrêts des differens Parlemens de ce
Royaume qui avoient à ce ſujet denié aux Mineurs la reſtitution
en entier , mais cette queſtion n'eſt plus ſuſceptible de diſpute depuis l'Ordonnance de 1673. renduë pour le fait du
commerce , puiſque l'art. 6. du titre 1. porte *que tous négo-*
cians & Marchands en gros & en détail , comme auſſi les Ban-
quiers ſeront reputés Majeurs pour le fait de leur commerce &
Banque , ſans qu'ils puiſſent être reſtitués ſous prétexte de Mi-
norité.

 On peut ici obſerver qu'il y a pluſieurs Auteurs qui ſont
de cette opinion , qu'un Mineur non Marchand qui a tiré une
Lettre de Change peut être reſtitué en entier , tels que ſont
la Peyr. Lettre L , *verbo* Lettre de Change de l'impreſſion
de 1717. & Savari dans ſon Paraire 18. Toutefois le contraire
a été jugé par Arrêt du Parlement de Paris du 30. Août 1702.
confirmé par un Arrêt du Conſeil du 12. Août 1704. rapportés dans la nouvelle édition de Bornier *Tome 2. pag. 638.*
& 640.

 La raiſon de ces Arrêts eſt priſe de ce que celui qui tire
une

une Lettre de Change avec remiſe de place en place eſt reputé Marchand pour ce fait , & que par l'art. 4. du tit. 34. de l'Ordonnance de 1667. il peut être contraint par corps , ſans que cet Article faſſe diſtinction de perſonnes ni d'âge. Toutefois ſi l'on établiſſoit que le Mineur a tiré cette Lettre de Change par ſurpriſe , & par une ignorance craſſe de la rigueur de la contrainte à laquelle il ſe ſoûmettoit ; je croi qu'il y auroit lieu de le décharger de la contrainte par corps ; quand même la ſomme auroit tourné à ſon profit , ſauf au créancier de pouvoir agir ſur ſes biens.

Le Mineur ſelon le Droit Canon n'eſt point reſtituable en matiere Beneficiale ; tous les actes qu'il paſſe concernant les Benefices qu'il poſſede après 14. ans ſont valables , & ne peuvent être impugnés ſous prétexte de Minorité & de leſion ſuivant *le Ch. final. de judiciis in 6.* mais ſelon le droit établi en France , le Mineur de 25. ans qui ne poſſede qu'un ſeul Benefice , peut être reſtitué en entier envers la reſignation qu'il en avoit faite ſelon les autorités rapportées par Fevret de l'abus , *Tom.* 1. *Liv.* 2. *Ch.* 6. *n.* 16. cette déciſion eſt confirmée par la doctrine de Brodeau ſur Loüet *Lettre B , Somm.* 7. *n.* 4. avec cette reſtriction néanmoins que cela doit être entendu des Mineurs qui ſont au-deſſous de 18. ans ; car s'ils ont atteint 18. ou vingt-ans , & qu'ils ayent reſigné à des perſonnes non prohibées de droit ; alors les reſignations ſont valables , & les Mineurs irrecevables à demander la reſtitution en entier.

Les perſonnes prohibées de droit , ſont les Tuteurs , Curateurs , Precepteurs, & autres dont on préſume la ſubornation , & qui ont un aſcendant naturel ſur la volonté des Mineurs , Brodeau obſerve encore que dans l'eſpece des Arrêts qui ont annullé des reſignations faites par des Mineurs de 25. ans , mais au-deſſus de 18. il y avoit des preuves de mauvais artifices , ce qui eſt un moyen de reſtitution pour les Majeurs même.

On peut ajoûter que regulierement les Mineurs Officiers , ne ſont point reſtitués contre les actes qu'ils ont fait *ratione*

Officii , & qui concernent l'exercice d'une charge publique,
dont ils font pourvûs ; il en eſt autrement à l'égard des Contra s qu'ils paſſent pour leurs affaires privées & domeſtiques ;
ſurquoi l'on peut voir Ferriere ſur la *queſtion* 88. *Guipape* ,
l'Officier Mineur n'eſt pas même relevé par leſion intervenuë
dans le Contrat de vente de ſon Office ſelon l'Arrêt rapporté par d'Olive , *Liv.* 1. *Ch.* 30.

Pour ce qui concerne le Contrat de mariage , il eſt certain qu'un Mineur ne peut être reſtitué envers les clauſes &
conventions ordinaires de ces Contrats , & qu'il eſt reputé
Majeur pour tous les actes qui ont rapport au mariage par
cette raiſon de Brodeau ſur Loüet Lettre M, Somm. *9. n.
7. qu'ayant la capacité du mariage , il l'a pour toutes les conventions ordinaires qui en ſont acceſſoires* ; mais ſi le Mineur
avoit conſenti des obligations inſolites , & qu'il ſe fût écarté
de la voye que tient dans ces Contrats un Majeur raiſonnable , je croi qu'il y auroit lieu à la reſtitution en entier par
l'argument des contraires pris de la Loi *9. Cod. de in integr.
reſtit. Minor. non videtur circumſcriptus eſſe Minor. qui jure ſit
uſus communi.*

Il faut ici obſerver que les femmes Marchandes publiques
ne peuvent être relevées des obligations , ou cautionnemens
qu'elles conſentent pour le fait de leur commerce , & que la
Bourſe peut les condamner avec contrainte par corps au payement , ce qui ſe trouve ainſi jugé par un Arrêt de la Cour
prononcé à l'Audience par Mr. de Marmieſſe Preſident à
Mortier le 17. Juillet 1715. en faveur de Lizes Boulanger ,
contre la nommée Gleizes Boulangere qui revendoit le pain
pris chez Lizet. Elle fut condamnée au payement avec contrainte par corps par cet Arrêt confirmatif du jugement de la
Bourſe , Plaidans pour ladite Gleize Me. de la Tournerie ,
& pour Lizet Me. Favier.

CHAPITRE XXVII.

Si un Mineur peut être restitué envers sa reception dans une Confrerie de Penitens.

IL faut que l'établissement des Corps & Communautés soit autorisé par des Lettres Patentes du Roy, sans cela ils ne peuvent être considerés comme Corps, & ne sont point habiles à recevoir des Legs pieux qui lui seroient faits ; c'est ce que la Cour a décidé par un Arrêt du 30. Avril 1721. en la troisiéme Chambre des Enquêtes, après trois partages portés de la Grand'Chambre en la premiere des Enquêtes, de la premiere en la seconde, & de celle-ci en la troisiéme où il fut vuidé à l'avis de Mr. Deiga, contre Mr. l'Abbé Tournier qui avoit ouvert l'avis contraire à l'Audience de la Grand'Chambre en faveur des Filles du Bon-Pasteur établies dans le Faux-Bourg Saint Cyprien de Toulouse, contre le sieur de Michaëlis.

Le sieur Abbé de Michaëlis fit un Legs dans son Testament, en faveur des Filles du Bon-Pasteur ; le sieur de Michaëlis son heritier leur ayant contesté ce Legs devant le premier Juge, Mr. le Procureur General prenant leur fait & cause, évoqua l'instance en la Grand'Chambre.

Le sieur de Michaëlis insista aux fins de non-proceder, & demanda son renvoi devant le premier Juge, sur le fondement que cette Communauté n'étant pas autorisée par des Lettres Patentes du Roy, ne pouvoit user du privilege accordé aux Hôpitaux & Communautés Religieuses de porter leurs causes en la Grand'Chambre, & d'y plaider par le ministere de Mr. le Procureur General, & que d'ailleurs cette Communauté informe encore, ne pouvoit recevoir des Legs pieux par le défaut de Lettres Patentes.

Les Religieuses au contraire prétendirent que (quoique

deftituées de Lettres Patentes) elles n'étoient pas moins
capables de recevoir des Legs pieux , & qu'elles devoient
avoir la même faveur que les Hôpitaux , puifque leur maifon
étoit une Retraite pour les pauvres Filles qui vouloient fe ga-
rentir de la contagion du commerce du monde , & qu'elles
ni vivoient que des charités qu'on vouloit bien leur faire.
Nonobftant ces allegations fpecieufes , on crut ne pouvoir
fe départir des Loix communes , felon lefquelles une Communauté n'eft cenfée Corps , & ne peut jouïr des privileges
qui peuvent lui être accordés , qu'autant que fon Inftitution fe
trouve confirmée par des Lettres Patentes du Roy dûement
enregiftrées.

On peut voir l'article 8. de l'Ordonnance de 1731. fur la
matiere des donations.

CHAPITRE XXVIII.

De la Loi quoties cod. de rei vind. *& fi la tradition
qui fe fait par la retention de l'ufufruit peut être confi-
derée dans le cas de cette Loi.*

*Si le fils de famille peut , fans le confentement de fon pere ,
aliener les biens que fon pere lui a donnés , fous la referve de l'ufufruit dans le Contrat de mariage de ce
fils.*

Si la décifion de cette Loi quoties. *a lieu entre deux
fermiers.*

LA Loi *Quoties Cod. de rei vindicat* ; peut ici donner lieu
a quelques Obfervations concernant la poffeffion dans
l'une & l'autre matiere civile , & Beneficiale.

En premier lieu , c'eft une regle , que la difpofition de la
Loi *Quoties* n'a point lieu dans les donations & Contrats
paffez par le Prince ou Princeffe Souverains ; car le premier

donataire eſt préferable au ſecond , quoique celui-ci ait pris
poſſeſſion le premier ; mais il faut que le don ſoit fait par Lettres Patentes , & qu'il ait été verifié par la Chambre des
Comptes, *Bacquet* traité de desherence Chap. 5.

Cette même déciſion a lieu dans la collation des benefices ;
en ſorte que ſi le Roi a conferé le même benefice à deux differentes perſonnes , celui qui eſt en poſſeſſion le premier n'a
point d'avantage ſur l'autre ; & on donne l'avantage & la préference à celui dont la nomination eſt anterieure , que ſi les
deux titres ſont du même jour, & qu'on ne puiſſe fixer la
priorité de l'un ſur l'autre par l'heure qu'on a omiſe , alors on
a recours au Regiſtre , & on donne la préference au titre qui
ſe trouve couché le premier dans l'ordre de l'écriture , *Mornac*
ſur la Loi *Quoties.*

3°. Les donations faites à l'Egliſe ou aux pauvres ſont ex-
ceptées de la diſpoſition de la Loi *Quoties* , & ſi l'Egliſe ou
les pauvres ſont anterieurs en datte , quoique poſterieurs en
poſſeſſion du fonds donné , ils ſont préferables au donataire
qui les a prévenus dans la poſſeſſion , *idem Mornac.*

4°. Cette Loi n'eſt point regulierement d'uſage en matiere
de collation de benefices , parce qu'on ſe regle en matiere
beneficiale, non par la poſſeſſion ; mais par la validité du titre.
En ſorte que dans le concours , par exemple de deux pourvûs
par le même collateur, on donne la préference au premier ,
quoique le ſecond l'ait prévenu dans la priſe de poſſeſſion du
benefice ; la raiſon de cette déciſion eſt donnée par la Gloſ.
ſur le Chap. *ſi tibi abſenti de præb. in 6.* c'eſt que le collateur
Eccleſiaſtique ne pouvant varier , il faut donner la préference
au premier titre qu'il a fait.

Or la poſſeſſion priſe en conſéquence du ſecond titre n'é-
tant pas canonique , (puiſqu'elle eſt deſtituée de titre valable) ne peut produire aucun effet , ſelon le Chap. premier
de reg. jur. in 6.

Suivant le Chapitre *ſi à ſede de præbend. in 6.* lorſque deux
differens Clercs ont été nommez au même benefice le même
jour, l'un par l'ordinaire, l'autre par le Pape ou ſon Legat *à la-*

tere, fans qu'on puiffe démêler quel des deux titres eft le
premier en datte, alors fuivant cette décretale on donne la
préference à celui qui fe trouve en poffeffion le premier.
Mornac fur la Loi *Quoties* rapporte un Arrêt du Parlement
de Paris du 11. Mars 1613. qui a adopté la difpofition de cette
décretale, ce même Arrêt eft rapporté par Brodeau fur Loüet,
Lettre V, Somm. 1. ce docte Avocat plaida dans cette caufe pour Me. Nicolas Colbert, contre Me. Nicolas Bernard ;
& il obferve que le Parlement ne s'arrêta pas feulement à la
poffeffion ; mais à la faveur de la collation de l'ordinaire, à
qui la préference fut donnée fur la provifion du Pape.

En effet les meilleurs Canoniftes François tiennent pour
maxime, que dans le concours de ces deux provifions de la
même datte, fans prife de poffeffion, celle de l'ordinaire doit
l'emporter fur celle du Pape, par la difpofition du fameux
Canon, *omnes Bafilicæ* du premier Concile d'Orleans, & par
les raifons touchées par Dumoulin, *in reg. de infirm. num.* 37.
qui font ; que le collateur ordinaire étant plus à portée pour
connoître le merite & la capacité de la perfonne, que le
Pape ; fa Provifion doit avoir la préference dans le doute
qu'elle des deux a été expediée la premiere, *in dubiis benig-
niora præferenda funt*, Mornac n'eft pourtant point de cette
opinion au lieu cité, *certi autem juris eft*, dit-il, *potiorem quidem
effe collationem Pontificis, aut legati à latere propter conferen-
tis ampliorem prærogativam* ; mais cette opinion eft refutée par
la note marginale, en ces termes *imo præfertur is cui ab ordi-
nario collatum eft beneficium, licet prior in poffeffionem miffus
non fuerit.*

Il n'y a que la prife de poffeffion, qui puiffe faire prévaloir
la provifion du Pape fur celle de l'Evêque, quand elles font
du même jour & datte, l'Arrêt du mois de Mai 1599. dont
fait mention Mornac dans la caufe de Muffart, le prouve d'u-
ne maniere bien convaincante, puifque fi cet Arrêt préfera
le contendant de Muffart ; ce ne fut que parce que ce dernier
pourvû par l'Evêque, avoit frauduleufement empêché l'autre
de fe mettre en poffeffion du benefice.

Le Chapitre *si à sede* n'a pas lieu dans le concours des provisions d'un même benefice, expediées en même jour, l'une par l'Evêque, l'autre par son Grand Vicaire, le pourvû par l'Evêque étant preferable, quoiqu'il ait pris possession le dernier ; c'est la disposition d'un Arrêt du Parlement de Paris , du 14. Septembre 1564. rapporté par Chopin *de sacra polit. Lib.* I. *tit. 6. num.* 7. La raison en est, que le Chap. *si à sede*, est une constitution faite pour regler le concours des provisions d'un même benefice entre le Pape & l'Evêque, & qu'elle ne reçoit point d'extension aux pourvûs par l'Evêque & par son Grand Vicaire.

En effet cette extension ne doit point être faite, parce qu'il y a disparité de raison entre ces differentes provisions. Les Provisions du Pape & de l'Evêque, concourant ensemble *mutuo se concursu impediunt*, puisqu'elles émanent de deux collateurs d'un égal pouvoir ; ainsi il faut que la possession détermine le droit , & donne la preference à l'un des pourvus sur l'autre ; au lieu que la collation des benefices étant de la Jurisdiction volontaire de l'Evêque. Tous les actes du Grand Vicaire , dans cette même Jurisdiction sont subordonnez à ceux de l'Evêque, qui peut rectifier les jugemens rendus par son Vicaire , consequemment dans le concours des provisions dont il s'agit , celle de l'Evêque doit prévaloir.

CHAPITRE XXX.

Si les interêts courent sans interpellation en faveur de celui qui est subrogé au précaire du vendeur.

IL faut observer sur la Loi *emptor.* 27. *ff. de novat.* que dans l'espece de cette Loi , il y avoit novation de la dette, & qu'il ne restoit plus qu'une obligation nouvelle qui ne portoit point d'interêt , à cause qu'il n'y étoit point stipulé *cursus usurarum* , dit Barthole sur cette Loi , *ex stipulatione* *procedens, in stipulatione novante non intellitur repetitus.* Le Créancier delegué ne pouvoit donc prétendre l'interêt sur son débiteur ; mais dès qu'il y a subrogation, le Créancier subrogé entrant en la place du subrogeant, les interêts lui font dûs. Ainsi, c'est avec fondement que l'Arrêt rapporté dans ce Chapitre , adjugea les interêts au sieur Blancone subrogé au précaire sur la maison venduë.

CHAPITRE XXXIII. & XXXIV.

CEtte maxime géneralement reçûë en France, que les meubles n'ont point de suite par hypothéque , lorsqu'ils font hors de la main du débiteur , doit être ainsi entenduë ; que le Créancier qui n'a qu'une hypothéque génerale sur les biens de son débiteur , ne peut point exercer cette hypothéque sur les meubles que le débiteur a alienez par la vente , ni rechercher à ce sujet l'acheteur. Mais si au contraire le Créancier a une hypothéque speciale sur les choses mobiliaires , comme s'il les a venduës lui même , & qu'il n'ait point été payé du prix convenu ; alors cette maxime cesse, & le Créancier a droit de suite de ces mêmes meubles contre le tiers acheteur , c'est la distinction marquée par Expilli , plaidoyé 10. qu'il fonde sur l'autorité de plusieurs Docteurs François , tels que sont Chassanée , le Président Boyer & Rébuffe.

Sur quoi il faut observer que cette suite ne peut être accordée au vendeur des meubles , que dans les circonstances qu'il n'est point payé du prix , qu'il devoit recevoir lors de la tradition des choses venduës , par cette raison que la chose venduë n'étant point acquise à l'acheteur que par le payement du prix ; le vendeur en retient le Domaine civil jusqu'à l'effectuel payement ; en sorte qu'il peut la suivre comme sienne dans les mains du tiers acheteur. Ce qu'il ne pourroit faire si en délivrant la chose il s'étoit contenté d'une assurance qu'il lui eût donnée à ce sujet , ou de quelque gage, parce qu'alors il se seroit entierement dépoüillé du Domaine & de la proprieté

priecé de la chose *vendita verò res & tradita non aliter emptori acquiruntur, quam si is venditori pretium solverit, aut alio modo ei satisfecerit, veluti expromiffore aut pignore dato. Inftit. ad §. vendita res de rerum divif. & acquir. ipfar. domin.*

Les Arrêts rapportez par Brodeau fur Loüet, Lettre P, Somm. 19. *num.* 3. & 4. ont décidé que le vendeur des meubles, ne peut les vendiquer des mains du tiers acheteur de bonne foi, quand ce vendeur a donné terme au premier acheteur, ou qu'il s'eft contenté des fûretés qu'il lui a données pour cela, & qu'il ne peut avoir de privilege fur ces meubles, que lors qu'étant dans les mains de ce premier acheteur, les Créanciers en pourfuivent la vente judiciaire ; ces Arrêts font conformes aux regles.

On peut ici toucher une queftion, fi le bétail & autres chofes mobiliaires, venduës en pleine foire ont fuite par hypothéque dans les mains de l'acheteur.

Selon le préjugé rapporté par la *Roche*, Liv. 1. tit. 3. art. 3. en fes Arrêts, les chofes venduës en foire ou marché public ne peuvent être vendiqués de l'acheteur ; mais je croi qu'il faut entendre cette décifion de la Coûtume de Touloufe, felon laquelle l'acheteur ne peut être recherché à l'occafion de l'achat fait en foire ou marché public ; & c'eft ce que la Roche lui-même a obfervé, Liv. 2. tit. 7. art. *uniq.*

Graverol remarque fur l'Arrêt rapporté par la Roche, **Liv.** 1. que felon l'ufage, l'acheteur eft contraint de reftituer la chofe venduë en foire ou marché-public ; fi le proprietaire le rembourfe du prix qu'il a compté. La faveur des foires jointe à la bonne foi de l'acheteur, a fans doute donné lieu à cette pratique : Mais fi l'acheteur eft foupçonné de mauvaife foi dans l'achat de la chofe, comme s'il l'a prife des mains d'un vendeur inconnu & paffant ; il ne peut prétendre de reftitution du prix, & il eft affujetti à rendre la chofe (fi elle eft évincée par le veritable maître,) quoiqu'il en ait fait l'achat en foire ou marché public, fuivant l'Arrêt de la Cour du 7. Mai 1625. rapporté par *Cambolas*, Liv. 2. Chap. 5. *num.* 2. Ce qui eft conforme à la décifion de la Loi 2. & 5. *Cod. de furt.*

& servo. corrupt. La décision de ces Loix reçoit son application dans la Coûtume même de Toulouse, selon la rémarque de la *Roche*, Liv. 2. tit. 7. faite en ces termes, autre chose seroit de celui qui acheteroit *ab ignoto & transeunte propter suspicionem criminis.*

Quoique le vendeur ne soit point une personne inconnuë & passante, la restitution de la chose n'en doit pas moins être faite sans espoir de répétition du prix ; si l'acheteur a eu un juste sujet de soupçonner le vendeur de vol ; c'est la disposition de la Loi *Incivilem* 2. *Cod. de furt.* & c'est ce que le Juge doit determiner lui-même sur les circonstances qui accompagnent la vente, (comme par exemple) si l'on a acheté d'un domestique de la vaisselle d'argent, ou de toute autre personne de condition vile & abjecte : sur qui le soupçon de vol peut tomber, par les apparences qu'il y a que cette vaisselle n'appartient point au vendeur.

Il faut observer sur la question decidée par l'Arrêt du 22. Août 1678. rapporté dans le Chap. 34. que si la déclaration de la feintise étoit absolument relative à la quittance ; c'est-à-dire qu'elle eût été faite le même jour, elle détruiroit la quittance ; en sorte que l'obligation n'auroit jamais été éteinte, & cela par cette maxime que les Contrats passez le même jour, entre mêmes Parties, pour la même affaire, sont censez former un seul & même corps d'acte, quoique séparez & inserez en differens Registres, *Leg. juris gentium* §. *quin imo ff. de pact. & Leg. pacta de contrah. vendit. eod.* Dumoulin *in consuet. Paris.* §. 78. *Gloss.* 1. *num.* 78.

Si la quittance avec la déclaration, forment un seul & même Contrat, il en faut conclurre qu'il n'y a jamais eu de cancellation de l'obligation, puisque la déclaration de feintise y porte un obstacle invincible.

CHAPITRE XXXV.

*Des interêts des réparations , des lods & ventes , & de la
plus-valuë du fonds évincé.*

C'Eſt une maxime dans ce Parlement qu'on n'ordonne
point la diſtraction des fruits produits par les répa‑
rations en faveur du poſſeſſeur évincé qui les a faites ; mais
qu'on lui adjuge avec le capital , les interêts de ces répara‑
tions. Ainſi la liquidation des fruits dont la reſtitution doit
ſe faire par le poſſeſſeur du fonds , n'eſt point diminuée par
la déduction des fruits que peuvent avoir rendu ces répa‑
rations. On fait la liquidation ſur le total des fruits , ſur leſ‑
quels on impute le montant des reparations & des interêts ;
ainſi jugé le 13. Juin 1724. au rapporr de Mr. l'Abbé Caſtain
en la troiſiéme Chambre des Enquêtes , entre le ſieur Tre‑
bos frere & ſœur , & le ſieur de Solier.

La raiſon de cette déciſion eſt priſe de ce que les ré‑
parations font partie du fonds , & qu'elles ſont confonduës
avec le fonds même dès quelles ſont faites ; en ſorte qu'elles
ne doivent point en être ſéparées , d'où il faut conclurre
que les fruits en étant pareillement confondus avec ceux du
fonds ; il faut les confondre dans la liquidation , & n'en
point faire de diſtraction.

Il faut ici obſerver que le poſſeſſeur du fonds a droit de
retention juſqu'à l'effectuel rembourſement des réparations
utiles & neceſſaires qu'il y a faites ſelon la doctrine de *Guip.
quaſt.* 169. & cette retention a lieu , quoique ces répara‑
tions ne ſoient pas liquides , ainſi qu'il fut jugé par le mê‑
me Arrêt du 13. Juin 1724. conformément à l'art. 9. du titre
de l'execution des jugemens de l'Ordonnance de 1667.

R ij

CHAPITRE XXXVI.

Si les alimens fournis par une mere, par une ayeule, ou par un ami, peuvent être demandez.

C'Eſt une obligation indiſpenſable pour la mere de nourrir ſes enfans, quand ils n'ont pas dequoi ſe nourrir eux mêmes par le défaut de biens paternels, ſuivant la diſpoſition de *l'Auth. Si pater cauſam Cod. divort. facto apud quem liber,* &c. l'ayeule eſt dans la même obligation ſelon les Interprêtes quand les biens de la mere ſont inſuffiſans ; mais ſi les enfans après la diſſolution du mariage arrivée par la mort du pere, ſont nourris par la mere ou l'ayeule qui a adminiſtré leur tutelle : C'eſt une queſtion agitée par le Juriſconſulte dans la Loi *Neſennius apollinaris* 34. *ff. de negot. geſtis*, ſi l'ayeule peut repeter ces alimens, le Juriſconſulte après avoir diſcuté la queſtion, la reſoût en faveur de l'ayeule, & conclud qu'elle ou ſes heritiers peuvent repeter ces alimens ; ſur-tout ſi l'ayeule a pris ſoin de charger ſon Livre Journal de la dépenſe & nourriture fournies. *Igitur in re facti, facilius putabo aviam vel hæredes ejus audiendos, ſi reputare velint alimenta. Maxime ſi etiam in ratione impenſarum ea retuliſſe aviam apparebit.*

Sur quoi il faut remarquer que le Juriſconſulte ne ſe détermine point à cette déciſion, par la circonſtance de ce fait que l'ayeule avoit chargé ſon journal domeſtique de la dépenſe fournie ; car cette circonſtance ne ſert ſimplement qu'à fortifier ſa déciſion ; mais n'eſt point déterminante, *maximè ſi etiam* &c. d'où il faut conclurre que quand même l'ayeule n'auroit point marqué ſa volonté de reperer la nourriture par le ſoin qu'elle prit de l'inſerer par articles dans ſon Journal, elle auroit eu le même droit de repetition, par la raiſon que l'ayeule n'étoit pas préſumée avoir voulu faire une liberalité à ſon petits-fils en lui fourniſſant cette dépenſe ; mais

Ie nourrir des fonds pupillaires qu'elle adminiſtroit , c'eſt l'obſervation de Faber *in rational.* ſur cette Loi *Neſennius verbo in re faĉti , jam enim diximus ,* dit-il , *non videri aviam donandi animo alimenta nepoti ſuo impuberi præſtitiſſe , ſed potius ex rerum ipſius adminiſtratione quam habebat.*

Sur ce principe il faut conſtamment décider que la me-re qui fournit la nourriture à ſon fils impubere après la diſ-ſolution du mariage , eſt toûjours fondée à en demander le payement ſur les biens du pupille dont elle a l'adminiſtra-tion , ſi ce n'eſt dans le cas où le pupille n'a pas de quoi ſe nourrir des biens paternels ou aventifs ; car alors elle ſe-roit irrecevable à demander le payement de la nourriture & entretenement , ſuivant la Loi *alimenta , Cod. de negot. geſt. alimenta quæ filiis tuis præſtitiſti , tibi reddi non juſta ra-tione poſtulas. Cum id exigente materna pietate feceris.* Le ter-me *d'exigente* dénote le devoir de la mere , d'alimenter ſon fils dans le cas de neceſſité : cette Loi doit donc être appli-quée , non à la nourriture fournie comme pure liberalité , mais par un devoir attaché à la qualité de mere *exigente ma-terna pietate ;* cette Loi eſt donc bien differente dans ſon eſ-pece de la Loi *Neſennius ,* où l'ayeule eſt cenſée avoir four-ni à la nourriture de ſon fils dans l'eſpoir & dans la vûë que cette nourriture lui ſeroit alloüée dans le compte de ſon ad-miniſtration.

On peut tirer cette conſequence par argument de la Loi *Neſennius ,* que toutes les fois qu'un particulier eſt débiteur ou comptable de celui qu'il a nourri chez lui pendant un eſpace de tems notable , & qui excede les bornes d'une hoſpitalité exer-cée , ou d'une viſite ordinaire ; alors il eſt cenſé avoir fourni cette nourriture par compenſation , & dans la vûë de faire une imputation ſur la dette , & qu'il n'eſt pas même neceſ-ſaire que ce débiteur faſſe de proteſtations à ce ſujet , ni qu'il charge ſon Livre Journal de cet article de dépenſe , les pro-teſtations étant alors une précaution ſurabondante.

Mais dans les circonſtances ou celui qui a fourni la dé-penſe , n'eſt ni comptable , ni obligé par devoir d'alimenter l'autre ; la queſtion doit être decidée par des conjectures qu'on tire des précautions qu'a priſes celui qui a fourni à l'entretien, en couchant ſur ſon Livre Journal tout ce qui concerne cet article. Et c'eſt ce qu'on peut recuëillir de la Loy *Neſennius* & de la doctrine de Faber *eodem*, où cet Interprête obſerve que ce n'eſt pas alors, le Livre Journal qui prouve la verité de la dette, mais la verité de l'intention de celui qui a fourni la nourriture, *rationum autem inſpectio prodeſt, ad ſumendam conjecturam voluntatis.* Or comme on ne préſume jamais la donation même *inter conjunctas perſonas*, ſelon le même Faber, il faut neceſſairement conjecturer que cette précaution de coucher la dépenſe dans le Livre Journal, n'a eu d'autre objet que de conſtater la preuve de l'intention de celui qui l'a faite pour ſon parent ou pour ſon ami. Car les proteſtations ne ſervent ici qu'à manifeſter la verité d'une démarche équivoque, je veux dire, qu'étant difficile de démêler ſi celui qui a fourni les alimens a eu intention d'en faire une pure liberalité, ou au contraire de ſe former une créance ; ces proteſtations fixent le doute, & conſervent en même tems le droit de celui qui en a ſagement uſé. *In iis quæ alia atque alia mente fieri poſſunt, proteſtatio ſemper prodeſt, ad animi motum declarandum, ideoque conſervant jus proteſtantis ne lædatur ex eo actu, ex quo alioqui læderetur Faber eod. in verbo ſic etiam proteſtata.*

Pour ce qui concerne la nourriture fournie au fils par le pere, après la diſſolution du mariage arrivée par la mort de la mere, il ne peut regulierement appeller à ſon ſecours la déciſion de la Loi *Neſennius* ; car quoiqu'il ſoit l'Adminiſtrateur légitime de ſes enfans non émancipés, & que par l'évenement il leur fût comptable *ratione adminiſtrationis* pour les diſſipations qu'il pourroit avoir faites de leurs biens maternels ou adventifs ; il ne s'enſuit pas que le cas écheant de de la reſtitution de ces mêmes biens, il peut imputer aux enfans le montant de leur nourriture & entretenement, parce que le pere ayant de droit, l'uſufruit de leurs biens eſt obligé de les alimenter.

Il en feroit autrement, si les enfans après avoir été émancipés, avoient été nourris par leur pere, qui demeuroit leur reliquataire à raison de cette même administration par la clôture de son compte; alors je croi que les enfans feroient tenus d'imputer la nourriture sur le reliqua, à moins que dans ces mêmes circonstances, les enfans n'eussent prêté leur ministere journalier au pere, ce qui est une exception marquée par Faber sur la Loy *Si paterno affectu Cod. de negot. gest.*

Quant aux fraix exposés par le pere pour les études & l'éducation de son fils, Mornac observe sur la Loy *Nesennius* que Balde & Barthole sont de cette opinion, que si le fils a des biens propres, *& aliunde quam à patre*, le pere peut repéter sur lui, ou imputer sur sa légitime ces dépenses. Dans ces circonstances il faut (selon moi) user de la distinction de la Loy *Si paterno affectu*, & démêler si le pere a fourni à cette dépense par un pur motif d'affection & de liberalité pour son fils, ou au contraire dans l'intention d'en obtenir le remboursement sur ses biens propres, ce qu'on peut decouvrir, s'il a usé des précautions marquées dans la Loy *Nesennius.*

Il y a un Arrêt rendu en la seconde Chambre des Enquêtes, entre François Gelis & Bardon, le 19. Février 1718. après partage vuidé en la troisiéme au Rapport de Mr. l'Abbé de Palarin, Compartiteur Mr. de Resseguier qui a jugé que le pere ayant joüi des fruits d'un bien adventif d'un de ses enfans, procedant de la succession *ab intestat* d'un de ses freres, pût compenser cette joüissance avec la nourriture qu'il a fournie à cet enfant, & à concurrence.

Le motif de cet Arrêt est pris de la présomption de la Loy 34. déja citée selon laquelle on est censé se liberer plûtôt que de donner, mais dans l'espece de cet Arrêt il se trouve une circonstance qui (selon moi) devoit faire rendre une décision contraire, en rejettant la compensation demandée. Cette circonstance étoit, que la fille dont le pere avoit joüi le bien adventif, avoit travaillé sous lui à son profit de son métier de Tailleur sans en tirer aucune retribution, conséquemment le pere avoit dû nourrir fa fille , & ne pouvoit être difpenfé de lui faire compte des fruits de fon bien , fans mettre en ligne de compte cette nourriture.

CHAPITRE XXXVII. & XXXVIII.

IL faut prendre garde ici de ne pas confondre les donations qui fe font d'une quotte-part des biens comme de la moitié , ou du tiers , avec celles d'une chofe particuliere comme d'une maifon ou d'un champ.

Dans cette derniere efpece de donations , le donataire n'eft jamais tenu de contribuer , ni aux dettes du donateur , ni aux charges de l'heredité *Leg. æris aliæni Cod. de donat.* à moins que la donation ne fût inofficieufe , & qu'elle n'abforbat une partie des légitimes des enfans ; auquel cas elle feroit retranchée à concurrence de ce qui manqueroit pour parfaire la légitime.

Les donations de la premiere efpece ne font affranchies du payement des dettes du donateur , que lorfqu'elles renferment cette claufe *francs & quittes* , le donataire qui prend la donation au tems du decès du Teftateur , n'étant alors obligé que de contribuer au payement des dettes créées depuis la donation pour l'augmentation des biens donnés & à concurrence , par la raifon touchée par Mr. Mainard Liv. 2. Chap. 93. *non funt ferendi qui lucrum quidem amplectuntur. Onus autem ei annexum , contemnunt , Leg unic. §. pro fecundo in fin. Cod. de caduc. tollend.*

Il eft jufte en effet , que les reparations ou acquifitions faites par le donateur , augmentant la totalité des biens , le donataire qui en retire l'émolument pour fa quotte-part contribuë au *prorata* au payement de la dette contractée à ce fujet , le donateur ayant pour cela même , l'action de *in rem verfo* contre fon donataire.

Sur ce principe , il femble que les biens ayant été donnés *francs & quites* , le donataire ne doit point contribuer aux
fraix

fraix de la derniere maladie , puifque l'effet que doit produire cette claufe ne peut être autre que d'affranchir abfolument le donataire de toute charge & dette , ne devant y avoir d'exception que pour la dette dont a parlé , parce qu'elle eft cenfée exceptée dans l'intention des parties par la Jurifprudence de ce Parlement ; fi la donation d'une quotte de biens prefens & à venir eft faite fans mention de dettes ni de charges ; alors le donataire doit tremper pour fa part au payement des dettes contractées par le donateur jufques au tems de la donation , s'il prend les biens de fa datte ; fi au contraire il opte de prendre ces mêmes biens au tems du decès du donateur , il doit contribuer aux payemens des dettes contractées jufques à ce decès , mais dans l'un & dans l'autre cas , ce donataire eft exempt de tremper au payement des légitimes , fraix funeraires & legs , qu'on rejette fur les biens refervés , fuivant l'Arrêt rapporté par Mr. Cambolas Liv. 2. Ch. 9. en datte du 14. Decembre 1594.

La raifon de cette décifion eft prife de ce que le donateur n'ayant peu donner au préjudice de fes créanciers , *Leg. mulier ff. de Jur. dot. cum bona non dicantur nifi deducto ære alieno Leg. Subfignatum §. bona ff. de verbor fignif.* le donataire en acceptant la donation, demeure obligé de droit au payement des dettes à concurrence de la quotte-part des chofes données , mais il eft affranchi de contribuer aux charges s'il n'y a mention expreffe à ce fujet.

L'Ordonnance du mois de Février 1731. art. 17. à derogé fur ce point aux Arrêts de ce Parlement, en ftatuant que le donataire d'une quotte de biens prefens & à venir par Contrat de mariage , eft tenu indiftinctement au payement des dettes & charges exiftantes au tems du decès du donateur , s'il opte de prendre la donation de ce tems , *que s'il prend la donation au tems qu'elle a été faite , il ne contribuera qu'aux dettes & charges qui exiftoient alors.*

Suivant l'art. 15. *aucune donation entre-vifs ne pourra comprendre d'autres biens que ceux qui appartiendront au donateur dans le tems de la donation ,* fi ce n'eft dans le cas du Contrat de mariage du donataire , & l'article suivant porte que les *donations des biens presens seront declarées nulles , lorsqu'elles seront faites à condition de payer les dettes & charges de la succession du donateur en tout ou en partie , ou autres dettes & charges que celles qui exciftoient lors de la donation.*

Mais fi la donation eft faite d'une partie des biens prefens fans mention de dettes ni de charges , je croi qu'en fe reglant par la décifion de l'Arrêt rapporté par Mr. Cambolas *loco fupra* ; le donataire ne doit alors tremper qu'au payement des dettes au prorata de la portion des biens donnés , & qu'il doit être affranchi d'entrer dans les charges qui tombent principalement fur le payement des légitimes ; fuivant la Jurifprudence obfervée avant l'Ordonnance de 1731. ce qui doit avoir d'autant plus lieu dans la fimple donation des biens prefens, que la légitime n'étant regulierement dûë aux enfans qu'après le decès du pere donateur , le payement ne peut regarder le donataire des biens prefens , s'il n'y a claufe expreffe.

Mais fi la donation renferme la totalité des biens prefens & à venir , le donataire eft tenu indefiniment de payer les légitimes des enfans du donateur , foit qu'il en ait été chargé nommement par la donation , foit que cette charge n'y ait pas été exprimée , c'eft la difpofition de l'article 36.

La raifon peut en être prife de ce que le donataire univerfel des biens prefens & à venir *eft loco hæredis* , pour ce qui concerne les actions actives, & paffives de l'heredité, & qu'ainfi il eft jufte qu'il demeure affujetti de plein droit au payement des légitimes qui font regardées comme une dette, que le pere a contractée avec fes enfans en leur donnant le jour.

Pour ce qui concerne les fraix funeraires , comme l'Ordonnance n'en fait point mention expreffe , il faut s'en tenir à la Jurifprudence de ce Parlement qui en rejette la charge fur l'heritier de la referve que le donateur s'étoit faite , fuivant les Arrêts rapportés par notre Arretifte , Liv. 2. Chap. 16. & ce ne feroit qu'en cas de repudiation ou d'infuffifance de cette referve , que les biens donnés pourroient être affujettis à ce payement.

Le payement des legs doit encore regarder cet heritier, par la raison que c'est-là une pure liberalité du defunt, qui ne doit point diminuer la donation déja faite. La Roche, Liv. *6.* tit. 40. art. 1. rapporte un Arrêt de ce Parlement du dernier Juillet 1588. qui déchargea le donataire de la moitié des biens presens & à venir de tremper au payement des legs.

L'Arrêt du 17. Août *1695.* rendu au rapport de Mr. de Burta en la cause de Blancheri, est contraire à l'Arrêt rapporté par Mr. Cambolas, Liv. 2. Ch. *9.* rendu dans l'affaire d'Aveluc, & aux deux Arrêts compris dans le Ch. *16.* du second livre de cette compilation, rendus en conformité de celui d'Aveluc, & c'est du côté de ces derniers Arrêts qu'il faut se ranger.

CHAPITRE XXXIX.

Depuis quel tems le cedant doit garantir le cessionnaire des dépens.

C'Est une question, si la cession faite sur un debiteur qui a une compensation à opposer au créancier cedant pour partie de la dette, peut être resoluë à la requisition du cessionaire par cela seul que toute la somme ne se trouve point dûë ; & si au contraire le cedant peut contraindre le cessionaire à garder la cession en lui faisant compte de ce qui doit être compensé. Cette même question forma un partage en la troisiéme Chambre des Enquêtes au rapport de Mr. de Pegueirolles, Compartiteur Mr. de Vic le 3. Juin 1711. dans la cause de Choisiti & Pascou.

L'avis du Rapporteur fut que la cession devoit subsister, à la charge par le cedant de faire compte au cessionaire de la somme dûë en compensation ; l'avis du Compartiteur fut au contraire de resoudre la cession, par la raison prise de la

Loy *Tutor* §. *curator ff. de minor.* qui prononce la refolution de la vente d'un fonds qui fe trouve évincé en partie.

Le Rapporteur fondoit au contraire fon avis, fur la Loy 23. *ff. de hæredit vel action. vendit.* §. 1. qui affujettit le créancier à reftituer au débiteur ce qu'il a touché par compenfation, ou autrement de la créance cedée. Il paffa à ce dernier avis en la premiere Chambre des Enquêtes ou le partage fut porté.

Cet avis prévalût avec jufte raifon, puifqu'il fuffit au ceffionaire d'être pleinement indemnifé par le cedant à raifon de la compenfation oppofée par le débiteur. Nulle Loi n'ayant dans cette efpece prononcé la refolution de la ceffion, & la Loi 23. de *hæred. vendit,* faifant affez comprendre que c'eft tout ce que le ceffionnaire peut prétendre.

La Loy *Tutor* ne peut faire obftacle à cette décifion, parce qu'elle s'applique à la vente d'un fonds qui eft évincé en partie; & fi cette Loy en prononce la refolution, c'eft par ce motif que l'âcheteur *alias non effet empturus*, ce qui ne fe rencontre point dans la ceffion d'une dette qui fe trouve écornée par une compenfation. Puifqu'il fuffit au ceffionaire que le cedant l'indemnife à ce fujet, n'y ayant point de parité à faire de la vente d'un fonds à la ceffion d'une dette. Puifque le fonds doit être joüi tel qu'il a été vendu, & qu'il importe à l'âcheteur qu'il ne foit point depretié par un partage que l'éviction entraîne.

CHAPITRE XLI.

De l'éviction de la chofe venduë par des coheritiers, avec promeffe de garantie pour la portion hereditaire.

LE créancier d'une heredité peut agir hypotequairement contre un des coheritiers pour toute la dette; & faire fon execution fur la part qui lui eft échûë dans le partage de l'heredité, fauf le recours de ce coheritier contre fes coheritiers ; mais ce Créancier ne peut agir par action perfonnelle contre le coheritier que pour fa part & portion ; c'eft la Doctrine de *Mornac* fur la Loi *65. ff. de eviction.* D'où il faut conclurre que les coheritiers ne font jamais tenus que pour leur part & portion, dans les ftipulations concernant les chofes hereditaires, parce que l'obligation qu'ils contractent eft perfonnelle, & qu'il n'y a de folidité que pour l'action hypothecaire ou réelle que le Créancier de l'heredité, a fur tous les fonds qui en dépendent, *quia indivifa eft caufa pignoris.* En forte que le coheritier qui abandonne au Créancier fa part & portion, eft d'abord déchargé de la folidité, & le Créancier eft forcé de tourner fes executions contre les coheritiers pour obtenir payement de la dette. Que fi après la divifion d'action & la difcuffion des autres coheritiers, il fe trouve que les biens de l'heredité ne font point fuffifans pour procurer le payement au Créancier de ce qui lui eft dû ; alors il peut faire fes executions fur les biens propres de chacun des coheritiers pour la part & portion qu'ils ont en l'heredité, fi ces coheritiers ont fait confufion de biens par défaut d'Inventaire. Car fi l'Inventaire veilloit pour eux, ils en feroient quittes en abandonnant les biens de l'heredité au Créancier.

L'action du Créancier étant perfonnelle contre les coheritiers, & n'ayant d'action folidaire que fur le fonds qui lui eft hypothequé, il en faut conclurre qu'en cas d'infolvabilité d'un des coheritiers difcuté, le coheritier n'eft point affujetti à la garantie, & en eft quitte en payant fa part & portion, les coheritiers n'étant garans les uns des autres qu'à raifon de la chofe hereditaire qu'ils poffedent ; ou dont ils difpofent conjointement, *Leg. Si familiæ, Cod. familiæ ercifc.* ce qu'il faut néanmoins entendre, lorfque le coheritier qui a payé n'a pas pris ceffion des droits du Créancier ; car s'il avoit pris la ceffion des droits, il pourroit exercer l'action folidaire contre chacun de fes coheritiers fa portion deduite.

S iij

CHAPITRE XLII.

Si on peut intenter l'action de garantie avant l'éviction réelle.

LOrsqu'il se trouve du dol personnel du côté du vendeur, l'acheteur avant le trouble même, & la demande en éviction du fonds qu'il justifie n'appartenir point au vendeur peut demander la cassation de la vente ; car il suffit qu'il y ait un trouble à craindre : C'est ainsi que cette question fut jugée le 7. Juillet 1713. en la troisiéme Chambre des Enquêtes. Ce même Arrêt juge encore que le fils mineur non émancipé, peut exercer le retrait lignager pendant la vie du pere, du fonds qu'il a vendu, & qui fait rétour au fils-par droit de lignage.

L'Arrêt fut rendu dans l'espece suivante, Cartier pere vendit un jardin & une grange dont son fills pouvoit demander le retrait lignager ; celui-ci qui étoit mineur & sous la puissance du pere, forma sa demande en retrait contre l'acquereur, qui consentit à la résolution de la vente ; peu de tems après, Cartier pere vendit ce même fonds au sieur Dumont Medecin de Bagneres, la vente étant faite il lui fut signifié une demande en délaissement de la part de Cartier fils ; ce qui donna lieu au sieur Dumont de demander la restitution des deniers à Cartier pere, alors le fils désavoüa la demande comme faite à son insçû. Cartier pere après ce désaveu, soûtint que Dumont n'étoit pas fondé en sa demande en resolution de la vente & restitution du prix ; attendu le désaveu fait par son fils, & l'acquiescement même qu'il avoit donné depuis à cette vente : A quoi Dumont répondoit que le fils pouvant être relevé par sa minorité, quand même il ne seroit point troublé actuellement dans la jouissance des biens, il suffisoit pour donner lieu à la resolution de la vente, qu'il eût à craindre d'un côté l'évic-

tion du fonds , & qu'il y eût d'ailleurs de la part du vendeur un dol pratiqué , qui demeuroit établi par la connoiffance qu'il avoit que le fonds appartenoit à fon fils , nonobftant laquelle il avoit furpris ici la bonne foi de l'acheteur, dont la Loi *Servus* 30. §. *fi fciens* , *ff. de aftion. empti*
autorifoit la demande : Cet Arrêt caffa le Contrat & condamna Cartier pere à la reftitution du prix de la vente.

Quand le vendeur eft dans la bonne foi lors de la vente , l'acquereur ne peut avant le trouble former de demande en réfolution du Contrat & en garantie ; ainfi que l'obferve *Barthole* fur cette Loi , §. *fi fciens.*

CHAPITRE XLIII.

Depuis quel tems commence l'aftion en contre-garantie &
répetition du prix.

LA garantie renferme deux aftions réellement diftinc-
tes , l'aftion d'affiftance en caufe qui compete au garanti contre le garant , & l'aftion en pleine garantie. La
premiere peut être intentée *motâ quæftione*, & d'abord après
la demande formée contre le garanti , *Leg. Si plus* , §. *mota* ,
ff. de eviftion. l'Ordonnance de 1667. *tit.* 8. *art.* 3. *donne*
huitaine pour faire appeller le garant du jour de la fignifica-
tion de l'exploit du demandeur originaire , fi le garant fe trou-
ve domicilié dans la d:ftance de dix lieuës , & s'il eft hors
de cette diftance , le déiai eft augmenté d'un jour pour dix
lieuës.

La feconde aftion ne compete au garanti qu'après le jugement executé , qui l'a condamné au délaiffement de la
chofe venduë , *Leg.* 57. *Cod. de eviƈt.* ce qui fe pratique
ainfi parmi nous, fuivant l'obfervation de *Mornac* fur cette
Loi *Ut quacumque lata fit fententia, res nihilominùs dici eviƈta*
non debeat , nifi executio fententiæ fecuta fuerit , & poffeffio
emptori ablata , dicimus fi le garanti n'eft réellement & par

effet depoffedé. **D'où** il faut neceffairement conclurre que la
prefcription de la demande en contre-garantie ne court contre celui à qui elle eft dûë, que depuis le jour qu'il a été
depoffedé, parce que jufques-là il n'a pas été en demeure
& que la prefcription ne court que *contra defides homines, &*
fui juris contemptores, Leg. Final. Cod. de ann. except. Ainfi
l'Arrêt qui a jugé que la prefcription ne couroit que du
jour du délaiffement du fonds, eft plus juridique que l'autre.

L'art. *6.* du titre de l'Ordonnance déja citée, prouve
bien fenfiblement que la garantie renferme les deux actions
dont j'ai parlé, puifqu'il referve au garanti de pouvoir pourfuivre le garant après le jugement de la demande principale. Ce qui s'entend du jugement executé, avant lequel
nulle prefcription ne court contre celui qui eft évincé pour
la garantie de droit ou pleine garantie.

CHAPITRE XLIV.

Si le Contrat de ferme eft revoqué par la vente des fruits.

PAr Arrêt du 23. Avril 1729. rendu au Rapport de Mr.
de Lafont-Vedelly, entre Jean Sicard Libraire, Re-
lieur dans l'Enclos du Palais de Touloufe, Demoifelle Loüife
de Rouzaut & Jean Claria ; il a été jugé que la vente des
fruits d'une maifon ne rompt pas le loüage ; mais qu'elle
produit feulement cet effet, de mettre l'acheteur au lieu &
place du proprietaire ; en forte que le Locataire ne peut
etre expulfé par l'acheteur des fruits, fous prétexte de
la vente qui lui en a été faite, le Locataire n'étant tenu
à autre chofe qu'à payer les loyers à l'acheteur des fruits,
de la même maniere qu'il les auroit payez au proprietaire ;
la queftion avoit été ainfi jugée en la premiere Chambre
des Enquêtes en l'année 1725.

Faber.

Faber. in fuo Cod. tit. de locato 42. *definit.* 19. dit que la
vente des fruits rompt le loüage, de même que la vente du
fonds ; mais il ne rapporte point d'Arrêt qui l'ait ainfi jugé
ni de texte de droit. Notre Arreftographe ne donne d'autre
fondement à l'Arrêt qu'il rapporte, que la maxime que toute vente emporte le bail à loüage ; mais cette maxime doit
être entenduë de la vente du fonds qui rompt le bail, à
moins d'une referve expreffe dans le Contrat de vente, *Leg.*
Si merces 25. §. 1. *ff. de locati.*

Faber a avancé cette propofition fur cette fauffe maxime
que toute vente emporte le bail à loüage ; mais la queftion ayant
été examinée de près, on ne trouva point de texte dans le droit
qui pût autorifer cette maxime ; ce qui donna lieu aux Juges
qui rendirent l'Arrêt du 33. Avril 1729. de prononcer, ainfi
qu'on vient de le rapporter. A quoi ils fe déterminerent avec
d'autant plus de raifon que ces ventes de fruits font prefque
toûjours fufpectes de collufion, entre le vendeur & l'acheteur pour déplacer le Locataire, & font ordinairement le
fruit de l'avarice du proprietaire, qui ne fait cette démarche, que parce que l'acheteur des fruits lui fait de plus grands
avantages & un meilleur parti que le locataire n'avoit fait.

CHAPITRE XLV.

Du Notaire qui retient un acte fans connoître les Parties.

PAr Arrêt du 17. Juin 1711. rendu en la premiere Chambre des Enquêtes, au Rapport de Mr. d'Azemar entre François Lagentie & Barbe Serede ; il a été jugé qu'un
Contrat dreffé & écrit de la main du Notaire, figné par les
Parties & les témoins, & non par le Notaire étoit un acte
public : Dans l'efpece de cet Arrêt le Notaire interpellé de
figner l'acte le réfufa, & Barbe Serede qui étoit une des Parties,
& qui n'avoit point figné l'acte, comme illiterée s'infcrivît

en faux contre l'acte, prétendant n'y avoir pas été presente, & que l'acte se trouvoit d'ailleurs faux dans son contenu. Les soûtenemens faits, & les moyens de faux remis, Barbe Serede demanda qu'ils fussent declarez admissibles, & qu'il fut procedé par Experts à la verification de la piece impugnée de faux, & d'être reçûë à prouver par témoins les faits qu'elle avoit mis en avant dans ses moyens de faux.

Sur cette demande y ayant eu partage, le Rapporteur étant d'avis de joindre le tout à l'instance principale, Mr. d'Aiga Compartiteur, d'admettre la preuve par témoins numeraires que Barbe Serede ne fut point presente à cet acte. Le partage porté en la troisiéme Chambre des Enquêtes il fut vuidé suivant l'avis de Mr. d'Aiga.

CHAPITRE XLVI. & XLVII.

IL est équitable de recevoir une Partie qui a signé une Transaction renduë sur la médiation d'amis communs, sans en sçavoir la teneur à reclamer contre cet acte, & à prouver ce fait par les témoins numeraires. Je croi même que la preuve n'en seroit pas moins admissible, quoique l'acte portât qu'il a été lû & recité aux Parties, parce que c'est là, une clause de stile de tous les Contrats, de même que celle aposée aux Testamens, que le Testateur étoit en son bon sens, mémoire, & entendement, qui n'empêche pas la preuve du fait contraire, Boniface en ses Arrêts *Tom. 4. pag.* 477. confirme cette décision, qu'une Transaction signée par les Parties, sans en sçavoir la teneur ne peut les lier, & qu'on peut en être relevé.

Il faut faire cette distinction sur l'Arrêt du 18. Juillet 1662. que si la mere qui a fait la vente du fonds de son fils en qualité de tutrice, sans autorité de Justice a obligé ses biens propres pour l'execution des Contrats, elle ne peut revenir dans la suite contre cette vente du chef de son fils, dont elle est heritiere, par la raison que quoique le Procureur qui a contracté au nom du Mandant, ne foit pas régulierement obligé perfonnellement, s'il a néanmoins promis de fon chef de faire tenir & valoir le Contrat, il demeure obligé après fon adminiftration finie. *Procurator qui pro evictione prædiorum, quæ vendidit fidem fuam adftrinxit, & fi negotia gerere defierit, obligationis tamen onere prætoris auxilio non levabitur.* Leg. *Procurator* 67. *ff. de procurat. & deffenfor.*

J'eftime que dans l'efpece de l'Arrêt, l'acquereur évincé du fonds à lui vendu, ne pouvoit prétendre la pleine garantie contre le fils heritier du pere vendeur ; mais la feule reftitution du prix, par la raifon qu'il étoit acquereur de mauvaife foi, puifque le Contrat lui donnoit la pleine connoiffance que le fonds n'appartenoit point au vendeur, mais à fa femme. Or dans ces circonftances, l'acquereur ne pouvoit prétendre que la fimple reftitution du prix, quoique la garantie eût été fpécialement promife ; c'eft la difpofition de la Loi 3. *Cod. commun. de legat.* §. *emptor,* & la décifion de l'Arrêt du 23. Juin 1722. rapporté *fupra,* Ch. 7. de ce Livre.

CHAPITRE XLIX. *&* LI.

IL eft effentiel de faire ici une diftinction, fans laquelle ceux qui n'ont point une connoiffance exacte du droit civil pourroient tomber dans l'erreur.

Les obligations folidaires peuvent être de deux fortes, le Créancier peut ftipuler fimplement la folidité de fes débiteurs, ou joindre à la claufe de folidité la rénonciation au benefice de difcuffion, divifion & d'ordre d'action : s'il a fimplement ftipulé la folidité, il n'a droit d'agir contre les coobligez que pour la part d'un chacun, & tout l'avantage que lui donne la claufe folidaire, eft de pouvoir recourir contre le coobligé en cas d'infolvabilité de l'autre ; c'eft la difpofition de la Novelle *99.* les coobligés négocians font exceptez de la difpofition de cette Loi , & le Créancier qui a contracté avec eux pour fait de leur commerce , peut agir contre un feul , en laiffant les autres à l'écart , quoiqu'il n'ait point ftipulé de rénonciation de leur part au benefice de divifion d'action & de difcuffion , Charondas *refponf. Liv.* 2. *Ch.* 69. rapporte un Arrêt qui l'a ainfi jugé.

Il faut ici obferver que pour que l'infolvabilité du co-obligé foit conftatée , à l'effet de pouvoir donner droit au Créancier d'agir contre l'autre débiteur folidaire ; il faut que ce Créancier difcute non feulement ce coobligé ; mais qu'il faffe vuider la diftribution de fes biens , fuivant les Arrêts rapportez par Graverol fur la Roche , *Liv.* 6. *verbo cautions art.* 4.

Si le Créancier a ftipulé des corrées ou coobligez une rénonciation au benefice de divifion , alors il peut agir *recta* fur l'un d'eux fauf fon récours , & c'eft de cette efpece d'obligation folidaire qu'il faut entendre la Doctrine de notre Arreftographe , & les Arrêts qu'il rapporte dans ce Chapitre : Je croi avec lui que pour que le coobligé qui a fait le payement en feul au Créancier commun , puiffe agir folidairement ; c'eft-à-dire , fans divifion d'action contre les autres , il faut qu'il foit muni d'une fubrogation de la part du Créancier , & qu'il ait pris ceffion de lui dans l'acte même de payement ; c'eft ce qu'on peut recuëillir de la Loi *Modeftinus , ff. de folut.* fans cela il ne peut agir contre les autres coobligez que pour la part d'un chacun.

C'eft une maxime conftante que les condamnations en matiere criminelle , qui tiennent lieu de peine aux condamnez , peuvent être executées fans divifion d'action contre celui des corrées , que le demandeur en excès veut choifir ; mais j'eftime que ce corrée ayant payé l'entiere dette ou condamnation , & pris fubrogation fpeciale de l'action du demandeur en excès , peut agir folidairement contre les autres condamnez , de la même maniere que fon cedant , fuivant la Loi *Modeftinus* déja citée ; en forte que dans les circonftances des épices payées par un des corrées , pour un rapport en matiere criminelle, au demandeur en excès qui avoit fait expedier l'Arrêt, si ce Corrée a pris subrogation du Créancier commun dans l'acte du remboursement de ces épices, il peut sans contredit agir contre ses complices solidairement, sans qu'il soit tenu de diviser son action contre chacun d'eux, pour la portion qui le compéte, sa portion déduite.

CHAPITRE LII. *&* LIII.

L'Arrêt du 23. Avril 1698. rapporté dans le Chapitre 52. trouve son fondement dans la Loi quatriéme & cinquiéme *ff. desolut. & liberat.* La Loi quatriéme décide que la présomption est, que le débiteur a entendu se liberer de ce qu'il devoit sous cautionnement, préferablement à la dette contractée sans cautionnement *potius*, dit le Jurisconsulte, *quod satisdato quam quod sine satisdatione debeo.* Il est encore decidé dans la Loi 5. §. *ult.* que quand le créancier reçoit un payement de son débiteur en deduction, conçû en ces termes, *sur le capital & interêts.* Il faut commencer par faire l'imputation de la somme sur les interêts dûs, & ensuite sur le capital, ce qui doit avoir d'autant plus lieu, quand le créancier a simplement reçû la somme en déduction sans énoncer *sur le capital & interêts.*

Je ferois difficulté sur la décision de l'Arrêt du 7. Septembre 1663. en ce qu'il juge que le créancier sur qui la saisie a été faite, peut choisir plusieurs années après le payement fait par son débiteur en vertu d'un banniment, la somme sur laquelle l'imputation doit être faite. Il semble que l'imputation dans l'espece de cet Arrêt devoit être faite en faveur du débiteur *in duriorem causam*, suivant la Loi 3. *ff. desolut. & liberat.* Par la raison, que le créancier avoit tacitement consenti par son silence à cette imputation ; & par son défaut de choix & de protestation lors du payement, qu'il n'est pas censé avoir ignoré, puisque le débiteur des sommes bannies, n'en fait ordinairement la délivrance que par la force d'un jugement pourſuivi par le bannir faiſant, ſur l'aſſignation donnée au ſaiſi pour voir ordonner la délivrance des ſommes ſaiſies. Or dans ces circonſtances ſon ſilence doit être pris pour un acquieſcement, à ce que l'imputation ſoit faite *in duriorem cauſam*, ſuivant la regle; avec d'autant plus de raiſon, qu'il eſt à préſumer que ſi le ſaiſi eût voulu lors du payement faire l'imputation à ſon choix, ſon débiteur qui delivroit la ſomme bannie, auroit lui-même uſé du droit de préférence que la Loi lui donne, en faiſant l'imputation ſur la ſomme qu'il auroit trouvé à propos de choiſir.

Pour ce qui concerne la queſtion diverſement décidée par les Arrêts rapportés dans le Ch. 53. je me rangerois volontiers du côté des Arrêts du 22. Novembre 1670. & 3. Avril 1660. qui ont décidé que le payement devoit été premierement imputé ſur les droits paternels, parce que ces Arrêts me paroiſſent conformes à la diſpoſition expreſſe de la Loi.

En effet, le pere ſe trouvant débiteur des ſommes conſtituées à ſa fille, ſous deux differens titres, de ſon chef, & du chef maternel pour les ſommes dotales de la mere, dont ſes biens étoient chargés; en faiſant le payement d'une partie de la conſtitution dotale ſans énoncer *in quam cauſam*, le pere eſt préſumé avoir entendu ſe liberer, plûtôt de ce qu'il doit de ſon chef pour la conſtitution dotale, que de ce qu'il doit du chef de ſa femme, à raiſon de quoi il doit être conſideré comme fidejuſſeur ou caution. Or la Loi décidant formellement que le débiteur eſt cenſé vouloir plûtôt ſe liberer de ce qu'il doit de ſon chef, que de ce qu'il doit comme caution, quand il n'y a rien d'énoncé à ce ſujet, *Leg. cum ex pluribus 97. eod. tit.* il faut neceſſairement conclurre, que le pere a plûtôt entendu que l'imputation ſe fît ſur les droits paternels dont il étoit débiteur de ſon chef, que ſur les droits maternels pour leſquels il s'étoit ſeulement rendu reſponſable ou caution.

A quoi l'on peut ajoûter que cette même Loi n'ordonne l'imputation ſur la plus ancienne obligation, que dans les circonſtances où il ne ſe trouve point d'imputation plus avantageuſe à faire en faveur du débiteur, *ſi nihil eorum interveniat, vetuſtior contractus ante ſolvetur.* Dans l'eſpece de ces Arrêts l'imputation pouvant être faite ſur ce que le pere devoit de ſon chef pour les droits conſtitués en dot, c'étoit à cela qu'il falloit l'appliquer en ſuivant la preſumée volonté du débiteur, qui avoit fait le payement.

CHAPITRE LV.

De l'acceptation de la donation.

L'Ordonnance du Roi donnée à Verſailles au mois de Février 1731. enregiſtrée dans ce Parlement le 14. Juillet de la même année, contient pluſieurs articles ſur l'acceptation des donations, dont l'application doit être faite aux queſtions traitées dans ce Chapitre.

L'article cinquiéme confirme d'un côté la déciſion de l'Arrêt du 14. Mai 1697. il déroge de l'autre à celle de l'Arrêt du 28. Août 1699. puiſque cet article porte *que les donations entrevifs, mêmes celles qui ſeront faites en faveur de l'Egliſe, ou pour cauſes pies, ne pourront engager le donateur, ni produire aucun effet que du jour qu'elles auront été acceptées par le donataire ou par ſon Procureur General ou ſpecial, dont la procuration demeurera annexée à la minute de la donation ; & en cas ladite donation eût été acceptée par une perſonne qui auroit déclaré ſe porter fort pour le donataire abſent, ladite donation n'aura effet que du jour de la ratification expreſſe, que ledit donataire en aura faite par acte paſſé pardevant Notaire, duquel acte il reſtera minute, avec deffenſe à tous Notaires & Tabellions d'accepter les donations comme ſtipulans pour les donataires abſens à peine de nullité deſdites ſtipulations.*

L'article 10. confirme encore la Juriſprudence de ce Parlement, que les donations faites, par quelque perſonne que ce ſoit en Contrat de mariage aux enfans à naître, ne peuvent être attaquées ni declarées nulles par défaut d'acceptation.

L'article difpenfe même les conjoints de cette acceptation pour les donations qui leur font faites en contemplation du mariage.

Le motif de cette difpenfe peut être fondé, fur ce que dans ces circonftances l'acceptation devient expreffe par la confommation du mariage, felon l'Arrêt rapporté par Loüet Lettre D, Somm. 5.

J'obferverai ici, que quoique l'acceptation foit de l'effence de la donation, & une folemnité intrinfeque, dont le défaut rend l'acte nul, fuivant le langage des Docteurs François; cette acceptation peut néanmoins être faite féparement du Contrat de donation pendant tout le cours de la vie du donateur & du donataire.

A l'égard d'une donation faite par la mere à un de fes enfans en bas-âge (ainfi que dans l'efpece de l'Arrêt du 8. Avril 1699. comme l'Ordonnance art. 7. exige que les donations faites aux mineurs de 25. ans foient par eux acceptées par leurs tuteurs ou curateurs, il paroit indifpenfable que la donation faite par la mere à fon fils mineur, foit acceptée par le curateur du mineur s'il s'en trouve ; pourvû lors de la donation, ou par un curateur dont il faut le faire pourvoir *ad hoc.*

Quand la donation fe trouve faite en faveur du donataire, & de fes enfans qui en naîtront, elle vaut au profit des enfans par la feule acceptation du donataire leur pere, encore qu'elle ne foit pas faite par Contrat de mariage, & que les donateurs foient des collateraux ou des étrangers. Telle eft la difpofition de l'art. 11. de l'Ordonnance.

Suivant l'art. 8. l'acceptation des donations en faveur des Hôpitaux, ou pour des fondations pieufes pourra être faite par les Adminiftrateurs des Hôpitaux, & par les Curés & Marguilliers pour ces dernieres.

L'article 9. exige que les femmes mariées, quoique feparées en biens de leurs maris par Sentence ou Arrêt, foient par eux autorifées dans l'acceptation des donations qui leur feront faites, ou à leur refus par Juftice, à moins qu'il ne

s'agiffe

s'agiffe d'une donation faite à la femme pour lui tenir lieu de paraphernal.

CHAPITRE LVII.

De l'exceptation non numeratæ pecuniæ.

MOrnac fur la Loi 3. *Cod. de non numer. pecun.* obferve que l'ufage eft dans ce Royaume, que c'eft au debiteur, & nullement au Créancier, à prouver que l'argent n'a pas été par lui reçû, ce qui doit être entendu, quand le Contrat ne porte point de réelle numeration ; car s'il y a réelle numeration, le débiteur n'a d'autre voye que celle de l'infcription en faux. *Rebuffe in tractat. de chirographor recognit. art.* 2. *num.* 68. tient cette même doctrine, que fuivant l'ufage de la France, c'eft au débiteur à prouver le défaut de numeration même dans les deux premieres années du Contrat d'obligation, la préfomption étant pour le Créancier qui a devers lui la reconnoiffance du débiteur. Godefroy fur la Loi *in contractibus eod. tit.* confirme cette doctrine.

Le créancier n'eft donc jamais tenu de faire preuve de la réelle numeration. Ce qui peut être confirmé par un Arrêt de la Cour rapporté par Mr. Cambolas, Liv. 4. Chap. 50. du 27. Février 1628. par lequel Dominique Laus qui avoit reconnu par Contrat, avoir reçû de Deaus la quantité de 350. fétiers de bled pour trafiquer, ayant cinq mois après formé inftance contre Deaus, & foûtenu qu'il n'avoit point reçû le bled, mais avoir fait fa reconnoiffance fur la parole de Deaus, que ce bled lui feroit delivré, fût reçû à prouver plufieurs faits allegués à ce fujet.

A l'égard du tems fixé pour propofer cette exception, Mornac fur la Loi *in contract. eod. tit.* le reftraint aux dix années fixées par l'Ordonnance de Loüis XII. pour attaquer par la voye de la récifion toute efpece de Contrat, quoique Papon (felon que l'obferve Cambolas) ait te-

nu dans le second de ses Notaires , que cette exception duroit trente ans.

Mornac remarque encore au même lieu que nous ne sui-
vons point en France la disposition de la Loi *in contractibus* ,
en ce qu'elle rejette toute délation de serment , au-delà du
terme fixé pour proposer l'exception *pecuniæ non numeratæ* ,
étant d'usage de déférer ce serment *postulante adversario* , au-
delà même du tems que dure cette exception ; c'est à-dire ,
après les deux années prescrites par cette Loi. Quand l'exception *pecuniæ non numeratæ* , est portée par voye d'action ,
& que celui qui est créancier poursuit son débiteur pour le
payement de la dette , le serment ne peut être déferé sur la
feintise du payement , & sur le fait de la reprise de la somme nombrée après la réelle numeration , que dans les dix années du Contrat portant réelle numeration , parce que c'est
le terme prescrit par l'Ordonnance , pour se pourvoir en récision des Contrats. Il en seroit autrement si le serment étoit
déferé par voye d'exception sur la feintise de la numeration, &
sur la reprise de la somme , auquel cas il pourroit l'être pendant
30. ans par la maxime *quæ sunt temporalia ad agendum sunt
perpetua ad excipiendum.*

Pour autoriser la premiere proposition , je rapporterai ici
un Arrêt de la Cour rendu le 31. Mai 1713. au rapport de
Mr. Maniban de Casaubon , en faveur de Jean-Jacques d'Armaignac de Lavedan de Horgues , contre Demoiselle Jeanne
d'Armaignac sa fille , & Raymond Dupont son Gendre.

Il s'agissoit dans ce procès de la somme de 5500. liv. qui
avoit été constituée par Jean Jacques d'Armaignac à sa fille
dans son Contrat de Mariage qui portoit réelle numeration.
Dupont mari de la Demoiselle d'Armaignac , après avoir retiré cette somme l'avoit rendüe à son beau-pere. Dix ans après
le Contrat de mariage , il fit instance pour le payement de
cette somme contre le pere constituant , & demanda qu'il fût
tenu de se purger par serment décisoire sur ce fait , qu'il avoit
retiré la somme nombrée , dont il demeuroit encore débiteur ; le constituant fut relaxé de la demande en serment par

fin de non-recevoir, prife du laps de dix années, qui fuivant l'Ordonnance eft le terme fatal, après lequel on ne peut plus agir en recifion du Contrat, ni oppofer l'exception *pecuniæ non numeratæ.*

La preuve par témoins peut être ordonnée pour une fomme excedant cent livres dans la Jurifdiction Confulaire. Ainfi jugé à l'Audience de la Grand'Chambre, prononçant Monfieur de Bertier Premier Prefident le 27. Janvier 1718. en faveur du fieur Marguerit Banquier de Touloufe, contre Seves, plaidant pour le fieur Marguerit Me. d'Aftruc, & pour Seves Me. de Lardos.

La Bourfe de Touloufe avoit admis le fieur Marguerit à la preuve par témoins, du fait d'une convention verbale d'entre Seves & lui, concernant une fomme de douze mille livres, dequoi Seves ayant été appellant en la Cour, il fut débouté de fon appel.

Cet Arrêt eft fondé fur l'exception marquée par l'art. 2. du tit. 20. de l'Ordonnance de 1667. qui en renouvellant l'art. 54. de l'Ordonnance de Moulins qui exclud la preuve par témoins pour une fomme excedant 100. liv. déclare qu'il ne fera rien innové pour ce regard, en ce qui s'obferve en la Juftice des Juges & Confuls des Marchands.

Sur cette matiere de preuves, il a été decidé qu'on ne peut tirer la preuve d'un fait de la bouche d'un Mediateur, qui s'eft mêlé de concilier, & d'accommoder deux perfonnes qui étoient en procès; c'eft ainfi que la chofe fut jugée à l'Audience de la Grand'Chambre, Prefident Mr. de Bertier, plaidans Mes. de Montaudier pour le fieur de Boiffi de St. Jean Mediateur, & Me. de Lardos pour Me. Labat.

Dans l'efpece de cet Arrêt le fieur de Boiffi avoit fait l'Office de Mediateur, entre deux Prêtres qui avoient procès en la Cour pour un Benefice, Me. Labat un des contendans fit appeller incidamment ledit fieur de Boiffi dans cette inftance, & donna Requête pour demander qu'il fût tenu de repondre cathegoriquement fur certain fait qui lui avoit été confié comme Mediateur, le fieur de Boiffi donna Requête

en opposition , & demanda son relaxe par fin de non-recevoir , fondé sur ce qu'un Mediateur ne pouvoit être forcé
à découvrir un fait de la mediation qui lui avoit été confié ,
& que ce seroit trahir la foi du dépôt que de l'obliger à le
reveler. La Cour ayant égard à l'opposition, le relaxa de la demande de l'Abat.

Je croi qu'il faut rendre la même décision à l'égard de l'A-
vocat , qui ne peut être forcé de porter témoignage contre son
Client , pour un fait qui est entré dans la deffense de la cause
qui lui a été confiée.

La Loi *Mandatis* , *ff. de test.* me paroît décisive pour ce
point , *Mandatis cavetur* , *ut præsides attendant ne Patroni in
causa , cui Patrocinium præstiterunt testimonium dicant* , Papon
Liv. 9. tit. 1. art. 21. rapporte un Arrêt conforme. Robert
en ses Arrêts Liv. 2. Chap. 15. rapporte un Arrêt contraire;
mais comme il est fondé sur l'Opinion seule de Barthole , *in
Leg. deferre ff. de jur. fisci* , & que cette Loi ne parle que d'un
Agent ou Procureur *ad negotia* , qui peut être oüi sur des faits
concernant l'administration qu'il a euë ; quoique secrets , cet
Arrêt ne peut être tiré à consequence , non plus que celui
rapporté par Guip. *quæst.* 45. qui est dans l'espece d'un homme d'affaires.

Ce seroit choquer la délicatesse du Noble Ministere qu'e-
xerce l'Avocat , & le dégrader , pour ainsi dire , que de l'assujettir à trahir la foi du dépôt qui lui a été confié par son
Client , & c'est par cette raison que les Juges dispenserent
Herennius de porter témoignage contre Marius , dont il avoit
deffendu la cause (ainsi que le rapporte Plutarque dans sa
vie) & que Caton au rapport de Gell. Liv. 5. Ch. 13. di-
soit que jamais homme d'honneur ne porta témoignage contre son Client.

Par Arrêt rendu le 19. Mai 1730. au Rapport de Mr. de
Comere , entre le Syndic des Habitans de St. Pons , & le
Syndic du Chapitre de la même Ville , les Chefs des questions suivantes ont été ainsi decidés sur cette même matiere
de preuves 1°. qu'on doit être dechargé de la remise des actes

communs à fa Partie fur le ferment décifoire, comme on ne les détient ni par dol, ni par fraude.

Mais s'il eft prouvé qu'on a eu en main les actes dont il s'agit, fans qu'il y ait égarement ou perte prouvés, il eft permis à la Partie adverfe d'en prendre telles inductions que de droit ; fi au contraire il n'eft pas prouvé que les actes ayent été en la main de celui qui dénie de les avoir. On ne permet pas à l'autre Partie d'en tirer des inductions.

Par le même Arrêt il a été jugé que les Chapitres chargez par Arrêt d'un ferment décifoire, ne doivent pas procurer le ferment des Chanoines abfens, & qu'il n'eft pas neceffaire que les Chanoines affemblez pour déliberer fur le fait du ferment, jurent chacun en particulier ; fuffifant que l'affemblée donne pouvoir à un député de jurer au nom du Chapitre.

Cette même forme de ferment doit être obfervée par les corps des Communautés laïques, & il fuffit fans doute que le Confeil politique donne pouvoir par déliberation à un député ou Sindic, de jurer fur le fait dont il s'agit, fans que chaque déliberant foit tenu de jurer lors de la déliberation fur le même fait.

CHAPITRE LVIII.

Si de quatre vendeurs folidaires fous faculté de rachat, un feul peut recouvrer.

IL y a un Arrêt contraire à celui qui eft rapporté dans ce Chapitre, par lequel il fut jugé que le titre *etiam ob chirographariam pecuniam*, n'a pas lieu à l'égard de l'acheteur fous faculté de rachat ; par la raifon que cet acheteur ne tient pas la chofe *jure pignoris*, mais à titre d'achat qui eft tranflatif de proprieté ; en forte que la vente ayant été faite fous faculté de rachat, l'hypothéque que l'acheteur a acquife fur la chofe n'eft pas un obftacle au retrait,

ne lui donnant point droit de retention comme dans l'en‑
gagement. L'Arrêt eſt du mois d'Août 1721. au Rapport
de Mr. Laroque, en la ſeconde Chambre des Enquêtes,
il fut rendu après partage vuidé en la troiſiéme, Compar‑
titeur Mr. de Courtois.

Je croi qu'il faut ſe ranger du côté de cet Arrêt ; par la
raiſon que la Loi ne parle que de la retention du gage,
& qu'elle doit être reſtrainte à ce dont elle a voulu diſpo‑
ſer. Cujas, Mornac, & les autres Interprêtes du droit, ne
lui ayant point donné d'extenſion à la choſe venduë ſous
faculté de rachat, parce que cette eſpece de vente doit être
conſiderée comme un titre incommutable, le rachat ne pou‑
vant être exercé que pendant 30. ans, au lieu que celui qui
tient le fonds en engagement demeure toûjours Créancier,
& peut augmenter ſa créance, & ſes droits ſur la choſe,
tant que l'engagement ſubſiſte.

CHAPITRE LIX.

Des réparations faites par le Fermier ſans le ſçû du proprietaire.

LA rente dûë en bled doit être payée en eſpece pour
l'année courante, ſinon au plus haut prix que le bled
a valu dans l'année, quoique le jour du payement ait été
fixé par le Contrat ; mais pour les arrerages de la rente,
le débiteur ne peut être contraint d'en faire le payement
qu'au même prix que le bled valoit au tems de la deſti‑
née ſolution. C'eſt ainſi que cette queſtion fut jugée en
la troiſiéme Chambre des Enquêtes, après partage vuidé
en la premiere, Rapporteur Mr. de Laroque Ceré, Com‑
partiteur Mr. d'Aſſeſat, le 4. Juin 1714. dans l'eſpece ſui‑
vante.

Un particulier fit bail à ferme d'un certain fonds à un
autre, ſous la rente de douze ſacs de grain, payable à la

fête de St. Barthelemi de l'année 1708. ces douze ſacs de
bled valoient au tems de la deſtinée ſolution environ 80. liv.
Le Fermier fut en demeure de faire le payement de cette
rente, ce qui donna lieu au proprietaire de l'ajourner pour
ce payement le 8. Mai 1709.

Le ſeiziéme de ce même mois, le Fermier conſentit une
obligation en faveur de l'autre, de la ſomme de 450. liv.
à quoi revenoient alors ces douze ſacs de bled. La rigueur
de l'hyver de l'année 1709. en ayant conſiderablement augmenté le prix. Le Fermier ſe pourvût enſuite en caſſation de
cette obligation, ſur ce prétexte qu'elle étoit uſuraire, ne
pouvant être contraint ſelon la Loi de faire le payement
de cette rente, qu'au prix que le grain valoit lors de la deſtinée ſolution, & à la fête de la Magdelaine 1708.

Le proprietaire prétendit au contraire, que pouvant exiger le prix de la ferme en eſpece, il avoit droit à défaut
d'eſpece, de s'en faire payer le montant, ſelon la valeur des
grains au tems de ſa demande, le Fermier devant s'imputer
ſa demeure.

Cette queſtion ayant formé un partage en la troiſiéme
Chambre des Enquêtes, fut vuidé en la premiere, où il paſ-
ſa tout d'une voix à démettre le Fermier de ſa demande en
caſſation de l'obligation.

La Loi *Vinum* 22. *ff. de rebus credit.* ſembloit favoriſer
la demande du Fermier, puiſque le Juriſconſulte Julian décide, que quand il y a un tems fixé pour le payement d'une
eſpece qu'on doit rendre, il faut ſe regler par le prix qu'elle valoit ; dans ce même tems *Sabinus reſpondit ſi dic-
tum eſſet quo tempore redderetur, quanti tunc fuiſſet,* & il
ajoûte que s'il n'y a pas de tems fixé, c'eſt au prix qu'elle
ſe trouve valoir au tems de la demande. Mais la Cour ap-
pliqua la diſpoſition de cette Loi, non à la rente de l'année qui a couru, à raiſon de laquelle le Fermier eſt en demeure ; mais aux arrerages dûs des années précedentes, par
la raiſon qu'on ſuppoſe que le proprietaire économe qui a
fixé le tems du payement à la récolte, ne vend pas ſon bled

au tems de la récolte ; l'abondance & la neceffité de vendre pour le payement des charges , lui donnant alors un prix médiocre ; au lieu que ce prix augmente dans le cours de l'année , après l'épuifement qui s'eft fait par les premieres ventes , ce qui donnant lieu au bon économe de renvoyer à ce tems plus favorable la vente de fon bled ; il ne feroit pas jufte de le priver de cet avantage , en l'obligeant de recevoir le prix du bled courant lors de la récolte , tems de la deftinée folution.

CHAPITRE LX. *&* LXI.

LA Doctrine de notre Arretifte fur les obligations contractées pour argent du jeu , doit être entenduë avec les modifications qui lui font propres , & qui fe trouvent fondées fur les diftinctions marquées par la Loi , & par les Arrêts des Cours. Pour cela il faut obferver que les titres de *Aleator.* du Digefte & du Code , regardent proprement les jeux de hazard , comme font les jeux des dez ou des cartes , & autres de cette efpece , prohibez par les Ordonnances de nos Rois ; mais que les jeux d'exercice où l'adreffe & la fcience dominent fur le hazard , font exceptez de la prohibition de la Loi : C'eft ce qu'on peut recuëillir de la Doctrine de *Mornac*, & des Arrêts qu'il rapporte fur la Loi 2. *ff. de Aleator.*

On y voit un Arrêt du Parlement de Paris, en date du du 6. Mai 1603. qui condamna un particulier de payer vingt-fept écus d'or, qui lui avoient été gagnez au jeu de Paume. Ce qui eft conforme à la difpofition de cette Loi 2. *ff. de Aleator.* où les jeux propres à exercer l'adreffe & la vertu du corps font autorifez. Les Romains étoient fort attentifs à favorifer les exercices qui pouvoient tenir les Citoyens en haleine pour la guerre, ainfi qu'il refulte de cette Loi ; mais ils ne l'étoient pas moins à banir, & à écarter de la République , ce qui pouvoit nourrir la moleffe & doner lieu à la tromperie ; & voilà pourquoi les Loix ont profcrit les jeux de hazard.			On

On ne fçauroit trop s'approcher de l'efprit & du goût Romain fur cela. Je croi donc qu'en fe reglant là deffus, il faut reprouver les jeux où le hazard domine indiftinctement, entre toutes forte de perfonnes, de quelle qualité qu'elles puiffent être ; en forte qu'il y a lieu de déclarer nulles les obligations, qui pourroient avoir été confenties à ce fujet.

J'ai vû rendre un Arrêt en la premiere Chambre des Enquêtes, au Rapport de Mr. Bonnemain au mois de Mars 1727. qui l'a ainfi jugé dans la caufe du fieur de Beffon, Capitaine au Regiment de Limofin, mon parent ; contre le fieur de Pouzaire, ancien Lieutenant Géneral de la Marechauffée de cette Province de Languedoc, mon beau-pere.

Le fieur de Beffon demandoit au fieur Pouzaire le payement de plufieurs fommes qu'il avoit fournies à fon fils, pour l'entretenir au Regiment dans le pofte de Cadet, qui eft proprement le Noviciat de la profeffion Militaire ; il réfultoit des actes du Procès, que le fieur Pouzaire avoit prié ce Capitaine, parent de fon fils, de lui fournir ce qui lui feroit neceffaire, par-deffus la fomme de 300. liv. de penfion, que ce pere faifoit annuellement à fon fils ; dans le rôle des fournitures qui fe montoient à près de 900. liv. il fe trouva un article d'une fomme de 200. liv. que le Capitaine avoit payée, pour argent perdu au jeu des cartes par ce Cadet, avec des jeunes Officiers du Regiment.

La Cour en alloüant au Capitaine la plus grande partie des fommes fournies, rejetta l'article concernant le jeu. Malgré la repréfentation du Capitaine, que les Officiers fe regloient à ce fujet par des Loix fingulieres ; en forte que ce feroit fe dégrader parmi eux, que de contefter le payement d'un argent perdu au jeu ; ce qui felon lui, devoit autorifer le prêt qu'il avoit fait à ce Cadet, pour fe liberer de l'obligation par lui confentie.

A l'égard des jeux d'exercice, je croi qu'on peut toûjours autorifer les obligations qui en procedent dans les Gentilshommes, faifant profeffion d'Armes, ou dans les Officiers ;

& cela , par la même raison qui sert de fondement aux Ordonnances , qui leur permettent la Chasse dans les Domaines
du Roi ; sçavoir, qu'ils se rendent propres par ces differens
exercices au métier de la guerre , parce que le corps s'en-
durcit par-là au travail, & l'esprit en devient plus actif &
plus vigilant ; ce qui est aussi le fruit des jeux d'exercice ;
comme sont les jeux de Paume , de Mail , les courses de
Bague , & autres de cette espece. Mais je ne voudrois point
étendre cette décision aux personnes d'une profession opposée , & qui ne sont pas destinées par leur état aux fonctions militaires , quoique la Loi 2. déja citée ne fasse point
de distinction là-dessus. Ce qui provient sans doute de ce
que chaque Citoyen Romain , étoit destiné par cette qualité à porter les Armes pour la défense de la République ;
au lieu qu'en France nous avons de Troupes reglées, auf-
quelles les exercices du corps conviennent singulierement ;
il faut par consequent restraindre à ces mêmes Troupes la
disposition de cette Loi , ainsi qu'aux Gentils-hommes faisant profession d'Armes.

Pour ce qui concerne la matiere des gageures, il faut
constamment décider que les obligations contractées à cette
occasion sont valables, lorsque le sujet qui leur a donné lieu
n'est point contre les bonnes mœurs ou l'honnêteté publique : ces obligations sont autorisées par le droit civil &
canonique, par l'opinion des Interprêtes , & par l'usage de tous
les siécles , sur quoi sont fondez les Arrêts qui les ont declarées licites ; cette question est amplement traitée par Expilli , plaidoyé 4. où il rapporte un Arrêt de Grenoble,
conforme à la décision. On peut voir encore *Mornac* sur la
Loi *Si rem* , §. *si quis sponsionis , de præcr. verb.* où cet Interprête remarque qu'il faut dans les gageures une consignation réelle , *per deposi:um annuli ,* Loizeau *du déguerpis-
sement , Liv. 4. Chap. 3. num.* 13. donne pour maxime *qu'en
France la Justice contentieuse , n'autorise point d'autres gageures que celles qui se font par consignation , le mot gager emportant avec soi qu'il y ait une consignation réelle.*

Cette confignation fe faifoit chez les Romains par le dépôt de leur Bague, ce qui étoit d'ufage même en France ; & cette Bague tenoit lieu d'arres, de la convention faite felon la remarque de *Mornac*. Dans l'efpece de l'Arrêt rapporté par *Expilli*, la confignation du prix avoit été faite. Dans celle de l'Arrêt mentioné dans ce Chapitre, il ne fe trouve point de confignation, mais fimplement un touchement de main des deux Parties, en figne de la gageure ; ce qui montre que la Cour ne s'attacha point à fuivre fcrupuleufement cette pratique de configner, mais à la convention des Parties. Toutefois fi l'on parie de l'argent monoyé, la confignation eft effentielle felon moi, & fi c'eft une chofe qui ne foit point apretiée encore, comme étoit dans l'efpece de l'Arrêt de la Cour le montant de la récolte d'une part, & de la Dîme de l'autre. Il paroît indifpenfable de dépofer quelque piéce d'argent pour arres de la convention, à la place de l'Anneau ou Bague qu'on avoit coûtume de donner autrefois pour cela. Puifque cette formalité eft effentielle pour valider la gageure , fuivant nos Interprêtes François.

CHAPITRE LXII.

Du rénouvellement de la caution.

JE croi l'avis de ceux qui vouloient condamner le débiteur de la rente conftituée à bailler de nouvelles cautions, conforme aux veritables maximes ; & cet avis devoit felon moi , faire tomber la balance du partage qui fut formé , fur la queftion agitée dans ce Chapitre. La datte de l'Arrêt contraire qui fut rendu en vuidant ce partage, a échapé à la plume de l'Arretifte ; mais il n'en eft pas moins digne de créance , par l'exactitude fcrupuleufe avec laquelle fon recuëil a été dreffé & mis au jour.

X ij

Les raisons sur lesquelles je me fonde, sont 1°. Que suivant la Loi 4. *ff. ut in possess. legat. &c.* s'il arrive que la caution donnée par le débiteur au Créancier, devienne insolvable par quelque revers de fortune, *inopinatæ fortunæ impetu*, il est équitable de donner au Créancier une nouvelle caution, sans que la Loi prenne soin de distinguer les differentes especes de créances, ce qui ôte tout prétexte de distinction, suivant les maximes.

2°. Que loin que le Créancier de la rente constituée soit moins favorable en ce point, que celui d'une simple obligation à jour, il merite au contraire qu'on lui donne les mêmes sûretés d'un nouveau cautionement, par les raisons alleguées par Loüet, Lettre S, Somm. 13. *num.* 3. qui sont que selon plusieurs Docteurs, on desire plus de sûreté en la rente pour le Créancier qu'en la simple obligation, parce que la rente peut aller à longues années, ce qui n'a pas lieu dans la simple obligation qui a un tems limité pour la cancellation, & Loüet lui-même conclud que dans tous les cas, il est raisonnable que le Créancier soit assuré ; cette Doctrine merite d'autant mieux d'être accueillie dans le Ressort de la Cour, qu'il y a moins de sûreté qu'ailleurs, pour les Créanciers des rentes constituées, par le privilege de priorité d'hypothéque, qu'on accorde à la femme sur les Créanciers du mari, suivant la Loi *Assiduis*, ce qui rend toutes les rentes constituées chancellantes, le Créancier étant continuellement exposé à la surprise de son débiteur, qui contracte furtivement un mariage, & passe ensuite à la celébration, avec dispense de deux bans ; en sorte que presque personne n'en peut être informé, ni prendre la précaution de dénonce d'hypothéque, sur-tout le Créancier qui se trouve dans quelque éloignement du domicile des mariez.

3°. Que le préjugé rapporté par Robert, n'est d'aucun secours pour favoriser la décision contraire, que le debiteur de la rente constituée est dispensé de bailler une nouvelle caution, en cas d'insolvabilité survenuë de la premiere, y ayant bien de la difference de l'espece de cet Arrêt, avec celle de celui-ci. Puifque dans celle-là le Créancier avoit trois debiteurs folidaires , & fans divifion d'action , en forte que deux étant devenus infolvables , il lui reftoit le troifiéme pour la feureté de fa dette , & c'eft pour cela même que lors de l'obligation il avoit pris cette précaution de les faire obliger folidairement , & un feul pour le tout , pour fe mettre à l'abri du rifque de l'infolvabilité qui pourroit furvenir de quelqu'un d'eux , ce qui étoit fans doute un obftacle fuivant la Loi troifiéme , deja citée à la demande qu'il formoit contre ce debiteur folidaire , de renforcer l'obligation par de nouvelles affurances. Au lieu que dans l'efpece de notre Arrêt le Créancier n'ayant pris la caution que pour fortifier l'obligation du debiteur principal , dont il fufpectoit la folvabilité , on fe trouvoit dans le cas marqué par la Loi quatriéme deja citée de renforcement de la caution par fon infolvabilité furvenuë depuis le cautionnement.

Dans l'efpece de l'Arrêt rapporté par Robert , le Créancier n'avoit point exigé de caution de fes trois debiteurs , mais s'étoit contenté de leur obligation folidaire qu'il avoit reconnuë fuffifante , il étoit donc irrecevable à demander après coup un cautionnement.

CHAPITRE LXIII.

Si le fucceffeur au benefice en conféquence d'une refignation in favorem , *eft tenu d'executer le Contrat de bail à ferme pour le tems qui refte.*

LE fucceffeur au benefice n'eft pas regulierement tenu d'entretenir les baux à ferme paffés par fon predeceffeur , par la raifon qu'il tient fon droit , non de fon predeceffeur , mais du Collateur ordinaire du benefice , *Faber in fuo Cod. Lib.* 4. *tit.* 42. *definit.* 19. rapporte un Arrêt qui l'a ainfi jugé fur ce fondement.

Il n'en eſt pas ainſi du ſucceſſeur au benefice par reſignation *in ſui favorem* , la plus ſeine partie des Docteurs François , du nombre deſquels eſt Mornac ſur la Loi *Si quis* §. 1. *ff. locat.* ont tenu pour maxime conſtante, qu'il eſt obligé d'entretenir les baux à ferme paſſez par le Réſignant , & cette opinion a été adoptée par les differens Arrêts de ce Parlement. Ainſi on peut regarder la déciſion comme un point de Juriſprudence. Ce n'eſt pas qu'il n'y ait pluſieurs Canoniſtes ou Docteurs étrangers qui tiennent l'opinion contraire , & que le bail à ferme eſt reſolu par la réſignation même *in favorem* , par cette raiſon que le Réſignataire ne tient pas ſon droit du Réſignant , mais du Pape qui en admettant la réſignation confere le Benefice. Mais comme nous tenons pour principe en France , que le Pape ne peut ſans abus refuſer d'admettre une réſignation *in favorem* , il s'enſuit de ce principe , que nous donnons plus à la réſignation que les Ultramontains , & que la regardant comme le principal titre du ſucceſſeur au Benefice , nous lui donnons la force de pouvoir le lier & l'obliger de la même maniere qu'une donation univerſelle oblige le donataire , à raiſon de tous les Contrats paſſez par le donateur , parce qu'il eſt *loco hæredis.* Il faut en dire de même des baux à ferme paſſez par les Copermutans , parce que la permutation n'eſt autre choſe qu'une réſignation reſpective entre les mains de l'ordinaire.

On peut ici toucher deux queſtions qui ont rapport à celle qui fait la matiere de ce Chapitre , ſçavoir ſi après la diſſolution du mariage par mort , la femme eſt obligée d'entretenir le bail à ferme , de ſes biens paſſez par ſon mari en qualité de maître des biens dotaux , de même que le ſubſtitué , le bail à ferme paſſe par l'heritier grevé de la main duquel il tient le Fideicommis.

Le doute peut être pris de la Loi *9. Si quis domum* §. *hic ſubjungi ff. locat. conduct.* où le Juriſconſulte décide que l'heritier de l'uſufruitier n'eſt pas tenu d'entretenir le bail à ferme de ſon Auteur. Par la raiſon , que le Fermier a dû prévoir le cas de mort de l'uſufruitier , qui alloit le dépoüiller de tout droit fur les biens, *quia hoc evenire poſſe proſpicere debuit*, ce qui femble devoir être appliqué au mari, & à l'heritier grevé, qui ne font dans le fonds que fimples ufufruitiers des biens, puifqu'ils ne peuvent les tranſmettre à leurs heritiers.

Les Docteurs font partagez à l'égard du mari, les uns ayant tenu que la femme n'eft point obligée d'entretenir le bail à ferme des biens dotaux paſſé par fon mari, les autres au contraire qu'elle y étoit obligée. Ranchin *in quæſt.* 480. Guip. eft de cette opinion, que la femme ne peut expulſer le Fermier, il fonde fur la Loi *filio familias* §. *ſi vir ff. ſoluto matrim.* & fur l'autorité *d'Aufrer. in deciſ. Capell. Tholoſ.* 420. C'eſt encore la déciſion d'Alexandre fur ce paragraphe. Cujas fur cette Loi eſt d'avis contraire, par cette raiſon que fa difpofition doit demeurer reſtrainte au cas du divorce, dont la Loi parle, cas ! qui n'a pas dû être prévû par le Fermier, *quia caſum adverſamque, fortunam ſpectare neque civile, neque naturale eſt Leg. inter ſtipulantem* 83. §. *ſacram ff. de verbor obligat.* ce qu'on ne peut pas dire du cas de mort qui eſt toûjours certain.

Je me range du côté de ceux qui tiennent que la femme eſt obligée d'entretenir le bail à ferme, par les raiſons fuivantes, 1°. qu'il n'en eſt pas du mari comme d'un fimple ufufruitier, le mari étant reputé maître des biens dotaux ; (en forte qu'il peut deleguer les dettes dotales pour le payement des fiennes propres) il faut convenir qu'on le regarde fur le pié de veritable maître des biens dotaux, & que dans cette vûë les baux à ferme qu'il paſſe *conſtante matrimonio*, doivent être entretenus par la veuve.

2°. Qu'il n'y a point de difference entre le cas du divorce dont parle la Loi, d'avec celui de mort, quant à la diſſolution du mariage; le divorce operant le même effet de feparation de biens & de corps ; qu'ainſi la déciſion de la Loi reçoit fon application au cas de mort par identité de raiſon, fans qu'il ferve d'alleguer que le cas de divorce n'a pas dû être prévû par le Fermier, ainſi que le cas de mort ; car le divorce étant fréquent chez les Romains, ce cas tomboit naturellement dans la penſée des contractans tout comme l'autre , & on avoit lieu de le regarder même comme plus prochain que la mort du mari , puiſqu'il dependoit de ſa volonté qui pouvoit s'y porter à chaque inſtant de ſa vie.

Je croi donc que la femme eſt obligée d'entretenir les baux à ferme paſſez par ſon mari , ſelon l'uſage & les regles ordinaires des lieux ; en ſorte qu'en ſuivant la diſpoſition du paragraphe *ſi vir in quinquennio* , ſi la femme après la diſſolution du mariage veut expulſer le Fermier , elle eſt tenuë de l'indemniſer pleinement en lui rembourſant tous les dommages & interêts qu'il peut ſouffrir à cette occaſion. Automne ſur la Loi *Si filio familias* , cite des Arrêts qui ont jugé que la veuve devoit entretenir le bail paſſé par ſon mari.

Pour ce qui concerne l'heritier ſubſtitué , j'eſtime qu'il ne pût expulſer le Fermier qui a bail de l'heritier grevé en le dédommageant même. Par cette raiſon que l'heritier grevé eſt reputé dans le droit *ſicut hæres & Dominus* , & que la ſubſtitution pouvant devenir caduque par le predecès du ſubſtitué , le Fermier qui a contracté n'a pas dû enviſager le ſubſtitué , comme un ſucceſſeur certain , *Leg. ſubſtitutio ff. de acquir. rer. Domin.*

On peut obſerver ici que le pupille & le mineur ſont tenus d'entretenir les baux à ferme de leur tuteur ou curateur , ſuivant la doctrine de Ranchin *loco ſupra.* Ce qui ſe trouve ainſi jugé par les Arrêts rapportés par Mornac ſur la Loi *Minoribus* 2. *Cod. ſi tutor vel curat. intervenerit* , & par Chopin ſur la Coûtume de Paris , *Lib.* 2. *tit.* 7. *num.* 18. mais il faut que les baux à ferme paſſés par les tuteurs & curateurs ne ſoient point à longues années , & par anticipation , ou à vil prix , ce qui les rendroit ſuſpects de fraude de la part des tuteurs & curateurs.

CHAP.

CHAPITRE LXIV.

De la cauſe impulſive ou finale.

SI la queſtion decidée par l'Arrêt du 19. Janvier 1646. eût été jugée ſur les termes ſeuls de la donation , elle auroit ſans doute tourné à l'avantage du donataire ; en ſorte que l'heritier auroit été condamné au délaiſſement des biens donnés purement , & ſans cette condition que Vergnes donataire feroit tenu de ſe faire promouvoir à l'ordre de Prêtriſe dans trois ans. Mais les circonſtances qui accompagnerent cette donation , ou pour mieux dire les actes faits en conſéquence par le donataire, comme la publication de la donation à l'inſtar d'un titre Clerical , devoient être , ſelon moi , la veritable raiſon de décider que Vergnes feroit tenu de ſe faire Prêtre , s'il vouloit jouïr de l'effet de la donation.

A ſe regler par les termes dont la donation étoit conçûë, la Prêtriſe ne pouvoit être regardée comme cauſe finale , par deux raiſons ; la premiere, que le donateur n'impoſoit point à Vergnes la neceſſité de ſe faire Prêtre ; la ſeconde, que le motif de l'indigence du donataire étoit entré dans la démarche du donateur.

La Loi 2. §. 7. *ff. de donat.* explique bien clairement ce que c'eſt que cauſe finale , ou cauſe impulſive. Le Juriſconſulte appelle cauſe finale de la donation , la condition ſans laquelle la donation n'auroit point été faite ; en ſorte qu'il faut neceſſairement remplir cette condition pour jouïr de l'effet de la donation , comme par exemple je donne dix écus à Mævius, ſous cette condition qu'il achetera un tel champ , ſans quoi je n'aurois pas fait le don ; c'eſt la cauſe finale. Il appelle cauſe impulſive ce qui ne détermine point la donation , mais qui a rapport à un deſſein deja conçû par le donataire, comme ſi s'étant déja propoſé l'achat de ce champ , le donateur lui donne ces dix écus pour l'executer ; dans le premier cas, si le donataire ne fait point l'achat, il y a lieu à la repetition de la chose donnée ; dans le second il n'y a pas lieu, par cette raison que *causa magis donationis, quam conditio dandæ pecuniæ existimari debebit.*

C'est dans ce dernier cas que se trouvoit Vergnes, puisque le donateur s'étoit proprement déterminé sur le dessein déja conçû par Vergnes de se faire Prêtre, dont il avoit eu quelque connoissance, mais n'étant pas dit que la donation lui étoit faite sous cette condition qu'il se feroit Prêtre, la Prêtrise ne pouvoit être considerée comme la cause finale, mais simplement impulsive dans lesquelles conjonctures il y avoit lieu de faire subsister la donation, indépendamment de la Prêtrise de Vergnes. A quoi se joignoit l'autre motif pris de l'indigence de Vergnes énoncé par le donateur, qui établissoit d'autant mieux que la Prêtrise n'avoit été que la cause impulsive de la donation. Mais la démarche du donataire de faire publier comme titre Clerical cette donation, fit voir qu'il ne l'avoit acceptée que sous la condition de Prêtrise qu'il s'imposoit à lui-même, & comme cette condition étoit conforme aux vûës & à la pensée du donateur, la Prêtrise devint pour lui une condition *sine qua non*, de maniere qu'on crût avec fondement que Vergnes n'étoit plus libre de se faire Prêtre ou non, s'il vouloit joüir du fruit de sa donation.

La Loi 2. §. 7. qui vient d'être citée, est la regle qu'il faut suivre pour distinguer dans les differens cas la cause finale, d'avec la cause impulsive des donations.

CHAPITRE LXV.

Si le mineur peut être restitué envers la premiere restitution.

JE ferois difficulté fur la décifion de l'Arrêt rapporté dans ce Chapitre. Et je croirois que la reftitution en entier auroit dû être refufée aux freres donataires, & cela fur le fondement du paragraphe *fcævola* de la Loi 24. *ff. de minor.* qui reçoit felon moi fon application à l'efpece de cet Arrêt.

Il refulte du fait de ce procès, que le fecond donataire ayant accepté la donation fur la repudiation des premiers donataires, vendit du fonds des biens donnés pour la fomme de 1700. liv. & qu'il ajoûta à cette fomme de fes propres deniers, celle qui manquoit pour parfaire la dotation de la donatrice qui devoit faire fa profeffion dans le Convent de Ste. Urfule.

Cela pofé ce fecond donataire fe trouvoit dans les circonftances marquées par cette Loi, dans lefquelles le Jurifconfulte refufe la reftitution en entier au mineur, contre la repudiation qu'il a faite de l'heredité qui lui a paru onereufe. Ces circonftances font *fi jam diftracta hæreditate, & negotiis finitis ad paratam pecuniam laboribus fubftituti veniat.* Le fecond donataire avoit déja rempli ici la principale charge de cette heredité qui confiftoit au payement de la fomme de 3500. liv. de la dotation de la Religieufe, & en cela même il étoit d'autant plus digne de faveur, qu'il avoit procuré aux dépens de fon propre fonds un établiffement de la donatrice, qui pouvoit être regardé comme la caufe finale de la donation.

Le donataire devoit donc être envifagé comme un homme qui avoit par fes foins fini l'affaire principale de l'heredité, qui lui avoit été deferée fous ces conditions, non par le feul

fecours des fonds de l'heredité , mais par les reffources qu'il
s'étoit menagées dans les fiens propres ; & voilà ce qui devoit d'autant mieux exclurre les premiers donataires de leur
demande en reftitution felon la remarque de *Faber in ratio-
nalib. tit. de minorib.* fur ce paragraphe *fcævola , in verbo fi
vero jam diftracta* , où il obferve qu'après que celui qui a accepté l'heredité repudiée par le mineur à fini les affaires de
l'heredité , par le fecours de la vente des effets hereditaires ,
accompagnée de fes foins & de fa négociation , le mineur ne
peut être reftitué contre la repudiation. *Ratio decidendi* , dit-
il , *precium rei vendita non tam ex re ipfa , quam ex negotiatio-
ne percipitur. Ergo poft diftractas res hereditarias , finitaque negotia , non debet audiri minor , fi velit venire ad pecuniam par-
tam laboribus fubftituti.*

Ici le fecond donataire avoit non - feulement donné fes
foins & fa negociation à la vente du fonds de l'heredité ;
mais il avoit fourni la plus grande partie de la fomme neceffaire pour l'établiffement de la donatrice de fes propres deniers. Et en cela fa caufe étoit d'autant plus favorable que les
premiers donataires s'étoient rendus indignes de la liberalité
de la donatrice , en fe déchargeant par leur repudiation du
foin de fon établiffement , & l'expofant par-là au danger de
manquer à une vocation fi digne d'être fecondée.

Il eft bien fenfible que la donatrice fût penetrée de reconnoiffance à l'égard du fecond donataire , puifqu'elle prit foin
de confirmer la veille de fa profeffion l'acte de donation. Circonftance ? qui devoit être encore un motif d'exclufion pour la
demande des premiers donataires , & qui prouvoit qu'ils abu-
foient de l'énonciation de la donatrice , & du narré qu'elle
avoit fait de leur donation dans la feconde , en voulant in-
finuer que cette feconde n'avoit été faite qu'à caufe de leur
repudiation.

Pour ce qui concerne la queftion mife en théfe , fi le
mineur peut être reftitué envers la premiere reftitution , j'eftime qu'il doit être reftitué felon la difpofition expreffe de
la Loi *9. ait Prætor* , §. *reftitutus* , cité par l'Auteur , fans

que la Loi derniere au Code, §. *ult. Cod. de bon. quæ liber.* puisse faire obstacle, par la raison alleguée par Faber,
sur ce paragraphe *restitutus*, que le motif de cette Loi qui
dénie la restitution au fils mineur, envers la premiere restitution sur l'acceptation de l'heredité paternelle, est pris
du respect que le fils doit à la derniere disposition de son
pere, dont le mépris le rend pour toûjours privable de recuëillir le fruit de cette heredité. *Respondeo*, dit Faber, *spe-
cialem illius constitutionis rationem esse, propter autoritatem
consilii & judicii paterni, cujus fructu æquum est in perpetuum privari filium qui semel temere illud aspernatus est,*
Doctrine ? qui est conforme à celle d'Accurse.

Il faut donc restraindre la décision de cette Loi à la
personne du fils mineur, & à l'heredité paternelle, dont il
n'est pas permis de se joüer.

De ce qui vient d'être observé, il conste que le paragraphe *restitutus* qui est la regle, a deux exceptions ; la premiere se trouve dans l'espece du paragraphe *scævola* ; &
la seconde dans la Loi *Ult. Cod. de bon. quæ liber.*

C'est par ces distinctions qu'on doit démêler l'embarras
dans lequel ces differentes Loix peuvent jetter l'esprit, sur
la question qui fait la matiere de ce Chapitre. Le paragraphe *restitutus* est pour la thése, la Loi *Ult. Cod. de bon.*
est pour l'hypothése, de même que le paragraphe *scævola*,
& la Loi derniere, *Cod. de jur. deliberandi.*

CHAPITRE LXIX.

De la restitution des fruits du fonds du mineur vendu, sine decreto.

J E crois que l'acquereur du fonds du mineur, *sine decreto*,
le mineur ayant fait la vente sous l'autorité de son curateur, & la vente étant ensuite cassée, cet acquereur seroit

tenu de la reſtitution des fruits envers le mineur. Je fonde
ma déciſion ſur l'obſervation de la Gloſe *in verbo ſi non bona
fide*, de la Loi 2. *Cod. ſi quis ignorans*, *&c.* que l'acquereur eſt préſumé être de mauvaiſe foi, s'il a erré dans le
droit.

Or de-là, que l'acquereur avoit contracté avec le mineur,
ſans prendre les précautions requiſes par la Loi, qui ne permet pas l'alienation des biens du mineur *ſine decreto* ; il s'enſuit que l'acquereur ſeroit conſtitué en mauvaiſe foi, lorſque l'achat eſt fait d'un mineur, ſans l'autoriſation d'un
curateur ; & qu'on ne peut prouver que l'acheteur connût
ſa minorité, la Loi préſume *ex equitate* que cet acheteur
l'a crû majeur, & le diſpenſe de la reſtitution des fruits ;
en ſorte que pour détruire cette préſomption, il faut que
le mineur qui rentre dans le fonds, prouve que l'acheteur
connoiſſoit ſa minorité ; & qu'il étoit par-là conſtitué en
mauvaiſe foi : ſans quoi le mineur ne peut prétendre cette
reſtitution des fruits, *ſi non bona fide fuiſſe*, *qui emit conſti-
terit*, *Leg. 2. Cod. ſi quis ignorans*, *&c.*

Il eſt ſenſible que cette Loi ſe détermine à rejetter la
preuve de la mauvaiſe foi ſur le mineur, par un motif d'é-
quité en faveur de l'acheteur & du commerce des ventes &
achats qu'il eſt de l'interêt public de ſoûtenir ; car dans la
rigueur du droit, l'acheteur des biens d'un mineur devroit
être cenſé dans la mauvaiſe foi, & pour détruire cette préſomption, ce ſeroit à lui à prouver qu'il a eu juſte ſujet de
le croire majeur, par quelque circonſtance qui accompag-
noit la vente.

En effet, c'eſt une regle conſtante que celui qui contracte, doit être pleinement inſtruit de la qualité de celui
avec lequel il traite, *qui cum alio contrahit vel eſt*, *vel eſſe
debet non ignarus conditionis ejus*, *Leg. 19. qui cum alio &
ibi Gloſſ. ff. de reg. jur: paria enim ſunt ſcire*, *aut ſcire debere*, *& tam in culpa eſt qui ſcivit*, *quam qui ſcire debuit*,
Leg. Quod te & ibi Gloſſ. ff. ſi certum petatur.

Cela poſé, l'acheteur paroît n'être pas excuſable, d'alleguer fon ignorance fur la minorité du vendeur ; & il femble que pour l'en punir, il meriteroit d'être affujetti à la reftitution des fruits, comme préfumé acquereur de mauvaife foi.

Toutefois il faut décider le contraire, fur le fondement de la Loi 2. *fi quis ignorans*, & le décharger de cette reftitution de fruits, fi l'on ne prouve fa mauvaife foi au tems de l'achat, par la connoiffance qu'il auroit euë de la minorité du vendeur. C'eft ainfi que cette queftion avoit déja été jugée par Arrêt de la Cour le 13. Mars 1583. au Rapport de Mr. Catel, felon que nous l'apprend *Mr. Duranti, dans fa queftion 64. num. 5.*

CHAPITRE LXX.

De la regle, que les interêts font bornez à doubler la fomme capitale.

LEs interêts des fommes adjugées à la veuve pour bagues ou joyaux, ne peuvent exceder le double : c'eft ainfi que cette queftion fut jugée au Rapport de Mr. de Burta en la premiere des Enquêtes le 18. Mars 1702. entre le fieur Gabriel de Moreton d'Angerés, fieur Dumain, & la Dame Margueritte de Pelet, veuve dudit fieur d'Angerés.

La raifon en eft, qu'alors la femme *certat de lucro captando*, que ces bagues & joyaux étant un pur don du mari, il n'eft pas jufte d'accorder à la femme fur ce point le même privilege que pour fa dot. Je croi qu'il en faut dire de même de l'augment dotal ou donation *propter Nuptias*, & décider que les interêts qui ont couru dépuis la demande, ne doivent point exceder le double ; ce privilege devant être refervé pour la dot feule.

Il faut ici obferver que quand les interêts ne font dûs que dépuis l'interpellation judiciaire, il en faut neceffairement

former la demande par l'exploit introductif d'inſtance ; ſans
quoi la Cour ne les adjuge que dépuis la condamnation intervenuë ſur le capital : ainſi jugé en la Grand'Chambre le 17.
Août 1724. au Rapport de Mr. l'Abbé de Tournier , en faveur de Tournier contre Baillere.

Par Arrêt du 22. Mai 1715. rendu en la troiſiéme Chambre
des Enquêtes , au Rapport de Mr. de St. Laurens , entre
Robert & Claire Fabre ; il a été jugé que les interêts ne ſont
pas dûs du jour du commandement fait au débiteur , en exé-
cution des Lettres de rigueur ; mais ſeulement dépuis l'aſſignation. Cet Arrêt fait bien voir que la Cour ne traite pas favorablement la demande des interêts , puiſqu'à la rigueur il
ſemble qu'ils ſeroient dûs dépuis le commandement de payer ,
qui eſt une demande rigoureuſe , faite par le Créancier , qui
conſtituë le débiteur en demeure ; or les interêts qui ne ſont
pas dûs par la nature du prêt , ſont adjugez *propter moram de-*
bitoris , & cette demeure s'établit par la demande judiciaire
du Créancier ; la ſeule aſſignation étant regardée comme demande cet Arrêt , il faut conclurre qu'un ſimple commandement de payer non ſuivi , n'interrompt point le cours de
la preſcription.

Il faut obſerver ſur cette matiere d'interêts , qu'ils ne ſont
jamais dûs , ni des dépens d'un Procès , ni d'une ſomme provenant d'une liquidation de fruits , quoique compris dans un
Arrêt , ou dans une Tranſaction ils forment un capital ;
c'eſt ainſi que la Cour le juge conſtamment par ſes Arrêts :
la raiſon en eſt que l'interêt ne peut de ſa nature produire d'interêt.

CHAPITRE LXXI.

De la ceſſion priſe pour compenſer.

LEs Loix *per diverſas & ab anaſtaſio , Cod. mandati* , ont
paru ſi conformes à l'équité , qu'elles ont été favorablement

ment accuëillies par les differens Parlemens du Royaume,
quoique leur Jurifprudence ne foit point uniforme, les uns
ayant apporté des reftrictions, & des modifications à la difpofition de ces Loix, les autres leur ayant donné toute l'étenduë que leur fens peut meriter.

La Loi *per diverfas*, qui eft de l'Empereur Anaftafe, &
que Juftinien confirme avec éloge, détermine que le ceffionnaire d'une dette qui fait la matiere d'un Procès, ne peut prétendre ni repeter, fur le débiteur que la fomme précife, qu'il
a comptée au Créancier en prenant de lui la ceffion. Le
motif de la Loi eft tout-à-fait jufte, comme le remarque Juftinien, *in Leg. ab Anaftafio juftiffima conftitutio confcripta eft.*
En effet, rien n'eft plus odieux que cette efpece de ceffion-
naires, qui, fans aucun interêt anterieur à la ceffion, recher-
chent l'acquifition d'une action contre un débiteur, fouvent
accablé des dettes, & toûjours à plaindre par fa feule qualité
de débiteur. Voyons donc qu'elle eft la Jurifprudence des
Cours du Royaume fur ces Loix.

Le Parlement de Paris comprend fous la difpofition de ces
Loix, toute dette fur laquelle il y a Procès intenté, & dont
on fait ceffion, *Charondas refponf. Liv.* 7. *Chap.* 54. Loüet &
Brodeau, *Lettre C, Somm.* 13. *& Chenu fur Papon, Liv.* 12.
tit. 1. *art.* 1. atteftent que c'eft la Jurifprudence du Parlement,
& rapportent des Arrêts conformes.

En forte que toutes les fois qu'une action eft intentée au
fujet d'une dette, par où la chofe tombe en litige, (quoique
la dette foit liquide par elle-même, & le droit certain,) fi cette
action eft cedée à un tiers, il ne peut repeter fur le débiteur,
que ce qu'il a précifement débourfé dans l'acquifition de cette
action : Voilà la veritable difpofition de ces Arrêts ; le Parlement de Dijon le juge de même, comme le rapporte *Bouvot,*
Tom. 1. *part.* 3. *fous le mot dette.*

Le Parlement de Bordeaux a reftraint la difpofition de ces
Loix aux feules dettes illiquides, & dont le droit n'eft pas
certain ; mais pour les droits certains & liquides, le ceffionnaire peut les repeter entiers fur le débiteur ; cette Jurifpru-

dence est attestée aux nottes sur le Peyrer. Lettre **C** , N °. *6.* & au N°. 7. il y est rapporté des Arrêts de préjugé.

La Loi *per diversas* , n'admet point cette distinction , entre les droits certains & liquides , & ceux qui ne le sont pas ; elle fait mention en général des droits acquis , au moyen desquels on peut exercer une vexation dans un Procès intenté à ce sujet, *comperimus quosdam alienis rebus fortunis que inhiantes cessiones aliis competentium actionum in semet exponi properare, hocq. modo diversis personas litigatorum vexationibus afficere ;* il est vrai que l'Empereur y suppose qu'on n'a pas coûtume de ceder à un tiers un droit certain , & qu'on l'exerce ordinairement soi même , *cum certum sit pro indubitatis obligationibus eos magis , quibus antea suppetebant jura sua vindicare , quam ad alios ea transferre velle.* Mais il ne s'ensuit pas de cette supposition que si le droit est certain, le cessionnaire ne doive également subir la disposition de la Loi, puisqu'il y a même raison d'un cas à l'autre , & que dans tous les deux , la raison déterminante de la Loi subsiste, qui est d'empêcher l'achat des actions qui font la matiere d'un Procès , & les vexations qui se commettent à ce sujet, & c'est ce que la Loi déclare en ces termes, *per hanc itaque Legem, jubemus in posterum hujusmodi conamen inhiberi. Nec enim dubium est redemptores litium alienarum videri eos esse , qui tales cessiones in se confici cupiunt.*

La Loi regarde donc cette espece de cessionnaires comme de vrais acheteurs de Procès , *redemptores litium alienarum ,* & en ce sens elle réprouve toutes les acquisitions d'actions , qui peuvent être faites à ce sujet contre un débiteur , & les restraint précisément à la somme déboursée *ad ipsam tantum modo solutarum pecuniarum quantitatem ;* ainsi que la cession soit faite pour droit certain ou illiquide , si elle se rencontre d'ailleurs dans les circonstances marquées par la Loi , elle est également soûmise à sa décision , puisque (comme on l'a remarqué) la raison décisive de la Loi subsiste dans les deux cas.

C'est cette même raison qui a reglé la Jurisprudence de la Cour en cette matiere. Les Arrêts qui ont été rendus ont don-

né à la Loi *per diverfas* une extenfion conforme à fon vrai
fens. Me. Albert, Lettre C, fous le mot ceffion de droit art.
6. rapporté des Arrêts du 23. Février 1640. du 14. Février
1647. dont le premier rendu contre les Chartreux, a jugé
que la feule affectation d'acquerir un droit, marquée par la
précipitation du ceffionnaire à intenter Procès là-deffus, le
faifoit tomber dans le cas des Loix *per diverfas & ab Anaf-*
tafio. Le fecond, rendu contre un Païfan, qui ne pouvoit
être foupçonné dans la ceffion qu'il avoit prife d'un décret,
que d'avoir voulu faire une acquifition à fa bienféance fans
intention de chicane ni de vexation ; par lequel Arrêt
le débiteur qui rifquoit fa ruïne par cette ceffion, fut reçû
à rembourfer ce Païfan, ceffionnaire du prix de l'achat, de
l'action , & le même Compilateur obferve que toutes les
fois que les Juges remarquent que telles ceffions ont été re-
cherchées par quelqu'un *vexandi caufa*, fur-tout quand c'eft
contra miferabiles perfonas, en matiere de décret, les Cours
ne le fouffrent pas, & c'eft ce qui fait felon lui, la difference
des Arrêts, dont la décifion dépend des circonftances particu-
culieres qui accompagnent ces ceffions.

Ainfi quoique la chofe cedée foit liquide , fi l'on peut conjecturer que la ceffion a été prife *vexandi animo* ; le ceffionnaire eft dans le cas des Loix citées felon la Jurifprudence de
la Cour, quoiqu'il n'y eût point de Procès intenté à ce fujet,
ce qui eft à la verité une extenfion des Loix citées ; mais conforme néanmoins à leur efprit.

Il faut ici obferver qu'on n'a pas befoin d'impêtrer de Lettres en caffation des ceffions , & qu'on y eft recevable même
après dix ans fur la fimple demande, ainfi qu'il a été jugé par
Arrêt du 20. Mai 1724. au Rapport de Mr. de Lombrail en la
Grand'Chambre, en faveur de la Dame de Chaunel, époufe
de Me. Aftruc Profeffeur en Medecine de Montpellier, contre le fieur Puech, qui oppofoit une fin de non recevoir, fondée fur ce que la Dame d'Aftruc ne s'étoit pas pourvûë dans
les dix années de l'Ordonnance, concernant la récifion des
Contrats.

Z ij

CHAPITRE LXXII.

De la lesion intervenuë dans une division d'heredité, ou dans une transaction.

LA raison pour laquelle dans le partage de l'heredité paternelle, le frere lezé d'un quart peut revenir contre la division, peut être prise de la Doctrine de Ferr. sur la quest. 289. *Guip.* que les freres doivent être égaux en toutes choses dans le partage de l'heredité, *nam fratres*, dit il, *per omnia in divisionibus faciendis æquales esse debent.* C'est pour cela que pour approcher de cette égalité, il suffit que la lesion soit du quart de ce qui devoit tomber en partage, pour en demander la récision, *si enim notabilis inveniatur læsio nempè ad quartam vel ut loquitur* du quart au tout l'on peut agir à nouveau partage, & avoir Lettres à cet effet : c'est le langage de *Mornac* sur le paragraphe dernier de la Loi 20. *ff. familiæ ercisc.* Mais il faut venir dans les dix ans du jour du partage, & se pourvoir contre, par Lettres suivant la Doctrine de Charond. *respons. Liv. 6. Chap. 3.*

Il y a de Docteurs qui ont tenu que quand le partage avoit été fait par sort, il ne pouvoit être attaqué par la voye de la lesion même énorme, Fachin. *controvers. Lib. 8. cap. 36.* fait mention du conflit d'opinions qu'il y a là-dessus. Toutefois il a passé dans la pratique qu'il suffit que la lésion soit d'un quart dans le partage par sort, reglé même par une Transaction, pour qu'on puisse en réclamer, Charondas *loco supra*, & Mornac.

Pour ce qui concerne les Transactions entre majeurs, elles ne peuvent être rescindées sous prétexte de lesion quelle qu'elle puisse être, suivant la disposition de la Loi 78. *§. ult. ff. ad Trebell.* à quoi se trouve conforme l'Ordonnance de Charles IX. données à Fontainebleau au mois d'Avril 1560. qui porte par exprès que nul ne sera reçû à impugner les Transactions passées sans dol ou force, sous prétexte de lesion d'outre moitié du juste prix, ou autre plus grande quelconque, & ce qu'on appelle *dolus re ipsa.*

LIVRE VI.
DES SAISIES, DECRETS,
ET ALLOCATIONS.

CHAPITRE PREMIER.

Du droit d'offrir.

PAr la difpofition du droit Romain , & la décifion de
l'Empereur Alexandre *in Leg.* 1. *Cod. fi antiquior cre-*
dit pign. vendid. Le fecond Créancier a droit d'offrir au premier qui fe trouve nanti de la part du débiteur de la chofe
hypothéquée à tous les deux , les fommes qui lui font dûës ,
& le premier Créancier ne peut refufer l'offre , & fe trouve
contraint de délaiffer la poffeffion du fonds.

C'eft fur le fondement de cette Loy, que ce Parlement admet à ce droit d'offrir le fecond Créancier , après la vente
même judiciaire faite au premier , & qu'elle le condamne à
faire le défiftement du fonds fujet à l'hypothéque , en recevant tout ce qui lui eft dû en capital, interêts & dépens, ce
qui eft conforme à la doctrine de Mr. Duranti *quæf.* 51. *n.*
2. qu'il juftifie par des raifons de droit très-folides.

Mais ce droit d'offrir n'a lieu, que lorfque le fecond Créancier ne peut avoir de prife fur d'autres biens du débiteur , &
que l'adjudication par decret les abforbe , & emporte totale-
ment Duranti *eod. loco.*

Z iij

Ce droit est fondé sur des motifs d'équité , & sur cette regle *concedendum est facile uni quod alteri non nocet.* Le second Créancier en effet trouve d'un côté , dans cette offre acceptée la sûreté de sa Créance , & le premier Créancier est de l'autre pleinement indemnisé de tout ce qu'il peut prétendre sur les biens de son débiteur.

Ce droit est même restraint par la Loy aux Créanciers hypothécaires , les Chirographaires n'en pouvant user *Leg.* 10. *Cod. qui potior in pign. habeant & ibi doctor.*

Par l'ancien droit les Créanciers postérieurs ne pouvoient poursuivre la vente judiciaire du fonds hypothequé , c'étoit un privilege reservé au premier Créancier *Leg. & quæ* 15. §. *qui res suas , ff. de pignor. Leg.* 8. *diversis Cod. qui potior in pign. habeant.* Et cela même donna lieu au droit d'offrir , que les Loix accorderent aux Créanciers postérieurs par un motif d'équité , & pour la conservation de leurs hypothéques.

Suivant la pratique de ce Royaume , il est permis à tous Créanciers de poursuivre la vente judiciaire des biens de leur débiteur , quoique le premier Créancier en ait été nanti par engagement ; & voilà ce qui a donné lieu à Loyseau de dire *Liv.* 3. *Chap.* 8. *num. 66. des Offices* , que le droit d'offrir n'est point reçû en France. Mais par la Jurisprudence de ce Parlement , il subsiste dans les cas marqués dans ce Chapitre.

Il semble même qu'il faudroit recevoir l'offre du Créancier perdant , contre le Créancier anterieur après l'expedition du décret & mise en possession pendant les dix années , quoiqu'il eût été appellé dans l'instance de decret , & cela par ce même motif d'équité qui a introduit le droit d'offrir , le Créancier decretiste se trouvant pleinement dédomagé , n'a pas lieu de se plaindre s'il est depossedé , & le Créancier perdant trouve dans la reprise des biens decretez une ressource de dédomagement ; d'ailleurs il peut arriver que pendant l'instance de decret , le Créancier appellé n'a pas eu de l'argent comptant pour faire une offre réelle au Créancier privilegié , auquel cas il seroit dur pour lui d'être exclus de ce droit, & de ne pouvoir profiter de la grace que la Loi lui accorde. Tant que le premier Créancier jouït les biens du débiteur comme Créancier, & par un titre qui n'est pas incommutable, puisqu'il peut être depossedé par la voye du rabatement, & que pendant tout le tems accordé pour ce rabatement le decretiste ne jouït proprement des biens que *jure pignoris*, & comme Créancier.

La prescription contre le droit d'offrir, ne court point pendant l'instance en rabatement de decret, poursuivie par celui à qui ce droit est accordé, en sorte qu'on ne comprend point dans les dix ans accordés pour exercer ce droit d'offrir depuis la mise en possession, le tems qui s'est écoulé durant le cours de la demande en rabatement. Par cette raison qu'on ne peut imputer de negligence à celui qui n'a cessé d'agir, suivant la décision de la Loi 16. *Cod. de inoff. de testam.* & la doctrine des Interprêtes *eod.*

Ce droit d'offrir ne compéte même au Créancier, qu'après la discussion par lui préalablement faite des biens de son debiteur non compris au decret, & en cas d'insuffisance de ces mêmes biens. Ces deux questions furent ainsi décidées en la troisiéme Chambre des Enquétes le 19. Août 1720. au rapport de Mr. Gaillard, entre Catherine Rudavel de Montpellier, & Fournier.

Le droit d'offrir n'ayant été introduit que pour favoriser le second Créancier perdant, il doit cesser dès que ce Créancier peut avoir prise sur d'autres biens du débiteur non compris au décret.

Quand un des Créanciers alloüés meurt pendant l'instance de la poursuite du decret, & que le Procureur du decedé dénonce son decès au Créancier poursuivant le décret, il suffit que ce Créancier poursuive la reprise de l'instance avec l'heritier, & les Curateurs decernés aux biens du discuté, sans que ce Créancier poursuivant soit tenu de réprendre cette même instance avec tous les autres Créanciers de la distribution, & de faire à ce sujet des sommations à chacun de leurs Procureurs.

C'eſt ainſi que la Cour l'a jugé par un Arrêt rendu en la troiſiéme Chambre des Enquêtes au rapport de Mr. l'Abbé de Mariote le 14. Juillet 1714. en faveur du Syndic des Religieuſes de la Viſitation du St. Eſprit, contre les Créanciers de la diſtribution de biens de François Cornet.

Les Créanciers oppoſoient pour nullité du decret expedié à ce Syndic, le défaut de repriſe d'inſtance avec eux, & de ſommations faites à leurs Procureurs, & demandoient que les ſurdites fuſſent reouvertes, mais leur demande fut rejettée.

C'eſt un point de Juriſprudence de ce Parlement, qu'après dix ans écoulés de la miſe en poſſeſſion, le Decretiſte n'eſt tenu de remettre d'autre piéce de la procedure que le decret & miſe en poſſeſſion dûëment ſignifiés, & que le diſcuté qui attaque le decret par la voye de la nullité (ce qui eſt permis pendant 30. ans) doit faire foi lui-même par la remiſe des piéces, des nullités intervenuës au decret, il y a un Arrêt de la troiſiéme Chambre des Enquêtes qui l'a ainſi jugé au rapport de Mr. l'Abbé de Mariote, en datte du 20. Novembre 1715. entre Jean Eldin, & Eſtienne Leyris, ce qui eſt conforme à la doctrine de Graverol ſur la Roche, *Liv.* 2. *tit. des decrets art.* 67. ce même Arrêt jugea que l'enchere ſurabondante couvre les défauts, & nullités des criées.

CHAPITRE   V.

De l'allocation des interêts des reparations & des lods & ventes, payez par l'acquereur.
Des interêts du quanti minoris.

L A cauſe des reparations neceſſaires, utiles & permanentes, eſt encore plus favorable que celle du Precaire, puiſque ſuivant l'Arrêt du Parlement de Paris de l'année 1597. rapporté par *Charondas en ſes Obſervations ſous le mot hypothéque,*

théque, un Maſſon pour ſemblables reparations faites à une maiſon, fut preferé ſur la vente de cette maiſon à celui qui avoit la ſubrogation au Precaire du vendeur. Il faut donc donner le même privilege dans la diſtribution des biens du proprietaire de cette maiſon, à celui qui a fourni aux fraix de ces reparations, s'il a la ſubrogation du Maſſon ou Archi-tecte, & l'alloüer ſur la vente ſéparée par privilege au Pré-caire pour le capital & interêts, puiſqu'il eſt de maxime qu'on ne ſépare point ici les interêts du capital, & qu'ils mar-chent au même rang, ainſi que ceux du Précaire.

Je croi qu'il faut décider avec Duperier, que le vendeur ne doit point les interêts du *quanti minoris*, à l'acheteur de-puis le jour qu'il a reçû le prix, par les raiſons qu'il a lui-même très-doctement employées, qui font que les Loix n'ont jamais donné à l'acheteur que le *quanti minoris*, ſans parler des in-terêts, ni expreſſement, ni tacitement, & que les interêts ne peuvent être dûs à l'acheteur, puiſqu'il n'a été privé d'aucun fruit, ni d'aucune commodité de la choſe venduë depuis le tems de la vente juſques à l'éviction de la directe, le ven-deur ne pouvant être en demeure qu'après que l'acheteur l'a fait aſſigner en condemnation du *quanti minoris*, & pour de-mander l'indemnité.

A quoi l'on peut ajoûter que par la Juriſprudence Moder-ne de la Cour, cette indemnité étant renvoyée à l'eſtima-tion d'Experts eſt illiquide & indeterminée juſques au mo-ment de la liquidation qui en eſt faite, & ne peut conſe-quemment produire des interêts depuis le jour que le vendeur a reçû le prix, parce que le capital n'eſt formé que par cette liquidation, & que le débiteur n'eſt en demeure que depuis la demande judiciaire ; ce fut avec juſte raiſon que la doctrine de Duperier l'emporta dans le partage qui fut formé ſur cette queſtion lors de l'Arrêt de l'année 1695.

Il y a un Arret de ce Parlement rendu au rapport de Mr. de Progean le 5. Septembre 1690. entre Nogaro, Dufour, & le Syndic du College de Ste. Catherine qui a decidé en Theſe, qu'il n'eſt point dû d'interêt du *quanti minoris*, par la raison que l'Acquereur d'un fonds vendu allodial, & qui néanmoins se trouve sujet à une censive n'a point de titre pour les prétendre, la demande en étant faite *condictione indebiti*, & comme ayant payé du fonds plus qu'il ne valoit. Les interêts ne lui sont point dûs, puisque *l'indebitum* non plus que le *mutuum* n'en produit point ; mais d'ailleurs il doit suffire à cet Acquereur que le vendeur soit condamné à le dédomager de tous les lods, ventes, arrerages, & dépens, jusques au jour qu'il est payé du *quanti minoris*.

Quoiqu'il soit d'usage d'alloüer les interêts au même rang que le capital dans la vente separée d'un fonds, néanmoins si le prix de cette vente est insuffisant pour le payement du capital & des interêts, le Créancier ne peut au préjudice des autres prétendre la même allocation sur les autres biens du discuté, & il ne doit pour les interêts qui lui restent dûs, être rangé sur ces mêmes biens qu'après les capitaux. La regle qui permet au Créancier l'imputation *prius in usuras*, ne pouvant avoir lieu qu'entre le débiteur & le Créancier, mais nullement au préjudice des autres Créanciers d'une distribution ; c'est ainsi que la question fut jugée le 26. Mars 1693. au rapport de Mr. Projean après partage porté de la premiere des Enquêtes, à la seconde Compartiteur Mr. de Boutaric dans la distribution generale de Moyse Vesi.

CHAPITRE VI.

Des interêts des arrerages de rente liquidez par le Fermier, ou par le Seigneur, & de la restitution des fruits liquidée à une somme.

SElon le droit Romain, les interêts des fermages sont dûs, depuis que le Fermier se trouve en demeure d'en faire le payement, *Leg.* 54. *ff. locati conduct.* Mais par la Jurisprudence des Arrêts de ce Parlement, l'interêt n'est adjugé que depuis l'interpellation judiciaire.

Il en eft autrement d'une reftitution de fruits, puifque les interêts n'en font point dûs même depuis la demande judiciaire. Ainfi qu'il fut jugé en la troifiéme Chambre des Enquêtes le 10. Septembre 1715. au rapport de Mr. l'Abbé Mariote, entre Pierre Delas, & Pierre Nodon, cet Arrêt ne fert qu'à confirmer celui dont fait mention notre Arretifte, rendu au rapport de Mr. de Caffagnau, & dont il ne rapporte point la date.

CHAPITRE IX. *&* X.

IL y a un privilege des Tailles, qui eft reftraint à celles des trois dernieres années, c'eft celui de pouvoir agir par execution parée, & d'ufer de faifie en vertu du livre d'impofition fans condemnation préalable, mais après les trois années le Collecteur (a qui des arrerages font dûs) eft obligé de prendre la voye de l'affignation contre le cottifé, & de pourfuivre la condemnation en vertu de laquelle il peut faire faifir & faire ordonner la vente feparée du fonds fujet à la Taille, pour être payé par préference à tous Créanciers anterieurs du débiteur, c'eft la Jurifprudence des Parlemens, & des Cours des Aydes.

Le Collecteur a feul ce privilege; car fi un tiers avoit preté de l'argent au cottifé pour le payement de fa Taille, (quoiqu'il conftat que les deniers y ont été employés) & qu'il eut fubrogation de celui qui a fait l'emprunt, ce qui fuffit regulierement pour avoir la fubrogation au droit du Créancier fuivant la difpofition du droit, *Leg. fi ventri ff. de rebus auctorit. &c.* ce tiers n'auroit pourtant point de privilege fur le fonds, mais feulement une action perfonnelle contre le débiteur cottifé.

Pour jouïr du privilege du Collecteur, il faut avoir de lui une fubrogation expreffe à fon droit, *Leg. 3. fi cum pecuniam & ult. Cod. de privileg. fifc.*

C'eft ce qu'à obfervé le Docte Mr. Cujas *obfervat. Lib.*

18. *cap. ult.* où il diſtingue les droits qui compétent au fiſc *in actionibus perſonalibus*, d'avec ſes droits réels ou hypothé-caires, tels que ſont les tailles. Dans les premiers, il ne faut point d'autre ſubrogation que celle qui compéte *tacito intel-lectu*, par le payement qui ſe trouve fait des mêmes deniers empruntés pour cela, ſuivant la Loi *Si ventri* déja citée. Dans les ſeconds, il faut une ſubrogation expreſſe, ſuivant *la Loi ult. & 3. de privileg. fiſci.*

Quoique le Collecteur doive être payé en capital & dé-pens, par préference à tous Créanciers ſur le fonds ſujet à la taille, il n'a pourtant pas droit de demander les interêts des tailles, qui ne ſont jamais alloüés *propter moram debi-toris.*

C'eſt une regle des Contrats que l'hypothéque ſe prend du jour & datte de l'obligation; *in ſtipulationibus id tempus ſpectatur quo contrahimus*, *Leg.* 18. §. *ſi filius familias ff. de reg. jur.* Les parties ſe lient alors mutuellement les unes en-vers les autres; en ſorte que toutes leurs ſtipulations con-ditionnelles, où termoyées ont un effet retroactif, & remon-tent au tems du Contrat, *Leg.* 78. *ff. de verbor obligat.* Ainſi il ne peut être revoqué en doute, que le proprietaire d'un fonds n'ait hypothéque ſur les biens du Fermier du jour & datte du Contrat de bail à ferme, quoique la ferme n'ait commencé qu'un an après, mais on peut douter ſi cette hy-pothéque doit remonter au tems du Contrat pour tous les ar-rerages des rentes, & ſi au préjudice des Créanciers inter-mediaires, & qui ont contracté avec le Fermier, la premiere année de ſon bail par exemple, le proprietaire doit être al-loüé dans la diſtribution des biens du Fermier, par préference pour les arrerages dont il eſt débiteur, poſterieurement aux obligations qu'il a contractées.

J'ai déja obſervé que le Collecteur n'a jamais droit de de-mander les interets des tailles; par la raiſon que les Su-jets du Roi ſont aſſez chargez par cette impoſition, ſans les ſurcharger par le payement des interêts; toutefois ſi le débiteur de la taille conſent à l'égard du Collecteur un Con-

trat de conftitution de rente, en payement du montant de
la Taille, ce débiteur eft affujetti au payement de cette rente,
& ne peut s'aider de la maxime, que les tailles ne produifant
point d'intérêt, le capital qui fait le fonds de la rente conftituée, ne peut produire des fruits qui tiennent lieu d'intérêts;
c'eft ainfi que la queftion fut jugée en la premiere Chambre
des Enquêtes le 28. Fevrier 1695. au Rapport de Mr. de Ref-
feguier, après partage porté en la deuxiéme, Compartiteur
Mr. l'Abbé Tournier, dans la caufe d'Antoine Prevot, & de
Matthieu Pagés.

Dans l'efpece de cet Arrêt, Matthieu Pagés étoit demandeur en caffation du Contrat de conftitution de rente au de-
nier vingt par lui confenti, en faveur de Prevot, pour la fomme de 300. liv. de tailles qu'il lui devoit en qualité de Collecteur, l'Arrêt confirma le Contrat, & condamna Pagés au
payement de la rente conftituée.

Pour ce qui concerne les dépens expofez par le Seigneur
directe, pour la pourfuite de la condamnation de la cenfive ou
arrerages dûs; il y a un Arrêt de ce Parlement rendu après
partage porté de la troifiéme Chambre des Enquêtes, & vuidé en la premiere au Rapport de Mr. de Cazes, Compartiteur
Mr. de Ferrand Caftillon, en datte du 30. Juillet 1707. par
lequel il fut jugé que les dépens dont il s'agit n'avoient point
le privilege de la rente ou cenfive, d'être allouées au même
rang, fur la vente feparée du fonds, il y avoit à la verité cette
circonftance que c'étoit le Fermier du Seigneur qui avoit fait
la pourfuite; mais elle ne me paroît point decifive, parce que
les Arrêts qui ont accordé au Seigneur ce privilege d'être
alloüé par préference à tous Créanciers, non feulement pour
les arrerages dûs; mais pour les dépens des condamnations
obtenuës, ne fe font déterminez que fur le privilege du Seigneur fur le fonds qui eft réel, & confequemment tranfmiffible
à fon Fermier.

Cet Arrêt du 30. Juillet 1707. paroît plus conforme à cette
équité, qui doit fervir de regle aux jugemens des Tribunaux
fuperieurs, que celui du 21. Avril 1667.

A a iij

En effet de donner cette préference au Seigneur directe
pour des dépens qui font accidentels , & que les Créanciers
intermediaires de l'Emphyteote n'ont pâ prévoir , c'eft porter atteinte aux droits des Créanciers , & à la faveur du commerce des Contrats fi protegé par les Loix : c'eft déranger
l'ordre des hypotheques établi par la Loi , & étendre au Seigneur directe un privilege refervé pour les deniers Royaux.

CHAPITRE XI.

Si les Créanciers anterieurs peuvent agir contre les pofte- rieurs qui ont été payez par l'heritier fous benefice d'inventaire.

LA Loi derniere , §. *fin vero creditores* , *Cod. de jur. deliber.* citée par l'Auteur eft decifive , pour autorifer la
difpofition de l'Arrêt du *6.*Avril 1663. Cette Loi ne peut être
entenduë du cas où les Créanciers anterieurs font mis en poffeffion des biens de leur débiteur , puifqu'il refulte de fon texte que les heritiers fous benefice d'inventaire , avoient donné
aux Créanciers poftericurs des biens de l'heredité en payement de leurs hypotheques. *Sin vero hæredes res hæreditarias,
pro debito dederint in folidum , vel per dationem pecuniarum
fatis eis fecerint , liceat aliis creditoribus qui ex anterioribus
veniunt hypothecis , adverfus eos venire ; & à pofterioribus creditoribus fecundum Leges eas abftrahere vel per hypothecariam
actionem , vel per condictionem ex Lege, nifi voluerint debitum
eis offerre.*

Il faut ici obferver, que le Créancier qui a reçû de la main
du débiteur la chofe à lui hypothequée , & à d'autres Créanciers , ne peut la poffeder que *jure pignoris* ; mais non à titre
de proprieté ; c'eft ce qu'on peut recuëillir de la Loi 1. *Cod. fi
antiquior. credit. pignor. vendid.* où l'Empereur décide , que
tant que le premier Créancier fe trouve nanti , ou par vente

faite par le débiteur, ou par autre titre de la chose hypothéquée, le second Créancier a droit de le déposseder, en lui
offrant ce qui lui est dû; & c'est ce qu'il ne peut faire à l'é-
gard du tiers acquereur, à qui le premier Créancier l'a venduë en vertu du pacte aposé à l'obligation, par la raison, que
cet acquereur la possede *jure proprietatis*, qui est un titre incommutable, au lieu que le titre du Créancier n'est qu'un
simple gage ou nantissement, tant qu'il y a d'autres Créanciers hypothecaires, qui peuvent lui évincer la chose, en
offrant ainsi qu'il leur est permis, & par la Loi *Si antiquior*,
& par la Loi *Ult. Cod. de jur. deliber.*

De ces maximes, il faut conclurre que les Créanciers pos-
terieurs, qui au préjudice des anterieurs, ont reçû des mains
de l'heritier beneficiaire des sommes ou des fonds en payemens, peuvent en être évincez pendant 30. ans, & que ce
n'est point le cas de prescrire l'hypothéque dans les dix années, puisqu'il faut être pour cela tiers acquereur, & possesseur du fonds sujet à cette hypothéque, *jure proprietatis.*

CHAPITRE XII. *&* XIII.

C'Est un point de Jurisprudence de ce Parlement que le
rabatement de décret est personnel au discuté, & qu'il
ne peut être transmis ni par cession ni par donation ; outre les
Arrêts rapportez dans ce Chapitre, on en trouve dans Graverol sur la Roche, *Liv. 2. tit. des décrets art. 1. §. 14.*

Pour ce qui concerne les enfans, il a été jugé par Arrêt
d'Audience du *6.* Juillet 1720. plaidans Mes. d'Astruc & Favier dans la cause du sieur Charanton de Montpellier, contre
Tandon fils, que le fils émancipé ne peut *vivente patre* demander le rabattement de décret de ses biens.

C'est encore un point de Jurisprudence que quand le décret émane d'une Cour superieure l'action en rabattement,
ne dure que dix ans du jour de la mise en possession, & 20.
ans, au lieu de trente qu'elle duroit, s'il émane d'un Juge su-

balterne ; c'eft ainfi que la queftion fut jugée le 16. Juillet 1718. dans la caufe de Savin & Bonioli , plaidans Mes. de Montaudier & Aftruc , & le 7. Septembre 1720. pour la Dame de Chaunel , époufe de Me. Aftruc, Profeffeur en Médecine de la Faculté de Montpellier , plaidans Mes. d'Aftruc & Boubée.

Il y a une exception à faire pour les décrets qui émanent des Cours fuperieures fur le fait des Tailles , l'action en rabattement dure 30. ans , fuivant l'obfervation de Graverol *loco fupra* , & de *Philippi art.* 173. en fes Arrêts ; mais la reftitution des fruits n'eft point dûë *Philippi eod.*

Le tems ordinaire du rabattement , court irrévocablement contre les pupilles & mineurs , à l'exemple de celui du retrait lignager ; la raifon en eft , que le rabattement eft une pure grace , & que par le droit du Code , le terme fatal de ce rabattement étoit deux années , au lieu que par la Jurifprudence des Arrêts , ce tems étant porté beaucoup au-delà , les pupilles & les mineurs n'ont point à fe plaindre fi le délai court utilement contr'eux.

Albert, Lettre **D** , *in verbo decret* , rapporte un Arrêt d'Audience de la Cour du mois de Janvier 1626. par lequel il fut decidé qu'on ne peut être reçû dans les dix années même au rabattement contre un tiers acquereur des biens decretez.

L'Arreftographe ne rapporte point le motif de cet Arrêt , il peut être fondé fur ce que le tiers acquereur ne poffede point les biens *jure pignoris* , ainfi que le Décretifte , mais à titre incommutable de proprieté ; qu'ainfi le décret étant denaturé par cette alienation , le difcuté n'a plus la même action de rabattement , qui fe dirige contre l'adjudicataire. Toutefois il feroit aifé d'aneantir le rabattement , & d'en éteindre abfolument l'action par cette voye oblique , en faifant paffer collufoirement les biens decretez en la main d'un tiers , d'abord après la mife en poffeffion. Mais d'ailleurs le tiers acquereur , ne pouvant ignorer la qualité de Décretifte du vendeur , a pû prévoir le rabattement , & doit s'imputer s'il a fait une

acquifition

acquifition qui pût lui manquer par cette voye. En forte que je croi que le rabattement doit avoir lieu contre le tiers ac-quereur.

Il y a deux Arrêts de ce Parlement qui l'ont ainfi jugé, le premier en datte du 23. Mars 1724. rendu en la Grand'Chambre, plaidans Me. d'Aftruc pour le fieur Laval Décretifte, & Me. David pour le fieur Bancal demandeur en rabattement, Laval fut condamné à délaiffer à ce demandeur tous les biens compris au décret, même deux piéces par lui venduës, quoi-qu'il eût donné fa Requête pour en imputer la valeur.

Le fecond Arrêt fut rendu le 20. Mai 1724. au Rapport de Mr. de Lombrail, en faveur de la Dame de Chaunel, épou-fe de Me. Aftruc, Profeffeur en Médecine de Montpellier, contre le fieur Puech Décretifte du bien de ladite Dame, Puech qui en avoit aliené Partie, fut condamné à en procurer le délaiffement.

Il y a un Arrêt de la troifiéme Chambre des Enquêtes, rendu à l'Audience le 13. Février 1720. plaidans Mes. d'Af-truc & Favier, qui réfufa à Catherine Radavel, Créanciere pour fa legitime de Claude fon pere, le rabattement du dé-cret de fes biens contre Fournier Décretifte, fur ce fonde-ment que le décret avoit été pourfuivi fur la tête d'Henri Ra-davel fon frere, & non fur celle de Claude Radavel, leur pere commun; l'Arrêt referva feulement à cette fille legitimaire le droit d'offrir.

Cet Arrêt peut être fondé fur cette maxime, que *mutatio-ne perfonæ, natura rei mutatur*, le décret pourfuivi contre le frere avoit denaturé la chofe; en forte que ce n'étoit plus le bien du pere, fur lequel la fille auroit été fondée en fa de-mande en rabattement *jure filiationis*, le droit d'offrir lui fut refervé, comme il l'auroit été à tout autre Créancier perdant.

Il faut obferver ici, que le Juge du lieu où le principal bien faifi, & le principal manoir du débiteur difcuté fe trouvent, peut adjuger le décret fur d'autres biens du débiteur, faifis par le même exploit, quoique fituez dans une autre Jurifdiction ; ainſi qu'il fut jugé le 13. Septembre 1720. en la deuxiéme Chambre des Enquêtes, au Rapport de Mr. de Lacarri, après partage vuidé en la troiſiéme, ſelon l'avis de Mr. Comere Compartiteur, le Rapporteur fondoit l'avis contraire, ſur ce que le Juge n'a d'empire que ſur les biens ſituez dans ſa Juriſdiction, ce qui doit aſſujettir le Créancier à pourſuivre deux differens décrets ; lorſque les biens du diſcuté ſe trouvent ſituez dans deux differentes Juriſdictions : A quoi il fut repondu, que ce ſeroit & trop embarraſſant & trop diſpendieux pour les Parties, s'il falloit ainſi multiplier les décrets, pour une même ſomme dûë par un ſeul & même débiteur, & que c'étoit pour cela même, que les Arrêts du Parlement de Paris avoient decidé que le Juge du principal manoir du débiteur, & où la plus grande partie de ſes biens fonds, ſe trouvoit, pouvoit adjuger le décret ſur ſes autres biens, ſituez dans une differente Juriſdiction, & cet avis prévalut.

Celui qui a été reçû au rabattement de décret, eſt obligé de faire les avances des fraix de la liquidation des ſommes, qu'il doit rembourſer au Décretiſte avant le dépoſſeder, ainſi jugé en la troiſiéme Chambre des Enquêtes le 6. Juin 1725. au Rapport de Mr. de Cauſſade, entre Maillac & Aldebert.

Le motif de cet Arrêt peut être pris de ce que le Décretiſte étant en poſſeſſion en vertu d'un titre legitime, & le rabattement étant une pure grace, il ne ſeroit pas juſte qu'il fit les avances d'une pareille liquidation ; mais au contraire le demandeur en rabattement, qui peut ſe procurer la réintegrande dans les biens, dont le Décretiſte ne peut être depoſſedé qu'après le rembourſement de tout ce qui lui eſt dû.

Un heritier ſubſtitué, quoique deſcendant, ne peut être reçû au rabattement, parce que ce ſeroit d'une trop dangereuſe conſequence, d'étendre cette grace juſqu'aux ſubſtituez, qui à la troiſiéme & quatriéme génération pourroient ſur ce fondement troubler le repos d'une poſſeſſion legitime, & renverſer par cette voye la fortune d'une famille ; ce fut le motif d'un Arrêt de la Cour, rendu au Rapport de Mr. d'Au-

crive le 27. Août 1696. dans la cause de Jean de Renard
substitué aux biens de Bernard son ayeul.

CHAPITRE XIV. & XV.

J E croi avec notre Auteur que *patre vergente ad inopiam*. Et
ses biens étant en distribution, les enfans doivent être
saisis de la dot de leur mere, qu'ils réprésentent aux conditions
marquées par la Loi *Ubi adhuc Cod. de jur. dot.* Je me fonde
sur la disposition de la Loi *Assiduis*, *Cod. qui potior. in pign.*
qui donne aux enfans le même privilege qu'à leur mere, à raison de sa dot.

Cette décision ne peut avoir lieu dans la coûtume de Toulouse, par la raison qui servit de fondement à l'Arrêt rapporté par Mr. Cambolas *Liv. 3. Chap. 36.* que par cette coûtume, le mari gagne la dot entierement, & que les enfans
issus du mariage, n'y ont absolument aucun droit pendant
sa vie ; en sorte que par leur prédecès, il ne gagne rien, ce
qui fait que ses Créanciers ayant droit d'exercer ses actions,
peuvent comprendre cette dot dans la saisie génerale de ses
biens, pour les fruits en provenant, faire fonds au payement
des Créanciers pendant la vie du pere ; sauf distraction de
cette dot en faveur des enfans qui sont survivans au pere,
qui doit la leur conserver.

Je croi que cette décision est conforme à l'esprit de cette
coûtume, qui envisage principalement l'interêt du mari dans
la constitution de la dot, *ut de ea suam possit facere volunta-
tem*, comme il est porté, *tit. de dotibus*, §. 2. & 3. d'où
je conclus qu'il faut le regarder comme le vrai proprietaire
de cette dot pendant la vie même des enfans communs,
la coûtume devant être suivie litterallement & interprêtée
stricto modo, & donnant cette proprieté au mari, *liboris
exiftentibus vel non* ; ainsi que l'observe Cambolas *loco supra.*

C'eft une maxime conftante, que quelque favorable que foit la demande en ceffion de biens, elle n'eft point accüeillie, lorfqu'il s'agit d'affranchir de la contrainte au corps, celui qui s'y trouve fujet par quelque condamnation, tenant lieu de peine, ou qui eft coupable de dol perfonnel ; & cela par cette raifon, que ce fecours n'eft donné qu'à l'infortune, *Leg. 8. Cod. qui bon. ceder. poff.* & que les Loix n'ont garde de proteger le dol, & de difpenfer un coupable d'une peine qu'il a juftement encouruë.

De ce principe, il faut conclurre que celui qui fe trouve condamné à une amande, ou à des dommages & interêts tenans lieu de peine, ne peut être reçû au benefice de la ceffion des biens, & la Cour juge conftamment qu'en matiere de condamnation pour tous dépens, dommages & interêts, renduë par exemple, en matiere d'excès commis, le condamné ne peut s'affranchir de la contrainte par le fecours de la ceffion de biens ; & ainfi des autres cas qui tombent dans la matiere criminelle.

Il n'en eft pas ainfi, des condamnations de dommages en matiere civile, & quand il eft queftion d'un fimple dédommagement accordé à une partie, à l'occafion d'une perte foufferte, & à laquelle celui qui eft condamné a donné lieu, ni pour des dépens obtenus par une condamnation ; alors le débiteur eft toûjours reçû à la ceffion de biens. J'ai rapporté les Arrêts de ce Parlement, rendus fur cette matiere dans un précedent Chapitre.

CHAPITRE XVIII.

De la peremption des faifies d'heritage.

C'Eft l'ufage de ce Parlement, que les Clameurs, Lettres de rigueur, les Commitimus, & les commandemens de payer periment dans un an ; quoique les faifies & les affignations fubfiftent pendant trois années.

L'exception de peremption doit être oppofée *in limine li-*
tis, autrement elle fe couvre par les conteftations volontaires ; ainfi qu'il fut jugé par Arrêt du 13. Septembre 1691. au
rapport de Mr. de Celets dans la caufe de Catherine Mervie, & de Vergnes.

Dans cette efpece Vergnes oppofoit à Catherine Mervie
que l'appel qu'elle avoit interjetté en la Cour fe trouvoit pe-
rimé , puifqu'il s'étoit écoulé trois ans depuis l'inftimation jufques aux nouvelles pourfuites , on n'eut point d'égard à cette
exception , parce qu'elle n'avoit point été oppofée *in limine*
litis , & qu'il y avoit déja un Arrêt qui appointoit à mettre
les Exploits de faifie & enquans , fans que Vergnes eût exci-
pé de la peremption alors acquife.

* * *

CHAPITRE XX.

Quand eft-ce que la difcuffion eft neceffaire.

SUivant la Novelle *99.* les obligations folidaires ne pro-
duifent d'autre avantage au Créancier , que de pouvoir
agir par voye de recours contre le coobligé en cas d'infolvabilité de l'autre , & cette infolvabilité doit être préalablement établie par la difcuffion entiere de fes biens.

La claufe feule de folidité n'opere donc point cet effet ,
que le Créancier puiffe agir contre un feul pour le tout , s'il
n'y a une renonciation de la part des coobligés au benefice
de difcufion , & divifion d'action introduit en leur faveur ,
cette renonciation peut être faite par équipollent ; ainfi que
l'Arrêt de la Cour le jugea , ce qui eft fondé fur la maxime prife de la Loi *Nominatim ff. de Leg. 3. non refert quid*
ex equipollentibus fiat. La claufe fans divifion ni difcuffion
devant operer le même effet , que la renonciation des coobligés à cette difcuffion.

La raifon déterminante de l'Arrêt du *6.* Mai 1668. peut être
prife de cette maxime que l'hypotheque étant indivifible affu-

jettie tous les biens du débiteur, & qu'elle se trouve *tota in toto*, *& tota in qualibet parte rei*, suivant la doctrine de Loüet après Dumoulin, *Lettre H*, *Somm.* 20. en sorte que le Créancier peut faire son execution indistinctement sur la chose leguée qui fait partie de l'heredité, & sur le corps de l'heredité même.

Il n'en est pas ainsi des legitimaires, par la raison qu'ils n'ont point d'hypothéque sur les biens du testateur, mais une simple action pour demander leur droit de légitime, & cette action doit être dirigée contre l'heritier obligé au payement de ce droit tant qu'il soûtient la qualité d'heritier ; que s'il vient à répudier, & que les biens ne suffisent point pour remplir les légitimes, alors les legataires sont obligés de se réduire & d'expedier leurs droits aux legitimaires, en reduisant leurs legs jusques au montant de la légitime, qui est toûjours privilegiée sur les simples legs, *Leg. Papinianus* §. *quarta ff. de inoff. testam.*

On peut observer ici avec Graverol sur la Roche, *Liv. 6. verbo eviction. art.* 3. que le dernier Acquereur est toûjours à découvert, le tiers possesseur qui se trouve executé par le Créancier, étant recevable à faire rejetter la saisie sur les autres biens du débiteur en dernier lieu alienés, suivant un Arrêt de la Cour qu'il rapporte. Mais s'il y a de biens extans du débiteur, le Créancier ne peut executer le tiers possesseur qui indique ces mêmes biens, & cette indication est toûjours accuëillie à condition par le tiers possesseur d'en être garant envers le Créancier *auth. de fide jussor.* §. *sed neque Cod. de pignor.*

CHAPITRE XXI.

De l'interêt de vente des Marchandises.
Des interêts dûs entre associez.
Qu'est-ce qu'interpellation, ou instance.

L'Arrêt du 7. Août 1662. qui adjugea les interêts du prix
des Marchandises venduës depuis l'introduction de l'instance, est non-seulement contraire à la doctrine de Mr. d'O-
live, mais à la disposition de deux Arrêts de la Cour qui sont
rapportés dans la nouvelle addition du Chap. 20. Liv. 4. qui
ont jugé que les interêts ne courent que depuis la condemnation.

Les Arrêts du Parlement de Paris rapportés par Loüet
Lettre 1. Somm. 8. & ceux du Parlement de Provence recuëillis par Boniface, tom. 2. part. 2. Liv. 4. tit. 4. Chap.
5. ont adjugé ces interêts depuis l'instance, je croi cette Jurisprudence plus conforme à l'esprit de l'Ordonnance d'Orleans art. 60. qui donne les interêts requis par le Créancier
pour sommes à lui dûës par cedules, ou obligations depuis l'a-
journement en cause, & cela par cette raison que les interêts
sont dûs *propter moram debitoris*; or la demeure est toûjours
établie, dès qu'il y a une demande suivant la regle du droit,
ibi nulla mora, fieri intelligitur ubi nulla petitio est, Grimau-
det des usures & Contrats pignoratifs, Liv. 3. Chap. 7. n.
4. dit en propres termes, *que le vendeur qui a livré la chose*
venduë, est fondé à demander les usures du jour que l'Acque-
reur est en demeure de payer le prix de la vendition, non-seu-
lement si la chose venduë produit des fruits, mais aussi si elle
est sterile suivant la doctrine de Balde, Salicet, & Paul de
Castre.

Mr. d'Olive pour motif des Arrêts qu'il rapporte, allegue
que la difference des décisions renduës entre la vente des Mar-

chandiſes , & celle des grains au ſujet des interêts procede
de la difference qui ſe trouve entre les obligations deſcendan-
tes de la vente des grains ou des vins , & celles cauſées pour
vente de marchandiſes. Dans les dernieres , le Parlement con-
ſidere le demandeur comme un Marchand accoûtumé de ſurfaire les étoffes qu'il baille à credit , & non pas comme un
Créancier qui a réellement compté l'argent contenu en l'o-
bligation , au lieu que le droit Romain ayant ſingulierement
protegé les ventes des grains , auſquelles il fait produire interêt ſur une ſimple convention , c'eſt ſe conformer à l'eſprit
des Loix que d'adjuger les interêts de cette eſpece de vente
depuis la demande.

Cette difference à quelque choſe de ſpecieux , mais elle
n'eſt pas déterminante , quand il ſeroit vrai que les Marchands
ſont accoûtumés à ſurfaire le prix des étoffes , ils ne feroient
en cela rien de prohibé par la Loi , qui permet au contraire
au vendeur & à l'acheteur de tirer le meilleur parti qu'ils peuvent du marché qu'ils font enſemble. Il n'y a de condamné
dans le Contrat de vente , que l'on nomme Contrat de bonne foi , que le dol perſonel que le vendeur auroit pratiqué
pour faciliter le débit de ſa marchandiſe , en la livrant par
exemple pour être d'une qualité qui lui donne un prix plus
conſiderable , au lieu qu'elle ſe trouve d'une qualité beaucoup
inferieure , & conſequemment d'un moindre prix.

Au ſurplus l'Ordonnance d'Orleans n'ayant point admis
de diſtinction entre les dettes contenuës dans les cedules ou
obligations , & fait de difference d'où elles procedent , il paroît conforme à ſon eſprit & à ſa diſpoſition , d'adjuger indiſtinctement les interêts de tous les capitaux depuis la demande
judiciaire.

En matiere de ſocieté les interêts courent ſans interpellation en faveur des aſſociez , quand l'un d'eux joüit d'un profit commun à la ſocieté , c'eſt la diſpoſition du droit *in Leg.
ſocium* 60. *in princ. ff. pro ſocio* , & *Leg.* 1. *ff. de uſur.*

La demande même de ces interêts ne choque point le
Droit Canon , & ſe trouve licite ſuivant l'Obſervation de
                                                    Mornac

Mornac fur cette Loi 60. parce qu'alors ce n'eft pas tant interêt que de domagement qu'on adjuge à l'affocié qui a fait
des avances pour la focieté, n'étant pas jufte que fes affociés
tirent un profit d'un argent qu'il a avancé pour eux fans le
dédomager à ce fujet, *nemo enim ex aliena jactura locupletari
debet*.

CHAPITRE XXII.

Des domages & interêts ftipulez.

IL faut diftinguer fur cette matiere d'allocation de domages & interêts, les differentes claufes en vertu defquelles
ils peuvent être dûs ou demandés. C'eft ce qui eft neceffaire
pour concilier les deux Arrêts rapportés par Mr. Cambolas,
Liv. I. Chap. 19. qui paroiffent fe choquer dans leur difpofition, & la doctrine de Mr. Maynard Liv. 7. Chap. 71.
avec les Arrêts rapportés dans ce Chapitre.

La ftipulation de domages & interêts ainfi conçûë, *à peine de tous dépens, domages & interêts*, eft proprement comminatoire, & comme elle ne contient rien de liquide ni de
certain, on ne peut donner de rang ni d'allocation à ces domages & interêts dans la diftribution de celui qui s'y eft fou-
mis.

Il n'en eft pas ainfi de la ftipulation de domages & interêts liquidés par Contrat, il faut lui donner un effet en alloüant ces domages & interêts, mais d'une maniere differente.

Le Parlement de Paris (ainfi que l'obferve Maynard) *loco
fupra*, eft dans cette pratique d'alloüer ces domages & interêts, au même rang que le principal, & c'eft ce qui demeure
établi par les differens Arrêts rapportés par Brodeau fur Loüet
Lettre D, *Somm.* 42. fuivant la Jurifprudence de la Cour,
ces dommages ne font alloüés qu'en dernier rang, & comme fimples interêts après tous les capitaux ; ainfi que l'obfer-

ve Maynard , & qu'il a été jugé par l'Arrêt du dernier Janvier 1690. rapporté par Cambolas Liv. 1. Chap. 14.

Lorſque ces domages & interêts ſont dûs, ou ſtipulés dans
un Contrat de vente , & qu'ils viennent en execution de ce
même Contrat à raiſon de l'éviction du fonds, alors ils ont
le même rang que le principal , par cette raiſon que faiſant
partie du Contrat même , ils n'en peuvent être ſeparés , &
doivent ſuivre le rang du principal. Ils ſont partie du Contrat , parce que l'éviction de laquelle le vendeur eſt tenu , renferme non-ſeulement la reſtitution du prix , mais encore les
domages & interêts , ſuivant la Loi *Evicta ff. de eviction.*

C'eſt ſur ce principe qu'on peut fonder l'Arrêt du 17. Mai
1622. rapporté par Cambolas *loco ſupra* qui alloüa pareils domages & interêts du jour du Contrat.

J'obſerverai ici qu'une ſomme adjugée par tranſaction pour
tenir lieu de domages & interêts, porte interêt depuis l'interpellation judiciaire ; ainſi qu'il fut jugé en faveur de la nommée Barriere de Montpellier, contre Me. Fizes Conſeiller à
la Cour des Aydes de cette Ville le 20. Juillet 1695. au rapport de Mr. de Rouſſi.

Dans l'eſpece de cet Arrêt , Me. Fizes avoit tranſigé
le 15. Octobre 1689. avec ladite Barriere ſur le fait du commerce illicite qu'il y avoit eu entre eux pendant l'eſpace de
douze ou quatorze années , d'où il étoit provenu deux enfans mâles ; par la Tranſaction Barriere ſe départit de toutes
ſes prétentions tant civiles que criminelles , pour la ſomme de
quatre mille livres , à laquelle furent liquidés les domages &
interêts prétendus par Barriere.

Me. Fizes ſe pourveut en caſſation de cette Tranſaction , l'affaire portée en la Cour par appel de la Sentence
du Senéchal de Montpellier , qui avoit enteriné ſes Lettres en réciſion , la Tranſaction fut confirmée , & Me. Fizes
condamné au payement des interêts de cette ſomme de 4000.
liv. depuis l'introduction de l'inſtance.

La déciſion de cet Arrêt paroît contraire à la Loi 24. *ff.*
ad municipal. Mais elle ne l'eſt pourtant pas , car cette Loi

parle d'un Adminiftrateur des biens d'autrui, qui étant pourfuivi à raifon de fon Adminiftration, fe trouve condamné à la
reftitution de quelque effet ; auquel cas il ne peut être contraint au payement des domages & interêts depuis la demande, & cela par un motif d'humanité & d'équité, qui ne permet
point de rendre une Adminiftration auffi onereufe, en impofant
à l'Adminiftrateur la neceffité du payement des domages &
interêts avec le capital, au lieu que dans l'efpece de cet Arrêt les domages & interêts tiennent lieu de peine à l'obligé,
& font le payement d'une dette qu'il a contractée avec celle
qu'il avoit abufée.

CHAPITRE XXIII.

Si les gages & émolumens des Profeffeurs dans les Uni-
verfitez, & des Officiers Royaux, & les revenus
des Ecclefiaftiques peuvent être faifis.

Ornac fur la Loi 5. *fpem præmiorum Cod. quæ res pign.*
obligari poff. obferve que cette Loi qui declare l'efpoir
du prix refervé aux Athletes pour la victoire exempt de toute
hypothéque, & qui en cela paroît contraire à la Loi *Com-*
modis, ff. de re judic. doit être conciliée par la Loi *Stipendia*
Cod. de execut. rei judicat. qui défend de faire des executions
fur la folde de l'homme de Guerre, s'il a d'autres biens exe-
cutoriables, d'où Mornac conclud avec la Glofe, que quand
le débiteur n'a pas d'autres biens, on peut faifir cette folde
en lui laiffant toutefois de quoi s'entretenir, & il tire un argument de l'homme de Guerre à l'Avocat, & à l'Ecclefiaftique, & dit fur la Loi 6. *de re judic.* qu'on peut faifir le pecule, *quafi caftrenfe* de l'un & de l'autre, *deducto fcilicet ne*
egeant, il ajoute fur la Loi 5. *quæ res pignor.* que Cujas a
concilié la contrarieté apparente des Loix *fpem præmiorum*
& commodis déja citées, par cette diftinction que l'efpoir de

la recompenſe reſervée pour l'Athlete, ne peut être hypo‑
thequé par aucune paction ou convention particuliere, parce
que ſa vertu en ſeroit ralentie, mais que le prix peut être ſaiſi
en execution d'une condamnation renduë contre lui. Ce qui
doit toûjours être entendu en lui laiſſant dequoi s'entretenir.

Ces déciſions doivent ſervir de regle dans la matiere des
executions, qui peuvent être faites ſur les Pecules des Avo‑
cats, puiſqu'ils joüiſſent des privileges attribuez à la milice
armée, & qu'ils combattent ſous les étendards de la Juſtice
& des Loix qui font regner la paix dans le cœur de l'Etat,
& aſſurent le repos & la felicité des Cytoyens; c'eſt ce que
les Empereurs ont exprimé d'une façon bien énergique
dans la Loi 14. *Cod. de Advocat diverſor judicior*, il y a plu‑
ſieurs textes du Droit, & entre autres la Loi *Ult. Cod. de
inoff. teſtam.* qui communiquent aux Avocats & Profeſ‑
ſeurs des ſciences les privileges des Militans. Ainſi ce n'eſt
point faire violence aux Loix que j'ai citées, & qu'on em‑
ploye dans la matiere qui fait le ſujet de ce Chapitre, que
de leur donner de l'extenſion aux Profeſſeurs, puiſqu'il y a
parité de raiſon, & que la Loi elle-même nous enſeigne alors
à faire ces extenſions *Leg. illud ff. ad Leg. aquil.*

Les interprêtes en ſuivant l'eſprit des Loix ont compris les
gens d'Egliſe dans le même privilege, parce qu'ils ſont Mi‑
litans ſous les étendards glorieux de la Croix, comme con‑
ſacrés par état au ſervice des Autels.

De ces principes, il faut conclurre que le privilege des uns
& des autres, ne va pas juſques à mettre abſolument à l'abri
des executions de leurs Créanciers les gages, pecules, &
fruits des Benefices, mais que n'ayant d'autres biens execu‑
toriables, les Créanciers peuvent faire ſaiſir l'Excedant de ce
qui leur eſt neceſſaire pour leur entretien honnête.

C'eſt ce que les Ordonnances Royaux & les Arrêts ont de‑
cidé en faveur des Eccleſiaſtiques. L'Ordonnance de Blois
art. 57. à laquelle il n'a pas été derogé par celle de 1667.
défend d'executer les Eccleſiaſtiques en leurs vivres.

Les Arrêts de la Cour rapportez par Mr. Maynard, Liv.

1. de ses queſtions, Chap. 15. & la Roche, Liv. 2. tit.
des décrets art. 21. ont décidé que les diſtributions ma-
nuelles des Prébendés , & qui ſe font à la ſortie du
Chœur ne pouvoient être ſaiſies , parce qu'elles ſont
deſtinées pour leur entretien journalier , & par cette même
raiſon , on ne peut ſaiſir les émolumens des Profeſſeurs , ni
le caſuel ou oblations des Curés : Mais on peut executer
les gros fruits des Prébendes & Benefices , au-delà de ce
qui eſt neceſſaire pour l'entretien du Beneficier , ce que les
Arrêts de la Cour rapportez par Graverol *loco ſupra* , ont
reglé à 200. liv. annuellement.

Cette taxe eſt arbitraire , & dépend à mon avis de la
qualité des beneficiers , & du rang qu'ils tiennent dans l'E-
gliſe ; mais je croi qu'en ſuivant l'eſprit des Loix & des
Ordonnances , il faut indiſpenſablement leur laiſſer de quoi vivre avec décence , l'intereêt public de l'Egliſe (qui l'exige
ainſi,) devant prévaloir ſur l'interêt particulier du Créancier.

De ces maximes , je conclus encore que ſi les Profeſſeurs
n'avoient abſolument d'autres revenus que les gages Royaux
attribuez à leur chaire , on ne pourroit les ſaiſir que pour
l'excedant de leur entretien honnête , ce qu'il faut décider
avec d'autant plus de raiſon pour le pecule des Avocats , que
c'eſt d'eux que la Loi parle , dans le parallele qu'elle fait
des deux milices , *Leg.* 14. *Cod advocat. diverſor. judicior.*

CHAPITRE XXIV.

Des fraix des funerailles de l'heritier chargé de rendre,
& s'ils peuvent être pris fur les biens fubftituez.

JE croi qu'il faut fe ranger conftamment du côté de l'Arrêt, qui a decidé que les fraix funeraires de l'heritier grevé defcendant du Teftateur, devoient être pris fubfidiairement fur les biens fubftituez ; voici les raifons fur lefquelles je fonde mon opinion, elles me paroiffent décifives.

Il n'eft pas nouveau dans le droit qu'on décide une queftion par argument, & c'eft ce qu'il faut neceffairement pratiquer quand la Loi elle-même n'a point rendu de décifion précife pour le cas qui fait la matiere du Procès. Ainfi, quoique la queftion qui fe trouve diverfement decidée, par les Arrêts rapportez dans ce Chapitre, ne puiffe l'être par un texte formel des Loix ; l'on peut néanmoins en fixer la décifion par argument pris de la Loi, & de la Doctrine des Interprêtes adoptée par les Arrêts.

Il faut d'abord établir pour principe que les fraix funeraires font fi privilegiés par eux-mêmes, qu'ils dévancent toutes les dettes, dans la diftribution des biens du défunt, *Leg. 45. de Religiof. & fumpt. funer.* & que par l'*Auth. res quæ Cod. commun. de legat.* les biens fubftituez font fubfidiairement affectez, pour la reftitution de la dot de l'heritier grevé defcendant du Teftateur, à défaut de biens libres, & pour la donation à caufe des Nôces, quoique pure liberalité.

La faveur de la defcendance, a feule donné lieu à cette authentique, & celle des dots n'y eft point entrée, puifque ce privilege eft reftraint aux feuls defcendans, ce qui ne feroit point ainfi, fi la faveur de la créance de la dot,

ou de la donation *propter Nuptias*, y avoient eu quelque
part, puifque la même raifon auroit milité pour la dot &
donation de furvie de la femme de l'étranger, que de celle
du defcendant.

Cela pofé, que cette authentique a uniquement envifagé
les avantages que peut retirer un defcendant des mariages
qu'elle lui procure, par la fûreté que l'époufe trouve dans
la difpofition de cette Loi, pour la répetition de fes cas
dotaux ; ne faut il pas conclurre qu'en fuivant l'efprit de
cette Loi, il faut accorder pour le moins le même privilege aux fraix funeraires de l'heritier defcendant du Teftateur qu'à la dot de fa femme, fur laquelle ces fraix funeraires font privilegiés eux mêmes, dans le cas de diftribution des biens du mari, & que c'eft ici qu'il faut appliquer
la maxime, *fi vinco vincentem te*, *à fortiori vincam te*, avec
d'autant plus de raifon que cette authentique donne ce même
avantage à la femme pour la donation de furvie, dans laquelle *certat tantum de lucro captando*.

Les Interprêtes ont tiré de l'efprit de cette même authentique les motifs de décider, que les biens fubftituez
devoient à défaut de biens libres contribuer à la rançon de
l'heritier grevé, & à le délivrer de la contrainte *veriffima
eft opinio, quia omnes rationes in dotibus confiderata, locum
habent in caufa captivitatis, quod fi detineretur captivus, pro
ære alieno, aut pro delicto. Communis conclufio eft, alienari non
poffe, quia culpa fua in captivitatem incidit, ideò non eft
ei fubveniendum*; c'eft le langage de Peregr. art. 40. num.
90. 9°. de Fideicomm.

Si les biens fubftituez font fubfidiairement obligez pour
tirer de la captivité l'heritier grevé defcendant du Teftateur,
ne faut il pas convenir qu'ils doivent l'être, à raifon de la
dette la plus privilegiée & la plus protegée par les Loix ;
c'eft celle qui regarde les fraix funeraires : ne faut il pas en
interprêtant la volonté du Teftateur, felon les regles ordinaires de l'interprêtation, que les Loix elles mêmes nous
ont prefcrites, conjecturer de fa pieté & de fon amour pour

fa defcendance, qu'il a entendu affecter les biens fubftituez au payement d'une dette par lui contractée, à l'égard de fes enfans; dès le moment qu'il leur donna le jour, qui eft celle de leur fepulture, dont le devoir a toûjours été fi facré & fi inviolable chez toutes les Nations.

CHAPITRE XXV.

Des fraix des funerailles de la femme.

JE croi avec l'Auteur que l'ufufruit de l'heredité, doit fupporter le payement des fraix funeraires; par cette raifon que ces fraix font une vraye dette de l'heredité. *Leg. Papinianus*, §. *quartam*, *ff. de inoff. Teftam.* Or avant que l'heritier puiffe joüir des biens, il faut proceder au payement des dettes, *quia non funt bona, nifi deducto ære alieno.* L'ufufruit ne tombe par confequent que fur les biens qui reftent; par où il fupporte neceffairement ces fraix funeraires, Fachin. *Lib.* 4. *Cap.* 19. *Graffus*, §. *legatum quæft.* 35. Ferr. *in quæft.* 541. *Guip.*

Le motif de décider de la Loi *Cum in fundo*, eft pris de ce que dans cette efpece il ne reftoit rien au mari du bien de fa femme après fon decès, ni en proprieté, ni en ufufruit; fur quoi la Glofe obferve *in verbo mulieri*, que fi le mari eût fait quelque gain fur la dot par le prédecès de fa femme, il auroit été tenu de contribuer à ces fraix au *prorata, alioquin fi de dote aliquin lucraretur conferre cogeretur.* Ce qui fut ainfi jugé par Arrêt du 10. Septembre 1691. au Rapport de Mr. Delong dans la caufe de Delfieu, & Margueritte Auriole pour les fraix funeraires de Marie Auriole, époufe de Delfieu.

CHAPITRE XXVII.

*De la clauſe, qu'en cas de prédecès du mari la femme
ſera nourrie & entretenuë ſur les biens ſui-vant
leur portée.*

QUand la nourriture & entretenement de la femme
après le decès du mari ſe trouvent fixez par le Contrat de mariage à une ſomme certaine, elle a ſans difficulté
hypothéque ſur ſes biens dépuis ce Contrat, & doit être
préferée aux Créanciers poſterieurs ; c'eſt ce qu'on peut
recuëillir de la Doctrine du Préſident Faber *in ſuo Cod. Lib.*
8. *tit.* 36. *definit.* 10. *non enim*, dit-il, *ex eo die tantum
quo conditio evenit, ſed à tempore contracti matrimonii, jus
mulieri quæſitum eſſe viſum eſt, etiam in prejudicium tertii
qui medio tempore contraxerat.*

   Si la femme ne fût alloüée ici, qu'après tous les Créanciers du mari poſterieurs au Contrat de mariage : Ce fut
par cette raiſon (qui n'a pas été touchée par l'Arretiſte)
que la nourriture ſtipulée dans ce Contrat, n'avoit rien de
limité, & qu'elle devoit être meſurée par la valeur & la
portée des biens du mari ; ce qui ſe rapportant au tems de
ſon decès, ne pouvoit faire aucun obſtacle aux Créanciers
intermediaires.

CHAPITRE XXVIII.

*De la préference de plusieurs saisies de meubles, & de
plusieurs saisies de sommes dûës au débiteur.*

DEpuis l'Arrêt du 20. Février 1681. qui décida qu'entre les saisies ou arrestations des sommes dûës au débiteur, la préference doit être reglée par la priorité de l'hypothéque, & non par la datte des saisies, il a été rendu
deux Arrêts contraires, qui ont fait revivre l'ancienne Jurisprudence, en donnant la préference au premier bannis-
faisant sur le second, quoiqu'anterieur en hypothéque.

Le premier de ces Arrêts est du 4. Juillet 1691. au Rapport de Mr. de Ferrand, en faveur du sieur Dejean, Créancier du sieur Bernard de Vins, contre le Syndic de l'Hôpital de Cordes, Créancier anterieur en hypothéque du même débiteur ; mais posterieur en banniment. Le motif de
cet Arrêt fut pris de cette maxime, que dans les saisies
particulieres, on n'a point d'egard à la priorité d'hypothéque ; mais à la priorité des saisies, comme pour recom-
penser la diligence du Créancier.

Le second Arrêt fut rendu le 7. Septembre 1706. au Rapport de Mr. de Villespassans, sur l'appel d'un jugement de
Messieurs des Requêtes dans la cause de Viguier Marchand,
contre le Receveur de l'Ordre de Malthe.

Ces Arrêts sont conformes à la Doctrine des Interprêtes, qui donnent dans un concours la préference à celui
qui a prevenu, & qui a marqué plus de diligence ; c'est
l'observation de Brodeau sur Loüet, Lettre M, Somm. 10.
num. 4. qu'il appuye d'un grand nombre d'autorités. *Mornac* sur la Loi 1. *Cod. qui potior. in pign. habeant*, observe
aussi que dans ce même concours, on considere la priorité
in ipso etiam momento, seu puncto temporis.

CHAPITRE XXX.

Si les interêts d'une dette de Communauté qui ont couru depuis l'indication faite par la Communauté, sur un Bientenant, doivent être alloüez en même rang que le capital, & avant le precaire & autres privileges.

L Arrêt qui alloüa le Créancier indiqué par la Communauté avant le precaire, sur la vente separée du fonds, pour le capital & interêts qui avoient couru depuis l'indication, peut être fondé sur deux maximes ; la premiere, que le fons vendu ne pouvant passer entre les mains de l'acquereur, que *cum suo onere*, & avec les charges réelles qui étoient les dettes de Communauté ; le vendeur lui-même se trouvoit débiteur à ce sujet, lorsqu'il fit la vente du fonds ; & qu'ainsi il ne pouvoit faire valoir à l'égard du Créancier indiqué le privilege du precaire.

La seconde, que les interêts sont toûjours alloüez au rang du capital, sur la vente separée du fonds, & avant tous les Créanciers de l'acquereur en faveur du precaire, suivant la Jurisprudence de la Cour, attestée par Mr. d'Olive, *Liv.* 4. *Chap.* 21. & cela par cette raison que le privilege du vendeur est réel, & suit la chose venduë. En sorte que dans ces circonstances on ne separe point le fonds des fruits qu'il produit, à la place desquels les interêts se trouvent substituez.

Le Créancier indiqué doit joüir du même avantage, puisque son droit est réel, & qu'il affecte le fonds en quelques mains qu'il passe, que ce soit à titre lucratif ou onereux.

D d iij

CHAPITRE XXXI.

Si on peut faire ceffion de biens pour des fommes pour lejquelles le Créancier a pourfuivi des condamnations.

C'Eſt une maxime conſtante que pour être exclus du benefice de la ceſſion de biens, il faut ſe trouver dans le cas du dol, ou être contraint par une dette qui tienne lieu de peine, & qui procede d'une condamnation renduë en matiere de délit. On ne ſuit plus la Juriſprudence dont parle Mr. *Maynard*, Liv. 4. Chap. 17. *poſt rem judicatam, ad ceſſionis miferabile remedium, debitorem confugere non poſſe.*

C'eſt ce qu'a obſervé Mr. d'Olive dans la nouvelle addition du *Chap.* 31. *du Liv.* I. *&* Albert, Lettre C, *verbo* ceſſion de biens, puiſque la Cour a pluſieurs fois accuëilli la demande en ceſſion de biens, pour condamnation de dépens deſcendans même d'un Procès criminel, j'en ai rapporté les Arrêts ſur un autre Chapitre. En quoi elle ſe conforme à la Doctrine de Mornac, & aux Arrêts du Parlement de Paris, dont ce grand Avocat fait mention ſur la rubrique du Code, *tit. qui bon. cedere poſſ.* Le motif de cette déciſion (eſt comme l'obſerve Mornac) *quia expenfarum condemnatio merè femper civilis eſt.*

On peut encore être reçû à cette ceſſion pour le fonds de la condamnation en matiere civile, à moins qu'il n'y eût du dol perſonnel de la part du demandeur en ceſſion; pratiqué dans le Cours de la Procedure, qui donnât lieu de lui refuſer ce benefice que la Loi n'accorde qu'à l'infortune, & qu'elle dénie roûjours à la fraude, *nemo enim ex fuo delicto conditionem ſuam meliorem facere poteſt, Leg. Non fraudantur, ff. de reg. jur.*

Il y a pluſieurs cas où la ceſſion de biens n'eſt pas reçûë par la Jurifprudence des Arrêts, *Albert* Lettre **C** , *verbo cession des biens en fon recueil* a eu foin d'en recuëillir une Partie ; mais dans tous ces cas, le motif de décider eft pris d'un jufte foupçon de dol perfonnel du côté du débiteur. Dumoulin *in confuetud. borbon art. 68.* fait auffi mention des cas ou la ceffion de biens n'eft point admife.

Il faut obferver fur cette matiere, que fi le débiteur fur le choix à lui deferé par les Créanciers ou d'un repi, ou de la ceffion de biens, s'eft determiné pour le refpi , il ne peut enfuite recourir à la ceffion de biens, c'eft la doctrine de Cujas , & de Mornac adoptée par un Arrêt du Parlement de Paris que ce dernier rapporte *loco fupra in Leg. ult. d. tit.* en datte du 8. Février 1611.

La ceffion de biens procure non feulement la liberté au débiteur , mais elle lui donne encore cet avantage de ne pouvoir être executé par les Créanciers perdans, fur les biens qu'il acquiert après la ceffion, felon la Jurifprudence des Arrêts de ce Parlement.

CHAPITRE XXXV.

De l'allocation des arrerages des rentes conftituées.

QUoique les arrerages des rentes conftituées liquidés par Tranfaction, ou par Sentence forment un capital depuis le jour de la liquidation. Toutefois ils ne peuvent produire d'interêt par la raifon, que ces arrerages retiennent toûjours la nature de fruits & d'interêts annuels , c'eft la difpofition de la Loi 15. *ff. de ufur.* fuivant laquelle la queftion fut décidée par Arrêt rendu en la premiere Chambre des Enquêtes après partage porté à la feconde, Rapporteur Mr. d'Orbeffan, Compartiteur Mr. de Burta en l'année 1694. ainfi que je l'ai trouvé dans un recuëil d'Arrêts très-exact d'un Confeiller de ce Parlement, qui fervoit alors dans la premiere Chambre des Enquêtes.

Il en eſt de même des dépens liquidés, le capital qui en eſt formé ne peut jamais produire d'interét, ni ſervir de matiere pour former un Contrat d'Antichreſe, le Créancier pouvant être contraint à la reſtitution des fruits du fonds qui lui a été donné ſous ce titre. Suivant un Arrêt de la Grand'Chambre rendu au rapport de Mr. de Boiſſet en l'année 1694. énoncé dans le recuëil dont je viens de parler.

CHAPITRE XXXVII.

Du Privilege des oppoſans au ſceau ſur le prix des Offices.

IL y a un Arrêt rendu à l'Audience de la Grand'Chambre le 10. Mars 1691. qui ordonne la reception d'un Officier du Parlement pourvû d'un Office de Conſeiller, nonobſtant les oppoſitions au ſceau, ſans l'obliger à ſatisfaire préalablement le Créancier oppoſant, où à conſigner la ſomme dûë.

Mr. Tiffaut acheta de Mr. de Lairac Tuteur des enfans de Mr. de l'Hôpital, l'Office de Conſeiller au Parlement dudit ſieur de l'Hôpital, il y eut de la part des Créanciers de celui-ci, des oppoſitions au ſceau, & enſuite à l'inſtallation dudit ſieur de Tiffaut. Les oppoſans prétendoient qu'il ne pouvoit être reçû, ſans avoir du moins préalablement conſigné le montant de la dette ſelon l'uſage du Parlement, le ſieur de Tiffaut prétendit au contraire qu'il n'étoit obligé qu'à ſatisfaire aux indications à lui faites dans le Contrat de vente. Les Créanciers oppoſans n'y trouvoient point leur compte, parce que l'ordre des hypothéques n'étoit point gardé dans ces indications, l'affaire plaidée à l'Audience. La Cour ordonna par ſon Arrêt que le Contrat de vente ſeroit executé aux perils, riſques, & fortune du ſieur de Tiffaut & de Lairac, & que moyenant ce le ſieur de Tiffaut ſeroit reçû ſans préalable conſignation.

Par l'Edit donné à Verfailles en Février 1683. Regiftré dans ce Parlement le 4. Juin fuivant, il eft porté que les Créanciers oppofans au fceau & à l'Expedition des Provifions des Offices feront preferés à tous autres Créanciers non oppofans, quoique privilegiés ; & même à ceux qui avoient fait faifir réellement les Offices, & feroient oppofans à la faifie réelle qui en aura été faite.

Entre les Créanciers oppofans au fceau, les privilegiés feront les premiers payés fur le prix de l'Office, & après les privilegiés les hypothecaires feront colloqués fur le furplus du prix felon l'ordre, priorité ou pofteriorité des hypothéques, & s'il en refte quelque chofe après qu'ils auront entierement été payés, la diftribution s'en fera par contribution entre les Créanciers Chirographaires oppofans au fceau.

Fin du fixiéme Livre.

LIVRE VII.
DES PRESCRIPTIONS.

CHAPITRE PREMIER.

De la prescription des crimes.
De la mort naturelle du Prevenu dans la prevention.

ON ne peut revoquer en doute après la disposition si formelle de l'article 35. de l'Edit de *1679.* que le crime de duël ne soit imprescriptible, cet article porte que s'il y a eu plainte, ou condamnation, ou execution par effigie contre le coupable de duël, le crime ne pourra être éteint par mort, ni par aucune prescription de 20. & trente ans, ni par aucune autre. D'où il faut conclurre que s'il n'y a point eu de plainte, on ne peut en intenter l'accusation après le laps de 20. ans, qui efface toute espece de crime.

Le duël seul avoit fait en France l'exception de la Loi *Querela*, avant l'Edit de *1679.* suivant la remarque de Brodeau sur Loüet *Lettre C, Somm.* 47. *num.* 5. qui fait mention de la Déclaration de Loüis XIII. du 14. Mars *1613.* verifiée au Parlement de Paris le 18. du même mois, portant *que les coupables & complices de ce crime, ou leurs veuves & heritiers ne pourront prétendre extinction du crime par le laps de 20. ans ni autre tems.*

Il faut observer sur la prescription des crimes, que comme elle est en soi favorable le dernier jour de la 20. ou trentiéme

me

me année commencé eſt reputé fini ; en ſorte que le coupable
étant conſtitué priſonnier, par exemple à l'entrée ou au commencement du dernier jour peut exciper de la preſcription, ce
qui n'a pas lieu en matiere de preſcription civile, comme d'u-
ne dette ou le dernier jour doit être accompli. La raiſon de
difference eſt priſe, de ce que cette derniere preſcription eſt
odieuſe ſelon la qualification de la Loi *Ult. Cod. de annal. except.* au lieu que la preſcription des crimes a toûjours été regardée comme favorable ; ainſi qu'on peut le recuëillir du
langage de l'Orateur Romain en ſon Oraiſon *pro muræna. homines defenſionem malunt quam accuſationem, & in capitis pe-
riculo, etiam alieniſſimis favent.*

La demande en domages & interêts, comme acceſſoire du
délit ſe trouve emportée, non-ſeulement par la mort du prévenu arrivée durant le cours de l'inſtance criminelle, mais
même après la condamnation & pendant l'appel, ſuivant la
doctrine de Mornac ſur le titre du *Cod. ſi reus vel acc. mort.*
la raiſon eſt qu'en matiere criminelle l'appel *extinguit judicatum.*

Quoique l'action en domages & interêts comme accef-
ſoire de la peine dûë au crime, ſoit preſcrite par le laps de 20.
ans (ainſi que l'action criminelle ſuivant la Juriſprudence des
Arrêts) il n'en eſt pas de même de l'action qui compéte pour
la reſtitution des choſes dérobées ; car quoique l'action criminelle ſe trouve preſcrite par ce laps de tems, on peut malgré cette preſcription agir pour la reſtitution du vol, c'eſt ainſi
que la queſtion fut jugée en la ſeconde Chambre des Enquêtes le 13. Août 1691. au rapport de Mr. de Marmieſſe, entre
Jean Luquel, & Bertrand de Carcaſſonne.

Le motif de cet Arrêt fut pris de la diſpoſition des Loix,
qui veulent que quoique le crime de vol ſoit éteint, quant à la
peine, il y ait lieu à la reſtitution des choſes derobées. *Actiones
ex delictis deſcendentes, adverſus hæredes dantur quatenus ad eos
pervenit, Leg. in hæredem ff. de dolo malo, quia turpia lucra
hæredibus extorquenda ſunt licet crimina, id eſt accuſationes ex-
tinguantur, Leg. 5. in princip. ff. de calumn.*

L'action en restitution du vol n'est pas proprement accessoire de l'action penale, puisqu'on a le choix de l'une ou de l'autre, & qu'on peut laisser la criminelle & prendre la civile.

CHAPITRE II.

Si le donataire ou le legataire prescrit l'hypothéque des Créanciers anterieurs par dix ans.

C'Est une décision formelle de la Loi, que le donataire particulier prescrit contre les Créanciers l'hypothéque, à laquelle le fonds donné se trouve assujetti par une possession paisible, & non interrompuë de dix ans. *Leg.* 2. *Cod ß adversus creditor. præsc. opponat.* Il ne reste au Créancier après ce laps de tems qu'une action personnelle contre le donateur son débiteur, *ubi autem creditori longi temporis præscriptio objicitur, personalis actio adversus debitorem salva eâ competit Leg.* 1. *in fin. eod.*

Il en est autrement du donataire universel, il ne peut prescrire l'hypotheque par la possession paisible de dix ans, parce qu'étant reputé *loco hæredis*, il est regardé comme successeur, & non comme tiers Acquereur; ainsi qu'il fut jugé au rapport de Mr. de Celez le 10. Septembre 1695. entre Gillet d'une part, & Perquet de l'autre.

La donation du fonds faite par le pere au fils, non émancipé dans son Contrat de mariage, doit se regler par la même disposition, 1°. parce que la Loi n'a point excepté cette espece de donation, 2°. parce que les donations entre-vifs faites par le pere à son fils non émancipé en faveur de mariage, sont autorisées par la Jurisprudence des Arrêts; en sorte qu'à cet égard on ne peut regarder la personne du fils comme confonduë avec celle du pere, mais au contraire réellement distincte, & consequemment la possession des biens donnés separée de celle, que le pere retient de ses autres biens.

D'ailleurs les Contrats de mariage étant de notorieté publique, les Créanciers hypothecaires ne peuvent alleguer d'ignorance, fur le fait de la poffeffion du fils donataire concernant les biens donnés, & ils doivent s'imputer, fi pour conferver leur droit ils n'ont point ufé de dénonce d'hypothéque à l'Acquereur avant l'achat, ce qui auroit fans doute conftitué cet Acquereur en mauvaife foi, & fait obftacle à la prefcription par l'argument de la Loi *Si fundum Cod. de rei vindicat*, qui établit d'une maniere bien précife l'avantage que produit la dénonciation de proprieté faite par le veritable maître, à l'acheteur avant l'achat du fonds vendu à *non Domino*, qui confifte à lui affurer avec la reftitution du fonds, celle des fruits perçûs par cet acheteur de mauvaife foi, d'où l'on doit tirer un argument pour la dénonciation d'hypotheque, dont peuvent ufer envers le donataire les Créanciers du donateur avant la donation. Le tiers poffeffeur qui veut s'aider de la prefcription de 10. ans, doit avoir commencé fa poffeffion, non-feulement avec titre, mais encore avec bonne foi, car s'il a eu connnoiffance de l'hypotheque du Créancier lors de la tradition de la chofe, il ne peut appeller cette poffeffion à fon fecours. *Leg. 48. ff. de acquir. rerum Domin. & Leg. unic. Cod. de ufu cap. transform.* mais fi durant le cours de fa poffeffion, ce tiers Acquereur à connoiffance de l'hypotheque, avant même les dix premieres années accomplies, il ne laiffe pas de prefcrire, par la raifon qu'en matiere civile il fuffit pour prefcrire par cette poffeffion appellée *longi temporis* d'être conftitué en bonne foi au commencement.

Le tiers poffeffeur ne peut oppofer à l'Eglife qui a hypothéque fur le fonds, d'autre prefcription que celle de 40. ans fuivant *l'Auth. quas actiones Cod. de Sacrofanct. Ecclef.* & le fommaire de Salycet fur cette Loi, *hodie ubi contra privatum haberet locum præfcriptio* 10. 20. *vel* 30. *annorum, gaudet Ecclefia fpatio* 40. *annorum.*

CHAPITRE III.

De la preſcription de la faculté de rachat.

LA faculté de rachat *toties quoties* appoſée dans le Contrat de vente eſt reſtrainte à 30. ans, ſuivant la Juriſprudence de ce Parlement atteſtée par Mr. Maynard Liv. 4. Chap. 53. c'eſt encore celle du Parlement de Paris ſuivant Loüet & Brodeau Lettre P , Somm. 21.

La raiſon de cette déciſion peut être tirée de la doctrine de Faber *in ſuo Cod. Lib.* 7. *tit.* 13. *definit.* 3. que les actions perpetuelles ſont bornées par le droit Civil au laps de 30. ans, qui eſt la preſcription *longiſſimi temporis. Atqui etiam,* dit il , *perpetua jura perpetuaq. actiones longiſſimi temporis præſcriptione excluduntur.*

Mais ſi le vendeur a ſtipulé qu'il pourroit exercer ce rachat au delà même de 30. années, & dans un tems marqué, cette clauſe doit operer ſon effet ſuivant la remarque du même Auteur qui continuë ainſi. *Nec videtur in mala fide eſſe emptor, qui jure communi utitur, niſi expreſſim convenerit, ut jus illud ultra trigeſimum , adeoque quadrageſimum & aliud quantuncumque tempus extendatur.*

La raiſon qu'il en donne , eſt qu'il eſt permis de ſtipuler tout ce qui n'eſt pas contre le droit public ou les bonnes mœurs, ſuivant la Loi *Juris gentium* 7. §. *ait prætor ff. d. pact. & Leg. contractus de reg. jur. eod.* Or cette convention n'a rien en ſoi que de licite.

Venant à l'Arrêt du 27. Avril 1662. l'Auteur ne rapporte aucun des motifs de decider ; cet Arrêt même paroît contraire aux maximes établies en matiere de retrait conventionnel, ſelon leſquelles le vendeur étant cenſé avoir vendu *neceſſitate coactus,* merite d'être traité favorablement dans le retrait , & il ſemble qu'il doive lui ſuffire d'avoir fait inſtance dans ſa 30me année , ſans être tenu d'avoir encore réellement

conſigné le prix, parce qu'il eſt de maxime que l'aſſignation interrompt le cours de la preſcription. J'ai appris d'un
Avocat de ce Parlement très-exact dans ſes recuëils, qu'au
mois de Juillet 1721. il fut jugé en la premiere des Enquêtes, après partage vuidé en la ſeconde, qu'il ſuffiſoit
d'avoir donné l'aſſignation dans la 30. année.

L'action en retrait conventionnel peut être intentée de
la part du vendeur, ou de ſes heritiers contre tous poſſeſſeurs
du fonds, parce qu'elle eſt *in rem ſcripta*, ſuivant la Doctrine de Dumoulin *in conſuetud. Pariſ. tit. 1. des fiefs*, §. 23.
in verbo droit de relief, num 16. Papon en ſes Arrêts, Liv.
12. tir. 3. art. 14. obſerve que le fonds étant affecté à cette
faculté, *res tranſiit cum ſua cauſa*, & n'a pû être vendu ſans
cette charge & condition reſolutoire ; & il rapporte un Arrêt du Parlement de Bordeaux, qui l'a ainſi jugé.

Mais c'eſt une queſtion, ſi les fruits du fonds étant pendans & prêts à être cuëillis au tems du rachat, le retrayant
a droit de les percevoir, comme faiſant alors partie du fonds,
en rembourſant l'acquereur des fraix des cultures, & de la
ſemence jettée ſur le fonds, ou ſi au contraire ces fruits
doivent être partagez entre le retrayant & l'acquereur, qui
doit joüir des fruits à proportion du tems que le vendeur
a joüi lui-même de ſes deniers *argumento, Leg. uſuræ, ff.
de uſur.*

Peregrinus *de Fideicomm. art.* 49. N°. 98. eſtime ce partage juſte, & dit l'avoir vû ainſi juger ſur l'opinion de pluſieurs Docteurs, parmi leſquels il range Tiraqueau qui eſt
François ; toutefois les Arrêts de ce Parlement conformes
en ce point à ceux du Parlement de Paris, dont fait mention Charondas, *reſponſ. Liv.* 5. *Chap.* 33. ont decidé que
les entiers fruits pendans par les racines, appartenoient au
retrayant, en rembourſant le poſſeſſeur de tout ce qu'il peut
prétendre à ce ſujet, s'il n'y a pacte ou convention ſur ce
contraire. Mr. Maynard, Liv. 2. Chap. 31. rapporte un
Arrêt du mois de Septembre 1584. qui l'a ainſi jugé.

Ces deux préjugez ont été rendus ſur des motifs diffe-

rens , de ceux qui ont fervi à la décifion contraire des Interprêtes : ces motifs peuvent être fondez fur ce que la préfomption étant que la vente à faculté de rachat fe fait ordinairement avec lefion du côté du vendeur , l'acheteur ne
perd rien , quoiqu'on lui enleve les entiers fruits pendans ,
fans lui faire part de la récolte , en repréfentation des interêts du prix de l'achat , dont le vendeur a joüi jufqu'au
tems du rachat , au lieu que les Interprêtes avoient eftimé
jufte & équitable d'adjuger à l'acquereur une portion de
ces mêmes fruits , en repréfentation de l'interêt du prix ,
dont le vendeur avoit joüi jufqu'au moment du rachat , & au
prorata du tems de cette joüiffance. C'eft par la chofe jugée
qu'il faut regler la décifion de cette queftion : J'ajoûterai
ici que la reftitution des fruits n'eft adjugée au retrayant ,
que dépuis la confignation valable du prix du rachat , fuivant la Jurifprudence de ce Parlement.

CHAPITRE IV.

Si la prefcription court contre le fubftitué pendant la vie
de l'heritier , & avant l'évenement du cas
de la fubftitution.

DEpuis que ce Parlement fe conforme à la déclaration du 18. Janvier 1712. concernant l'infinuation des
fubftitutions , la plûpart des queftions traitées dans ce Chapitre font devenuës oifeufes ; car fi la fubftitution fe trouve infinuée , elle eft par-là notoire , & le fubftitué n'a pas
befoin d'ufer d'aucune dénonciation au poffeffeur ou acquereur du fonds , pour conferver fes droits fur les biens alienez ; fi au contraire elle n'a point été infinuée , le tiers
acquereur n'a rien à craindre du côté de l'éviction quelque
dénonciation qui lui fût faite de la part du fubftitué , parce que l'infinuation étant la feule voye legale pour rendre

la fubftitution notoire, l'acquereur n'eft point obligé de déferer à une dénonciation, & ne peut être conftitué par là en mauvaife foi, fuivant la Doctrine de *Richard*, traité de donations, *Tom.* 1. *part.* 1. *Chap.* 4. *fect.* 3. *pag.* 281. & la feule reffource qui refte au fubftitué, eft la voye du recours contre l'heritier de l'heritier grevé, à raifon de l'alienation du fonds fubftitué, *Leg. Fin.* §. *fin autem*, *Cod. Comm. de legat.* de même que pour la négligence d'avoir laiffé prefcrire une dette active de l'heredité, *Leg. Mulier.* 22. §. *fed enim*, *ff. ad trebell.*

Mais en fuppofant la fubftitution dûëment infinuée, & par confequent établie fur des fondemens folides, la prefcription des dettes hereditaires, court utilement contre le fubftitué, avant même l'ouverture de la fubftitution, fuivant le paragraphe, *fi temporalis actio* de la Loi 70. *ff. ad trebell.* La raifon de la Loi eft prife de ce que le débiteur pouvant fe liberer en payant à l'heritier grévé la fomme dûë, *Leg. Ante reftitutam* 104. *ff. de folution.* il peut confequemment prefcrire, *præfcribens folventi fimilis eft.* Et c'eft par cette raifon qu'on ne peut appliquer dans ce cas la maxime *contra non valentem agere*, *non currit præfcriptio.*

CHAPITRE VI.

Si la prefcription d'une dette, dont le débiteur a chargé fon acheteur de faire le payement, court au profit du premier débiteur ou de l'acheteur qui s'eft chargé de payer.

SI dans l'efpece de l'Arrêt du mois de Janvier 1666. la délegation faite par Salleles, eût été acceptée par Hênri, il n'y a pas de doute que la prefcription n'eût couru au profit de Dordet débiteur des fommes déleguées, & cela, parce que l'acceptation d'Henri auroit fait une novation de dette, & que l'obligation consentie en 1628. en sa faveur par Salleles auroit demeuré éteinte, celle de Dordet ayant pris sa place ; *nam interventu novæ personæ, nova nascitur obligatio & prima tollitur translata in posteriorem instit. quibus mod. tollit. obligat. ad §. præterea.* Or d'Henri ayant laissé préscrire l'obligation, la préscription ne pouvoit tourner qu'au profit de Dordet.

La délegation n'ayant pas été acceptée, ni tacitement, ni expressément par d'Henri, il n'y avoit point de novation de dette ; n'y ayant point de novation, l'ancienne obligation de l'année 1628. n'auroit pû être préscrite qu'en faveur de Salleles seul débiteur d'Henri, parce que celui-ci n'ayant point eu de connoissance de l'indication faite par Salleles, & ne connoissant d'autre débiteur que lui, ne pouvoit avoir laissé préscrire l'obligation qu'en sa faveur ; ainsi, vainement Dordet auroit prétendu profiter de cette préscription.

Dans cette hypothese, Salleles ayant acquis par le relâchement tacite d'Henri son Créancier, & par la préscription la somme dont il lui étoit débiteur, pouvoit contraindre Dordet à lui payer cette même somme, parce que celui-ci n'en étoit point liberé, suivant la convention des Parties, & qu'il devoit s'imputer de n'avoir point fait accepter la délegation à d'Henri, ou du moins d'avoir omis de la lui notifier par acte public ; car sans cela la délegation n'étoit point parfaite, & son obligation subsistoit en faveur de Salleles ; en sorte que les Créanciers de celui-ci auroient pû valablement user de bannimens sur cette même somme.

C'étoit-là selon moi, la raison qui devoit déterminer la décision de cet Arrêt ; car de dire que la préscription avoit été interrompuë en faveur d'Henri Créancier de Salleles, par l'aveu de la dette fait par celui-ci dans le Contrat, contenant délegation, il me semble que cette allegation ne pouvoit être un motif de décision, que dans les circonstances ou d'Henri auroit été Partie dans le même Contrat, & que l'aveu de Salleles auroit été fait avec lui.

Quoiqu'il soit de maxime que la préscription est interrompuë

rompuë *minima agnitione debiti.* Cela s'entend entre le Créancier & le débiteur, mais non avec un tiers ; en forte qu'on pouvoit regarder cet aveu de Salleles, *ut res inter alios acta* quant à d'Henri.

D'ailleurs étant de maxime que *nemo alteri stipulari potest nisi sua intersit*, il auroit fallu que Salleles eût été intereffé perfonnellement dans cet aveu de la dette, pour qu'il eût pû profiter à d'Henri, à l'infçû duquel il étoit fait. Or loin que Salleles fût intereffé dans cet aveu, il avoit intérêt au contraire de garder le filence fur ce point, puifque ce filence laiffoit à la prefcription qui devoit le liberer fon cours libre.

CHAPITRE VII.

Si l'heritier qui repudie, ou l'heritier chargé de rendre, peuvent retenir les dettes paffives prefcrites pendant leur joüiffance.

IL y a cette difference à faire entre la prefcription des dettes paffives de l'heredité, qui a commencé pendant la vie du Teftateur fubftituant, & celle du fonds de cette même heredité, que la prefcription des dettes paffives s'étant accomplie fur la tête de l'heritier grevé, lui acquiert irrévocablement ces mêmes dettes ; en forte que les heritiers peuvent les repeter fur le Fideicommiffaire, au lieu qu'à l'égard des fonds prefcrits, ils font acquis à l'heredité, & nullement à l'heritier grevé.

La raifon de cette difference eft prife, de ce qu'en maxime celui qui a laiffé prefcrire une dette hereditaire, eft cenfé avoir reçû le payement des mains de l'heritier grevé fur la tête duquel la prefcription s'eft accomplie *prefcribens folventi fimilis eft.* Or l'heritier étant cenfé avoir fait ce payement, a confequemment droit de répetition des mêmes fommes fur le Fideicommiffaire, le cas écheant de l'ouverture de la fubftitution.

Il n'en eft pas de même, felon Peregr. *de Fideicom. art.* 10. *num.* 11. des fonds hereditaires, que le Teftateur avoit commencé de prefcrire avant fon decès, la prefcription qui s'accomplit fur la tête de l'heritier grevé, acquiert ces fonds à l'heredité & au Fideicommiffaire, à qui la reftitution en eft faite, *res*, dit-il, *per hæredes bona fide ufucaptæ, ex perfona defuncti, veniunt in judicio familiæ ercifcundæ, & quia in petitione hæreditatis Fideicommiffaria veniunt quaque, quoquomodo tenta, & poffeffa per defunctum tempore fua vita & mortis.*

Il en eft autrement des dettes paffives de l'heredité & des actions, foit que la prefcription ait commencé de courir du vivant du Teftateur, foit après fa mort, comme celle des fimples legs ; l'heritier grevé qui en a prefcrit le payement peut le repeter.

Duperier, Liv. 3. Chap. 20. n'eft pas de ce fentiment, il croit que la maxime employée par les Docteurs, *præfcribens folventi fimilis*, eft faite pour le débiteur qui fe trouve liberé par le fecours de la prefcription ; mais non pas pour en conclurre que l'heritier grevé, fur la tête duquel cette prefcription s'eft accomplie, ait le même droit après avoir prefcrit la dette, que s'il l'avoit acquittée de fon propre argent. Il ne rapporte pour appuyer fon opinion que cette raifon de convenance, que fi cela étoit, il s'enfuivroit qu'un mari, qui par la négligence du Créancier de fa femme auroit prefcrit une dette, en pourroit demander le payement à fa femme, & la déduire fur les droits dotaux ; le cas de reftitution de la dot arrivant.

Mais ce Docte décifionaire n'a point fait réflexion, qu'il y a cette difference entre l'heritier grevé & le mari ; que le premier n'eft pas fimple adminiftrateur ou ufufruitier des biens, étant au contraire reputé par le droit *hæres & dominus*, la fubftitution pouvant devenir caduque par le prédecès du Fideicommiffaire, & que confequemment il peut acquerir par le fecours de la prefcription, ce que le Teftateur qu'il repréfente auroit acquis lui-même, au lieu que le mari n'eft dans le fonds que fimple ufufruitier & adminiftrateur des biens dotaux, n'en étant reputé le maître pendant le mariage que *fubtilitate legum*, *Leg. In rebus*, *Cod. de jur. dot.* ce qui fait que la prefcription des fommes dotales, ne peut courir en fa faveur, mais de fa femme.

L'Auteur pofe pour maxime que l'heritier grevé peut repeter fur le Fideicommiffaire les legitimes prefcrites pendant fa joüiffance, & il rapporte un Arrêt du 8. Juillet *1696.* qui le jugea de même.

Cet Arrêt eft fondé fur cette regle, *præfcribens folventi fimilis*; mais fuivant la Doctrine des Interprêtes, & la décifion des Arrêts du Parlement de Grénoble, les legitimes prefcrites font l'exception de cette regle, & font acquifes à l'heredité dont elles font une portion *jure quodam accrefcendi*, & nullement à la perfonne de l'heritier grevé, fur la tête duquel la prefcription s'en eft accomplie ; & je croi cette décifion fondée fur la pureté des maximes du droit, dans les circonftances ou la legitime doit être expediée en corps hereditaire, & non en argent

Me. de Ferriere célebre Avocat de ce Parlement, & dont l'autorité y eft d'un grand poids, traite cette queftion fur *Guip.* queft. 303. fi la legitime eft acquife par prefcription à l'heritier grevé ou à l'heredité, & il la refoût contre l'heritier.

Les raifons fur lefquelles il fonde fa décifion me paroiffent concluantes. Après avoir touché la raifon de douter, prife de cette regle, que *qui patitur ufucapi videtur alienare in favorem hæredis*, *Leg. Alienationis*, *ff. de verbor. fignif.* il répond, *contrarium tamen verius eft ; nam legitima nihil aliud eft quam tertia pars patrimonii vel bonorum, quafi non petatur à liberis, vel in totum, vel pro parte accrefcere debet toti patrimonio, ita ut hæres qui non folvit legitimam eam capiat jure accrefcendi ob negligentiam non petentis. Quod autem hæres capit jure accrefcendi non retinet ; fed reftituere debet Fideicommiſſario* , *Leg. Si totam* , *ff. de acq. hæred. nam portio patroni accreſcit non perſonæ* , *ſed rei* , *Leg.* 1. *Cod. quando non petent part.*

A quoi l'on peut ajoûter que la demande des legitimes eſt plus réelle que perſonnelle , puiſqu'elle tend à un partage des biens fonds entre l'heritier & les legitimaires , qui ont droit de ſe faire expedier leur quotte part de tous les biens ; qu'ainſi l'accroiſſement des portions abandonnées ſe fait de plein droit à la choſe , ou pour mieux dire que l'abandon de ces portions eſt un vrai relâchement que les legitimaires ont fait , de leur portion hereditaire à la maſſe de l'heredité , de laquelle ils n'ont pas voulu la ſéparer ; d'où il faut conclurre que l'heritier grevé ne peut repeter ſur le Fideicommiſſaire ces portions hereditaires. A la difference des dettes paſſives de l'heredité purement perſonnelles , qui étant reputées meubles de leur nature , ne peuvent accroître à l'heredité par l'abandon des Créanciers , & dont l'heritier grevé eſt cenſé avoir fait le payement en argent comptant , ſuivant la maxime *præſcribens ſolventi ſimilis eſt.*

Ferriere n'eſt pas le ſeul de cette opinion , *Peregr. art.* 35. *de Fideicom. cancer variar. reſolut. part.* 1. *Cap.* 3. *de legitima* , *N*°. 8. Duperier , *Liv.* 3. *Chap.* 20. ont tenu la même opinion.

Les Arrêts du Parlement de Grénoble , rapportez par Rabot en ſa note , ſur la *quæſt.* 303. Guip. *& par* Expilli *en ſes Arrêts* , *Ch.* 234. l'ont ainſi jugé.

Il eſt vrai que Ferr. *loco ſupra* rapporte un Arrêt de ce Parlement du 2. Avril 1597. qui jugea que l'heritier grevé pouvoit repéter ſur le Fideicommiſſaire les légitimes par lui preſcrites , mais ce Docteur combat cette déciſion avec avantage , & l'on ne voit point de raiſon qui puiſſe autoriſer ce préjugé.

Surquoi j'obſerverai que Graverol ſur la Roche *Liv.* 6. *verbo* legitime *art.* 11. peut être repris de ce qu'il a avancé , que les Arrêts rapportés par Maynard , *Liv.* 4. *Chap.* 24. *&*

Liv. 5. *Chap:* 56. étoient conformes à celui dont Ferr. a fait mention, & que tel étoit l'ufage de ce Parlement, que les legitimes prefcrites étoient acquifes à l'heritier grevé, puifque les Arrêts de Maynard font dans l'efpece des renonciations faites par les enfans, ou aux fucceffions de leur pere ou mere, ou au fupplément des legitimes, renonciations ! qui étant faites en faveur de la perfonne qui les a acceptées, tournent fans difficulté à fon avantage ou de fes heritiers. Ce qui eft bien different de l'abandon tacite qu'un legitimaire fait de fon droit de legitime, par la prefcription à laquelle fon inaction a donné lieu, puifqu'il ne fait autre chofe que laiffer dans la maffe de l'heredité une portion qu'il avoit peu en féparer.

Que fi au contraire il avoit renoncé à partie de fa legitime, où à la legitime entiere par un Contrat paffé avec l'heritier grevé, alors celui-ci pourroit repéter fur le Fideicommiffaire cette legitime, parce qu'il l'auroit acquife par fon fait & par fon induftrie, telle eft la diftinction judicieufe de Ferriere *loco fupra*.

CHAPITRE VIII.

Si l'Affocié peut prefcrire contre fon Affocié.

LA raifon qui empêche le Seigneur par indivis d'un fonds, de prefcrire contre le Coffeigneur par aucun laps de tems que ce puiffe être, eft prife de ce que le Seigneur par indivis poffede la directe du fonds, tant à fon nom qu'à celui de l'autre Coffeigneur, & cette poffeffion eft folidaire entre eux, en forte qu'elle n'eft divifée que par leur concours dans les portions, *Leg. conjunctim* 8. *ff. de Legat.* 3. or étant décidé par les textes du Droit Civil & Canonique, qu'on ne peut jamais prefcrire ce qu'on poffede au nom d'autrui, *Leg. cum hæres* 11. *ff. de diverf. tempor. præfcr. & cap. fi diligenti* 17. *extra de præfcr.* Il s'enfuit que le Seigneur par indivis ne

peut preſcrire contre le Coſſeigneur, au nom duquel il poſſede partie de la directe.

On peut ſeulement preſcrire la directe contre le veritable
Seigneur par une poſſeſſion trentenaire établie ſur des actes
apparens, comme de reconnoiſſances féodales faites au profit de celui qui veut s'aider de la preſcription, quoiqu'à l'inſçû
du veritable Seigneur directe ; telle eſt la doctrine de Dumoulin *in conſuet Pariſ. tit. de fiefs* §. 51. *num.* 21.

Toute ſocieté entraîne avec ſoi la ſolidité ; en ſorte que
dans le cas de deux aſſociés dans la poſſeſſion d'un fonds,
on peut regarder l'un d'eux comme proprietaire *in ſolidum* de
ce même fonds ſuivant la Loi *conjunctim* déja citée. D'où il
faut conclurre que celui qui acquiert le fonds de la main d'un
des aſſociez, eſt cenſé le tenir de la main de tous les deux ;
& voilà pourquoi il peut preſcrire contre l'autre qui n'a point
eu de connoiſſance de la vente, ſauf le recours de celui-ci
contre ſon coaſſocié pour la reſtitution des deniers de la portion qui le compéte, & les domages & interêts, ſi le cas y
échoit

CHAPITRE XI.

Si une Sentence nulle, ou un Contrat nul, ou une aſſig-
nation devant un Juge incompétant interrompt
la preſcription.

JE croi qu'il faut uſer de cette diſtinction à l'égard des aſ-
ſignations libellées données devant un Juge incompétant.
Ou l'aſſignation a été donnée devant le Juge d'Egliſe, entre
Laïques pour choſe purement prophane, ou devant le Juge
Temporel, autre toutefois que celui qui devoit connoître
du fait & de la matiere.

Au premier cas, il ſemble que l'aſſignation ne peut interrompre le cours de la preſcription, par la raiſon que le Juge

d'Eglife n'ayant aucune efpece d'empire ni de jurifdiction fur les Laïques en matiere prophane , l'affignation donnée devant lui eft vaine & illufoire , & ne peut conféquemment produire d'effet.

Au fecond cas , l'affignation interrompt fans difficulté la prefcription , parce que tout Juge Temporel eft compétant pour connoître entre Laïcs des differentes matieres. Et que fon incompétance ne peut être établie , qu'en propofant un déclinatoire , & en infiftant devant lui aux fins de non proceder ; ainfi que je l'ai vû juger à l'Audience de la Tournelle le 17. Mars 1724. Préfident Mr. de Tournier , Mes. d'Aftruc & Bobée plaidans dans la caufe du Juge de Caftres intimé , & pris à partie fur le fondement qu'il avoit retenu la connoiffance d'un fait dont il étoit notoirement incompétant.

Ce juge ayant reprefenté par la bouche de Me. d'Aftruc fon Avocat que l'intimation étoit témeraire , quoiqu'incompétant. Delà , qu'on n'avoit point propofé de déclinatoire , la Cour le relaxa de cette intimation avec dépens , & lui adjugea 50. liv. de domages & interêts , l'art. 1. du tit. 6. de .l Ordonnance de 1667. doit être entendu felon la diftinction faite par cet Arrêt.

CHAPITRE XIII.

Si la prefcription court contre l'imbecille , contre l'abfent & ignorant , & pendant que la fucceffion eft difputée.

JE ne fçaurois me rendre à la décifion de l'Arrêt du mois d'Août 1657. qui décida que la prefcription dormoit , & ne couroit point contre l'imbecille. Puifque la Loi *Sicut* décide formellement le contraire en n'exceptant que le pupille. D'où fuivant les maximes , il faut conclurre que tous autres quelques privilegiés qu'ils foient , fe trouvent compris dans cette

conftitution. Le terme *dumtaxat*, que le Legiflateur a af-
fedé d'employer manifeftant fa volonté fur ce point. Or
la Loi renferme une exclufion formelle, pour tout ce qui
n'eft pas compris dans fa difpofition, vainement cherche-
t'on à l'étendre à ces perfonnes qui paroiffent également favorables, par identité de raifon ; fur-tout à l'égard des Conftitutions nouvelles des Empereurs (comme eft cette Loi)
qui doivent être prifes étroitement ; ainfi que l'obferve Mr.
Cujas.

Quoique le furieux ou imbecille ne puiffe acquerir par
prefcription, on peut néanmoins prefcrire contre lui fuivant
la Loi déja citée, par cette raifon que la prefcription pour
avoir fon cours contre le furieux, n'a pas befoin de fon confentement ni de fon fait, la liberation étant acquife de plein
droit au débiteur *Legis poteftate*, au lieu que pour pouvoir
acquerir par le fecours de la prefcription, il faut avoir la liberté du confentement, *animum poffidendi*. Ce que le furieux & l'imbecille n'ont point.

Il faut donc conftamment décider que la prefcription de
30. ans appellée *longiffimi temporis*, court pour les actions
perfonnelles contre tous ceux qui ne font point exceptés
par la Loi *Sicut*.

Surquoi j'obferverai que quand la Loi *6. Cod. qui milit.
poff.* décide que la prefcription ne court point contre celui
qui ignore, cette Loi ne peut être entenduë que de la prefcription *longi temporis*, ou de toute autre d'un moindre cours,
comme eft la prefcription annale.

La regle *contra non valentem agere non currit prefcriptio*,
tombe fur ceux qui font liés, *impedimento juris*. Elle ne peut
être appliquée qu'à ceux qui n'ont point d'action en main,
lorfqu'il faut agir pour interrompre le cours de la prefcription, & former une demande comme par exemple, le Fideicommiffaire avant l'ouverture de la fubftitution, pour ce
qui concerne la revocation des alienations faites par l'heritier
grevé.

CHAP.

CHAPITRE XIV.

*Si l'acheteur prefcrit par le laps de dix ans, les arrerages
de rente anterieurs à fon acquifition, & les lods d'une
acquifition anterieure à la fienne.*

Toute forte d'hypothéques peuvent être prefcrites par
le tiers Acquereur, par une poffeffion paifible de 10.
ans avec titre & bonne foi. C'eft la Jurifprudence des differens Parlemens de ce Royaume fondée fur la Loi 1. *& ult.
Cod. fi adverfus credit præfc. opponat.*

C'eft fur ces principes, qu'il faut décider, que le tiers Acquereur prefcrit l'hypothéque du Seigneur directe, concernant le lods de l'achat que le vendeur du fonds en avoit déja
fait, & qui fe trouvoient encore dûs au tems de la feconde
vente, & que non feulement les arrerages dûs au Créancier
de la rente fonciere conftituée à prix d'argent, mais la rente
elle-même, demeurent éteints par cette poffeffion du tiers Acquereur, quoique pendant tout cet efpace de tems le vendeur
du fonds ait payé au Créancier hypothecaire la rente. Ce
Créancier devant s'imputer d'avoir demeuré dans l'inaction
pendant tout cet efpace de tems, fans avoir fait appeller le
tiers Acquereur en déclaration d'hypothéque. C'eft l'obfervation de Brodeau fur Loüet Lettre P, Somm. 2. fondée fur
un Arrêt du Parlement de Paris qu'il rapporte.

Par cette même raifon, le tiers Acquereur doit être relaxé
de la demande du Seigneur directe, qui n'ayant peu ignorer
la poffeffion, a dû faire affigner l'Acquereur pour voir ordonner que ce même fonds lui demeureroit hypothequé pour
le payement du lods.

Mr. Maynard Liv. 7. Chap. 61. rapporte un Arrêt de ce
Parlement de l'année 1587. conforme à celui dont fait mention Brodeau, ajoûtant que ce Parlement a trouvé à propos

de suivre en ce point l'art. 115. de la Coûtume de Paris titre des prescriptions, & les Arrêts de son Parlement rendus
en conséquence. Bouvot tom. 1. part. 1. *in verbo* constitution de rente *quæst.* 2. rappelle aussi ce même article de la
Coûtume de Paris, conformément auquel il conclud que le
Créancier est irrecevable de s'en prendre au tiers Acquereur,
de bonne foi; après dix ans de possession paisible pour l'hypothéque de la rente constituée à prix d'argent sur ce même
fonds, quoique le vendeur ou son heritier ayent payé la rente
au Créancier depuis la vente.

Le tiers Acquereur du fonds emphitéotique, ne peut prescrire la censive, parce que le fonds passe entre ses mains avec
cette charge qui lui est inherante, *res enim transit cum sua
causa*, il peut seulement prescrire l'hypothéque qui compéte
au Seigneur, pour les arrerages qui se trouvoient dûs, & dont
il n'avoit point connoissance lors de la vente, le Seigneur devant s'imputer de n'avoir point fait de dénonciation d'hypo-
que.

CHAPITRE XVI.

De la prescription des actions récisoires.

IL faut que les Lettres soient non seulement impetrées dans
les dix années, mais encore signifiées à la partie avec as-
signation, la prescription qui court depuis le jour que l'impé-
traint a peu agir, ne pouvant être interrompuë que par sa demande judiciaire qui constituë son adversaire en mauvaise
foi.

Quoique selon nos maximes les voyes de nullité n'ayent
point lieu en France, & qu'il faille regulierement obtenir
des Lettres de la Chancellerie en récision des Contrats nuls
ou cassables par quelque moyen de droit, il y a toutefois une
exception à cette regle, pour les Contrats qui se trouvent
faits contre l'ordre public, ou police generale du Royau-

me , & qui renferment des claufes contre les bonnes mœurs.
Ils font nuls de plein droit , & il n'eft pas neceffaire pour les
anéantir d'avoir recours aux Lettres en récifion , ni de fe
pourvoir dans les dix années prefcriptes par l'Ordonnance de
Loüis XII. C'eft l'obfervation de Bourdin en fa paraphrafe
fur l'Ordonnance de 1539. *art.* 134. *& d'Argentré fur la
Coûtume de Bretagne art.* 283. *in verbo* toutes récifions ; &
telle eft la Jurifprudence de ce Parlement.

C'eft un point d'ufage que le Contrat s'execute provifoirement pendant l'inftance en récifion , quand il porte execution parée , ce qui eft fondé fur la Loi *Cum precibus Cod. de
probat.* & fur la doctrine des Interprêtes *ad Leg. fatis apertè ,
Cod. ad Leg. Cornel. de falf.* qui décident que le Contrat
doit être entretenu , jufques à ce qu'on ait fait preuve des
faits articulés contre fa teneur.

Je croi qu'il faut diftinguer fur cette matiere les Contrats
nuls de plein droit , comme par exemple les obligations contractées par un Mineur pour fimple prêt & fans preuve d'em-
ploi , celles d'un fils de famille pour même prêt , celles d'u-
ne femme pour cautionnement , d'avec les obligations nulles
& caffables par quelque défaut qu'on leur impute , comme
s'il y eft entré du dol perfonnel , ou du faux , & de la fup-
pofition qui donnent lieu à une inftance en récifion de l'o-
bligation.

Au premier cas, les obligations n'emportent point garni-
fon de main ; c'eft-à-dire, que les Lettres en récifion ne fuf-
pendent point l'execution du Contrat , & c'eft aux obligations de cette efpece qu'il faut appliquer la doctrine de Rebuffe , *de litt. obligat. art.* 1. *Gloff. 9. num. 36.* la raifon en
eft que ces obligations portent leur vice fur le front, ce qui
doit fuffire pour en empêcher l'execution provifoire.

Il n'en eft pas ainfi des autres obligations , arguées de dol
ou de faux , à moins que le vice ne fut manifefte. L'execution doit en être ordonnée provifoirement, parce que la Loi
préfume pour la verité du Contrat jufques à ce que cette
préfomption foit détruite par la preuve du contraire , ce qui

eſt l'eſpece des Loix déja citées. Surquoi l'on peut voir Charondas en ſes Obſervations *in verbo* faux ou fauſſeté.

Les dix années de l'Ordonnance de Loüis XII, pour ſe pourvoir en réciſion des Contrats, courent regulierement du jour du Contrat, à moins qu'il n'y ait quelque empêchement de droit ou de fait ; c'eſt ainſi que le Parlement de Paris le jugea par ſon Arrêt du 31. Juillet 1600. en faveur d'une veuve qui attaquoit un Contrat qu'elle avoit paſſé pendant ſon mariage, par la violence que ſon mari avoit exercée à ſon égard. Cet Arrêt eſt rapporté par Mornac ſur la Loi 1. *Cod. de annal. except.* ou ce Docteur obſerve que c'eſt une précaution raiſonnable, & qu'il eſt plus ſûr dans ces circonſtances d'uſer de proteſtation ſur le fait de violence, que de garder le ſilence pendant un mariage qui peut durer 50. années.

On peut tirer un argument de cet Arrêt pour tous les cas où l'on n'a pas la liberté requiſe pour agir, & de ſe pourvoir en caſſation des Contrats comme par exemple dans le cas ou celui qui a un dol perſonnel à relever contre un Contrat, vient à tomber dans l'imbecillité avant les dix années de l'Ordonnance expirées, & contre lequel cette eſpece de preſcription ne doit point courir depuis ce moment. N'y ayant que la preſcription de 30. ans qu'on puiſſe lui oppoſer (ainſi que je l'ai déja montré) & dans ces circonſtances l'imbecille ayant recouvré l'entendement, & le bon ſens, il faut déduire tout le tems que l'imbecillité a duré. En ſuivant l'eſprit de cet Arrêt qui explique celui de l'Ordonnance, qui n'ayant point elle-même uſé d'aucune exception, ni diſtinction, pouvoit laiſſer cette queſtion douteuſe, ſi le doute n'eut été diſſipé par ce préjugé.

CHAPITRE XIX.

De la peremption.

Par l'Ordonnance de Roussillon, art. 15. *l'Instance in-tentée, or'es qu'elle soit contestée, si par le laps de trois ans, elle est discontinuée, n'aura aucun effet de perpetuer ou proroger l'action, ains aura la prescription son cours, comme si ladite Instance n'avoit été formée ni introduite, & sans qu'on puisse prétendre prescription avoir été interrompuë.*

Cet article est une regle pour les differens Tribunaux de ce Royaume ; mais ils l'ont reçuë avec des exceptions qu'il faut necessairement marquer ici, pour donner à cette matiere le jour qui lui est propre.

En premier lieu, quoique les Arrêts interlocutoires soient sujets à peremption, par la Jurisprudence de ce Parlement, étant regardez comme des actes d'instruction, en execution desquels il dépend des Parties d'agir ; néanmoins, si l'Arrêt contient quelque chef, par lequel un point du Procès ait été jugé diffinitivement : Ce chef ainsi jugé proroge pendant 30. ans le tems de l'interlocutoire, suivant la Doctrine de Graverol sur la Roche, Liv. 3. tit. 6. art. 1. & l'Arrêt de ce Parlement qu'il rapporte, en datte du 19. Janvier 1656. Albert, Lettre P, *verbo* peremption d'Instance, art. 1. rap-porte deux Arrêts conformes ; le premier en datte du 5. Avril 1644. le second du 23. Avril 1648.

La raison que donne Graverol *loco supra* de cette Juris-prudence, est que quoique regulierement *tot sint sententiæ quot capita.* Toutefois l'Arrêt interlocutoire qui juge dif-finitivement quelque chef, est regardé comme un acte in-divisible à l'égard de la prescription ; & c'est ce qui con-vient également aux sentences ; en sorte que l'Arrêt de l'an-née 1662. rapporté dans ce Chapitre, n'est point suivi dans la pratique.

G g iij

En ſecond lieu par l'uſage de ce Parlement, l'inſtance n'eſt point ſujette à cette peremption de 3. ans; mais ſeulement à la preſcription de 30. ans, lorſque la cauſe a été miſe au rôle, ni lorſque le Procès eſt inſtruit, & remis entre les mains du Rapporteur; en ſorte qu'il ne dépend que de lui de le juger. Parce que dans ces circonſtances nulle négligence ne peut être imputée à la Partie.

En troiſiéme lieu, le decès de l'une des Parties, arrivé avant que la peremption ſoit accomplie en arrête le cours, ainſi que le decès du Procureur; & c'eſt à la Partie qui veut s'aider de la peremption, à s'imputer de n'avoir pas fait aſſigner les heritiers en répriſe d'inſtance, ou ſon Adverſaire en conſtitution de nouveau Procureur.

Les actes probatoires, comme Enquêtes, Réponſes cathégoriques, ne ſont point ſujets à peremption, quoique l'inſtance y ſoit tombée; telle eſt la Doctrine de Guip. *quæſt.* 136. *licet ſit perempta inſtantia judicii; non tamen perimuntur probationes & confeſſiones, nec alia reſpicientia merita cauſæ, maximè in eodem judicio, & inter eaſdem perſonas; licet benè citationes, cautiones, & ſimilia.*

En quatriéme lieu, la Loi *Properandam* excepte les inſtances, concernant le fiſc ou Domaine du Prince, & telle eſt notre Juriſprudence Françoiſe, atteſtée par *Neron*, ſur l'art. 15. de l'Ordonnance de Rouſſillon, & par *Chopin* ſur la Coûtume de Paris, Liv. 2. tit. 7.

La peremption d'inſtance a lieu dans tous les cas, qui ne ſont point ſpecialement exceptez par les Arrêts des Parlemens, rendus dépuis l'Ordonnance de Rouſſillon. Qui doit être rigoureuſement obſervée, en ce qu'elle tend à l'extinction des Procès toûjours ruïneux pour les familles.

Dans cette vûë les Ordonnances anterieures à celle de Rouſſillon, comme eſt celle de 1539. réfuſoient toute eſpece de reſtitution envers le laps du tems, ce qui eſt religieuſement obſervé, ſelon la remarque de Mornac, *notandumq. eſt, nullam adverſus peremptionem inſtantiæ dari unquam restitutionem à principe. Hoc enim vetat edictum anni 1539. art. 120. quod réligiosissimè servamus.*

J'observerai ici que cette peremption, qui n'a pas lieu dans les instances pendantes aux Parlemens, lorsque le Procès se trouve en état, & entre les mains du Rapporteur, a lieu aux Requêtes du Palais, quoique Messieurs des Requêtes soient du corps du Parlement ; la raison qu'en donne Brodeau sur Loüet, Lettre P, Somm. 18. après avoir rapporté les Arrêts qui l'ont ainsi jugé, est que Messieurs des Requêtes du Palais ne sont point Juges superieurs, & font un corps separé du Parlement, pour ce qui concerne l'instruction & le jugement des Procès.

Albert *loco supra*, rapporte un Arrêt de ce Parlement, rendu à l'Audience le 9. Février 1645. en la cause de Latour & de l'Abbat, qui décida qu'un Arrêt portant que la chose sera sequestrée est d'instruction, & que par consequent il étoit sujet à cette peremption ; il semble néanmoins que quant à la sequestration ordonnée, il étoit diffinitif.

Il y a un Arrêt de ce Parlement, rendu à l'Audience de la seconde Chambre des Enquêtes le 6. Mai 1730. prononcé par Mr. le Président de Resseguier, qui a jugé que la peremption d'instance avoit pû être opposée par la Partie, dont le Procureur avoit le Procès en communication, quoiqu'il semblât d'abord qu'il n'y avoit pas de négligence dans les poursuites du côté de celui qui défendoit la prescription, puisque son Procureur se trouvoit désaisi du Procès.

Toutefois, comme c'est une regle du droit que *ibi nulla mora intelligitur, ubi nulla petitio*, on n'imputa point de retardement à celui qui avoit le Procès en communication; mais au défendeur à la peremption. Qui devoit avoir poursuivi des Ordonnances en remise du Procès, & avoir contraint le Procureur dans les trois ans, pour interrompre le cours de la peremption.

Cet Arrêt fut rendu dans la cause de Pierre Roques ses freres & sœurs, contre Antoinette Delcros appellante

d'une fentence renduë par le Sénéchal de Figeac, plaidant
Me. Sol.

Suivant la pratique & l'ufage de ce Parlement, quand
le Procès eft entre les mains du Rapporteur, quoiqu'il ne
foit inftruit que de la part d'une des Parties, l'inftance n'eft
pas fujette à la peremption.

CHAPITRE XXII.

De la prefcription du tiers poffeßeur contre l'hypothéque de la dot.

QUand le mari aliene pendant le mariage, le fonds fur lequel la femme a hypothéque pour la répetition de fa dot,
le tiers acquereur ne peut la prefcrire durant le cours du mariage, parce que la femme n'a pas alors l'exercice libre de fes actions, la prefcription ne commençant à courir que du jour
que la femme fe trouve déliée, ou par la mort du mari,
ou par la diftribution génerale de fes biens.

L'ufage dont parle l'Arreftographe eft fondé fur le texte
de la Loi *In rebus 30. Cod. de jur. dot. omnis autem temporalis exceptio, five per ufucapionem inducta, five per decem
five per viginti annorum curricula, five per triginta vel quadraginta annorum metas, five ex alio quocumque tempore ma-
jore, vel minore fit introducta, ea mulieribus ex eo tempore op-
ponatur, ex quo poffint actiones movere, id eft opulentis quidem maritis, conftitutis poft diffolutum matrimonium, minus autem idoneis, ex quo infortunium eis illatum effe claruerit.*

La prefcription du tiers acquereur ayant commencé de
courir d'abord après la diffolution du mariage arrivée par la
mort du mari ; cette prefcription fe continuë pendant le
fecond mariage de la femme, quoiqu'elle fe foit conftituée
les mêmes fommes ; par la raifon qu'il eft de maxime, que
quand la prefcription a commencé contre la femme avant
fon mariage, non feulement pour les dettes & actions ; mais
encore

encore pour les fonds dotaux, dont le droit est plus privilegié. Cette prescription court irrevocablement contre elle, *Leg. Si fundum* 16. *ff. de fundo dotal.* & la seule ressource qui reste à la femme, est le recours contre les heritiers de son mari, à raison de la négligence qu'il a marquée en laissant prescrire l'action, ce que la Loi compare à
une vraye alienation, *alienationis, verbum, etiam usucapionem
continet. Vix est enim, ut non videatur alienare, qui patitur
usucapi. Leg.* 28. *ff. de verbor. signif.*

CHAPITRE XXIII.

Si l'Engagiste prescrit l'hypothéque.
S'il prescrit la proprieté.

LA Loi *Cum notissimi,* §. *sed illud, Cod. de præscr.* 30.
vel 40. *annor.* décide formellement que le Créancier
posterieur, qui possede le fonds du débiteur commun *jure
pignoris*, peut prescrire l'hypothéque contre le Créancier
anterieur par le laps de 40. ans, si le débiteur est en vie,
& par celui de 30. s'il est decedé : Or comme par la Jurisprudence de ce Parlement, l'action hypothecaire est su-
jette à la prescription de 30. ans, comme l'action personnelle, & qu'elle n'est jamais prorogée au-delà ; je croi qu'il
faut constamment décider que l'Engagiste du fonds peut prescrire par ce laps de tems l'hypothéque contre le Créancier
anterieur. *Cujas* & les autres Interprêtes sur la Loi citée,
ont tenu pour maxime que l'Engagiste, qui ne peut prescrire contre le débiteur par aucun laps de tems, pouvoit
prescrire l'hypothéque contre un Créancier, suivant la disposition de la Loi *Cum notissimi.* Ainsi il faut restraindre
la décision des Arrêts rapportez dans ce Chapitre, à la seule
prescription de dix ans, dont l'Engagiste ne peut s'aider
contre un autre Créancier de son débiteur, & en excepter
celle de 30.

Si l'Engagiſte n'a pas encore preſcrit l'hypothéque, le Créancier anterieur peut agir *recta via* ſur le fonds engagé, ſans êtré obligé à une diſcuſſion préalable des autres biens du débiteur, cette diſcuſſion n'étant requiſe, que quand le débiteur a fait une alienation abſoluë ; mais les Créanciers poſterieurs au Contrat d'engagement, ne peuvent dépoſſeder le Créancier Engagiſte, qu'en le rembourſant de ſon principal fraix & Loyaux-Coûts, Brodeau ſur Loüet, *Lettre P , Somm.* 41.

Il eſt décidé dans le paragraphe penultiéme de la Loi *Cum notiſſimi*, que la ſeule poſſeſſion du gage tient lieu d'Inſtance contre le débiteur, & fait obſtacle à la preſcription, & c'eſt ainſi que la Cour le jugea par un Arrêt du 17. Avril *1696.* au Rapport de Mr. de Ferrand Caſtillon, entre Charlemagne d'une part, & Jeanne Caſtanede d'autre.

CHAPITRE XXV.

Diverſes autres queſtions concernant les preſcriptions.

MR. *Maynard*, Liv. *6.* Chap. 87. obſerve, que l'Ordonnance de Loüis XII. de l'an 1512. art. *67.* concernant la preſcription de trois ans , contre les domeſtiques pour leurs gages, & celle de ſix mois pour les Marchandiſes & denrées venduës en détail, n'étoit point obſervée dans ce Parlement, quoi qu'elle y eût été enregiſtrée, & c'eſt ſur ce fondement que fut rendu l'Arrêt du 10. Septembre 1657. dont fait mention notre Arretiſte. Mais la Juriſprudence de la Cour, a changé pour ce qui concerne la vente des Marchandiſes en détail, depuis l'Edit de Loüis XIV. de l'année 1673. ſervant de reglement pour le commerce; elle ſe conforme à la diſpoſition des art. 7. 8. *9.* & 10. du tit. 1.

de cet Edit. Suivant l'Arrêt que j'ai rapporté fur le Chapitre 26. du Liv. 4. de mes Obfervations.

La difpofition de ces articles ne fçauroit être trop fcrupuleufement fuivie, puifque fon objet n'eft autre que d'étouffer cette multiplicité de Procès, qui naîtroient à l'occafion des differentes demandes des Marchands, & des artifans.

Je traiterai ici une queftion fur laquelle j'avois paffé legerement dans le Chapitre 1. du Livre 3. de cet ouvrage, elle confifte à fçavoir fi le droit de banc dans la Nef d'une Eglife Parroiffialle, peut être prefcrit contre un particulier par le laps de 30. ans, & contre les Marguilliers par celui de 40. dans le Reffort de ce Parlement, regi par le droit écrit.

Il faut d'abord établir un principe généralement reçû, que la proprieté du fonds des Eglifes, ne peut être prefcrite par aucun laps de tems, parce que c'eft chofe confacrée à Dieu, *inflit. de ufucap. & longi tempor. præfcr. ad* §. *fed aliquando.*

C'eft ce qui a fait dire à d'Argentré en fon Confeil 5. que la proprieté des Eglifes n'appartient à perfonne, & qu'elles font feulement en la protection du Roi, *licet fub Jurifdictione Domini in qua fitæ funt Ecclefiæ, five templa remaneant ; tamen ipfarum dominium, & proprietas nullius eft, funtque duntaxat, fub protectione Regis, aut principis fupremi jure fuperioritatis.*

Il n'en eft pas ainfi du fimple ufage de la Nef des Eglifes. La poffeffion des bancs qu'on y a, eft une efpece de fervitude à laquelle le fonds demeure affujetti ; & cet ufage continué fans interruption, pendant l'efpace du tems requis pour la prefcription, peut feul faire titre, parce qu'il le fuppofe anterieur à la poffeffion.

Les Parroiffiens Nobles, ou non, peuvent avoir des bancs dans la Nef de l'Eglife, & des fepultures ; ils peuvent encore faire conftruire des Chapelles à côté de la Nef, avec le confentement du Curé & des Marguilliers ; c'eft la re-

marque de Maréchal , traité des droits honorifiques , *Chap.*
2. *des bancs & ſepultures dans la Nef.* Les differens Arrêts
rapportez par Brodeau ſur Loüet , Lettre C, Somm. *9.*
autoriſent dans les Parroiſſiens l’uſage , & la poſſeſſion des
bancs dans la Nef, par la conceſſion des Marguilliers.

Cette poſſeſſion eſt regardée comme une choſe purement
prophane & temporelle , puiſqu’elle s’acquiert *pretio* & pour
quelque petite ſomme d’argent , qui tourne au profit de la
fabrique de l’Egliſe.

Cela poſé , rien n’empêche que le droit de banc ne puiſſe
être preſcrit contre un particulier par trente ans , & contre
les Marguilliers par celui de 40. ſans qu’on puiſſe oppoſer
ici un Arrêt de ce Parlement, rapporté par Cambolas , Liv.
1. de ſes Arrêts , Chap. 50. par lequel il fut ordonné que
le banc dont Lalele joüiſſoit dans l’Egliſe de Sauveterre ,
dépuis un tems immemorial , & qui lui étoit diſputé par
Duſton feroit ôté ; car il demeure etabli par l’eſpece de cet
Arrêt , que Lalele avoit prétendû avoir droit de banc , comme Gentilhomme , & qu’il fut troublé par Duſton dans la
préſeance de ce banc , ſur le fondement que celui-ci étoit
de plus ancienne Nobleſſe que l’autre.

L’Arrêt les mit hors de Cour & de Procès , & ordonna
pour mettre fin à toutes leurs conteſtations , que ce banc
feroit ôté de l’Egliſe , & cela ſur le fondement, que de droit
commun , il n’y a que le Patron & Haut Juſticier qui ayent
droit de banc dans les Egliſes.

Si cet Arrêt n’eût aucun égard à la poſſeſſion de Lalele ;
ce fut par la raiſon que cette poſſeſſion avoit été priſe & conti-
nuée ſur un faux titre, puiſque le poſſeſſeur avoit été dans cette
erreur de croire que ſa qualité de Gentilhomme lui donnoit
ce droit de banc (ainſi que le donne celle de Patron &
de Haut Juſticier.) Or on ne preſcrit jamais contre un titre vicieux & abuſif, *meliùs eſt non habere titulum , quam
habere vitioſum.*

Mais d’ailleurs le langage de l’Arreſtographe , fait aſſez
comprendre que les Juges eurent encore égard à la doctrine

de Loyſeau , des Seigneurs *Chap*. 11. *num. 60*. & ſuivans ,
de laquelle il faudroit conclurre , que ce droit de banc eſt im-
preſcriptible , mais cette doctrine n'eſt pas faite pour les
païs du reſſort de ce Palement , qui ſe regit par le droit Romain, puiſque Loyſeau *n. 67*. l'établit ſur une maxime rejettée
par le droit écrit , & par la Juriſprudence des Arrêts de ce
Parlement ; ſçavoir que l'uſage des bancs étant une eſpece
de ſervitude , ne peut former un titre par quelque laps de
tems que ce ſoit , puiſque d'un côté on ne peut acquerir par
preſcription une ſervitude. Et que de l'autre , celle de banc
ne peut être impoſée à la Nef de l'Egliſe.

La Juriſprudence de ce Parlement contraire en ce point ,
à celle du Parlement de Paris , autoriſe l'acquiſition des ſervitudes par la ſeule poſſeſſion ſans autre titre (ainſi que je l'ai
montré *Chap. 6*. du *Liv. 3*. de cet ouvrage) en ſorte que
le droit de banc , peut être preſcrit de Paroiſſien à Paroiſſien
par le laps de 30. ans , & contre les Marguilliers par celui
de 40. parce que la longue poſſeſſion ſuppoſe alors le titre
ou la conceſſion des Marguilliers , & le titre eſt toûjours préſumé quand la poſſeſſion eſt ancienne ; c'eſt-à-dire , de 30.
ou de 40. ans , *puto abſque dubio , tempus quod eſt ultra trigin-*
ta vel quadraginta annorum dicendum antiquum , c'eſt le langage de Dumoulin *in conſuet*. Paris des fiefs , *tit. 1. §. 8. n.*
82. c'eſt encore celui de Loüet Lettre D, Somm. 53. *tem-*
pus 40. annorum dicitur antiquum. Il eſt donc ſenſible qu'on
peut acquerir le droit de banc , dans la Nef de ſa Paroiſſe par
la poſſeſſion dont je viens de parler.

Au ſurplus quand Loiſeau a dit que la ſervitude de banc ne
pouvoit être impoſée à la Nef de l'Egliſe , cela doit être ainſi
entendu , que le fonds n'en eſt pas tellement aſſujetti à ce
droit de banc , qu'on ne puiſſe déplacer le banc toutes les
fois qu'il ſera incommode & embarraſſant pour les fonctions
des Miniſtres des Autels dans l'Egliſe ; car celui qui a le ſimple uſage d'un fonds , ne peut en l'exerçant , ſe rendre incommode au proprietaire , *ut neque Domino fundi moleſtus ſit , ne-*
que iis per quos opera ruſtica fiunt impedimento. Inſtit de uſu

& habit. mais excepté ce cas d'embarras pour le service Divin ; je croi que celui qui possede un banc dans la Nef depuis le tems requis pour prescrire, ne peut être troublé dans cette possession, parce qu'elle suppose une concession des Marguilliers, ainsi que je l'ai remarqué.

A l'égard de cette concession de banc dans la Nef, Maréchal *loco supra*, après l'Arrêt du Parlement de Paris du 5. Mars 1522. cité par Brodeau sur Loüet Lettre C, Somm. 9. num. 1. exige le consentement du Curé & des Marguilliers conjointement ; surquoi il faut observer avec Loyseau *loco supra num. 65.* que c'est principalement des Marguilliers qu'il faut tenir cette concession, parce qu'elle tombe sur une chose purement temporelle & prophane ; & qui n'a nul rapport au regime spirituel des ames, en sorte que le consentement du Curé n'est proprement requis que par bienséance, comme ayant la premiere voix dans toutes les Assemblées qui regardent la fabrique de son Eglise. Mais si le Curé se trouvoit d'un sentiment opposé à celui du corps des Marguilliers, la déliberation de ceux-ci prevaudroit sans difficulté.

Pour ce qui concerne l'embarras, qu'un banc peut causer dans l'Eglise, ce n'est point au Curé seul d'en juger, mais au corps des Marguilliers, & à l'Assemblée qui se tient pour les affaires de la fabrique, qui doit déliberer sur cela.

Fin du septiéme Livre.

LIVRE VIII.
DES TUTELES.

CHAPITRE PREMIER.

Si le Créancier du pupille peut être nommé tuteur , & contraint d'accepter.

L'Authentique *minoris debitor Cod. qui dare tutor. vel curat. poss.* est le siége de la matiere traitée dans ce Chapitre , ainsi c'est par sa disposition , & son esprit qu'il faut regler la décision de cette question.

Cette Loi décide d'abord , que les débiteurs & les Créanciers des Mineurs , ne peuvent être leurs curateurs , ce que la Glose *in verbo à curatione* , étend au tuteur à l'égard du pupille. Elle assujettit le Créancier a declarer lors de la delation de la curatelle , que le Mineur se trouve son débiteur ; & s'il garde le silence sur ce point , il perd sa créance , le débiteur du Mineur est assujetti à la même déclaration ; & à défaut de la faire , il ne peut s'aider du payement de la dette qu'il pourroit avoir fait au Mineur pendant sa gestion.

La Glose sur cette Loi , observe que plusieurs Interprêtes du Droit , ont tenu que sa disposition devoit avoir lieu pour toutes les especes de tutelles , parce qu'elle étoit generale , & que quelques autres en ont excepté la tutelle Testamentaire , qui se trouvant fondée sur la confiance que le pere Testateur a eüe pour le tuteur , exclud tous les soupçons qui pourroient s'élever de fa qualité de Créancier, ou de débiteur.

Les Arrêts du Parlement de Dijon ont reçu fans diftinction de tutelles, la dipofition de cette *Auth.* & ont decidé qu'elle avoit lieu en Bourgogne, & que le Créancier pouvoit s'excufer de la tutelle, & n'etoit pas tenu de l'accepter, *Bouvot tom.* 2. *in verbo tuteur quæſt.* 14. rapporte un Arrêt du 11. Juillet 1605. dans l'efpece d'un Créancier, par lequel il fut jugé, fur l'excufe par lui propofée, que les parens du pupille s'aſſembleroient pour proceder à une nouvelle élection, ce qui fait voir que le tuteur nommé par l'Aſſemblée même des parens (s'il fe trouve Créancier ou débiteur du pupille) à une excufe légitime.

Je croi néanmoins qu'il faut excepter les tuteurs Teftamentaires de la regle établie par cette *Auth.* en quoi je me range non feulement du côté du plus grand nombre des Docteurs, mais encore de la doctrine de Mr. Maynard parfaitement inftruit, de la Jurifprudence de ce Parlement par lui atteftée, *Liv.* 8. *Chap.* 13. & dans ces tuteurs Teftamentaires; je croi qu'il faut faire cette diftinction, ou le Teftateur à connu que le tuteur par lui defigné, étoit fon Créancier ou non, au premier cas, la qualité de Créancier n'eft point un obftacle, ni un fujet d'excufe pour le tuteur, au fecond elle l'eft.

C'eft ainfi que le diftinguent les Interprêtes, notamment *Guip. in quæſt.* 144. cette diftinction fut fuivie par l'Arrêt de Grenoble qu'il rapporte *eod.*

Quand le tuteur eft nommé par le Teftateur, il ne s'immifce pas volontairement, & ne prend point de gré l'adminiftration pupillaire; circonftance ! remarquée par Maynard, & qui fait que le tuteur évite la peine portée par *l'Authentique*, c'eft la perte de la dette s'il eft Créancier.

Je croi encore, qu'en fuivant la doctrine de Maynard, on peut excepter les proches parens du pupille, comme l'oncle & le neveu, & qu'ils n'encourent point les peines de cette Authentique, quoiqu'ils entrent volontairement dans l'adminiftration tutelaire; à plus forte raifon, s'ils le font fur une nomination des autres parens du pupille, par la raifon que la

Loi

Loi préfume favorablement pour eux, & que les liens de
la nature qui les attachent au pupille, ne leur permettent
point de trahir fes interêts, *argum. Legis non folum*, §. 1.
ff. de ritu nupt. Mais je ne voudrois point étendre cette
décifion au coufin germain, parce que la préfomption de la
Loi ne peut être portée fi loin, & que les textes du droit
fur lefquels Maynard fonde fa Doctrine, & l'Arrêt qu'il
rapporte, parlent des afcendans du pupille, ce qui peut bien
être étendu à l'Oncle, parce qu'il eft *loco parentum*, &
au frere même, par la proximité du lien & du degré ; mais
non au delà, fans qu'il ferve d'alleguer que le choix des
parens produit le même effet que celui du pere, & que d'ailleurs ils demeurent refponfables envers le pupille du choix
qu'ils font ; puifque d'un côté la Loi a donné tout pouvoir au
pere *uti pater familias fuper pecunia, tutelave rei fuæ legaffit; ita
jus efto*, ce qu'elle n'a pas fait à l'égard des parens qui pour-
voient à la tutelle. Et que de l'autre, quoique les parens
foient refponfables de leur nomination, il eft de maxime,
que *melius eft intacta minorum jura fervare, quam poft caufam
vulneratam remedium quærere Leg. ult. Cod. in quib. cauf. in
integr. reftit. neceff.*

Quand la créance de celui qu'on a nommé tuteur, ne va
pas jufques à abforber la plus grande partie des biens du
pupille, la qualité de créancier ne peut alors fervir d'excufe
legitime à ce tuteur, c'eft la modification que ce Parlement
a donnée à la Novelle 72. Chap. 1. qui donne l'exclufion
de la tutelle au créancier du pupille.

L'Arrêt qui l'a ainfi jugé fut rendu le 3. Mars 1695. au
rapport de Mr. de Boiffi contre Souillol tuteur nommé. Souillol prétendoit encore, qu'une charge de Maire qu'il avoit acquife lui fourniffoit une exemption pour la tutelle, mais on
n'eut point d'égard à cette exception, parce qu'il avoit acheté cet Office, & s'en étoit fait pourvoir depuis la tutelle decernée, & cette décifion eft conforme à la Loi 28. *ff. de excufat tutor.*

CHAPITRE II.

*Si les femmes peuvent être admises dans une aßemblée
de parens pour nommer un tuteur.
Si l'oncle par alliance peut être nommé.*

Ar la difposition de la Loi 2. *ff. de reg. jur.* les femmes
font exclufes de toutes les fonctions civiles, & publiques, parmi lefquelles la Glofe range les tutelles & cura-
telles, d'où l'on peut conclurre qu'elles ne peuvent être ad-
mifes dans une affemblée de parens, convoquée pour la nomination d'un tuteur, qui eft un acte relatif à la fonction publique de tutelle.

Je croi qu'il n'y a pas d'exclufion de la tutelle pour l'oncle
par alliance, parce que la Loi admet à la tutelle le parâtre,
Leg. non nunquam 32. §. *imperator ff. de adopt.* Mais je croi
auffi que l'oncle par alliance ne peut être contraint d'accepter
la tutelle, quand il y a de parens du pupille propres pour la
geftion. Par cette raifon, que la charge de la tutelle doit tomber fur celui qui peut avoir le profit de la fucceffion par la
proximité du degré, *quia ubi fucceffionis eft emolumentum, ibi
& tutelæ onus effe debet,* telle eft la doctrine de la Roche,
Liv. 4. *tit.* 9. *art.* 3.

Que fi les plus proches parens du pupille, ne font pas re-
connus capables d'adminiftrer fes biens, il n'y a pas de doute
que l'oncle par alliance ne puiffe être contraint par le Juge
avec connoiffance de caufe, & après la déliberation des parens du pupille d'accepter fa tutelle, par la raifon prife de
l'interêt public, qui exige que le pupille foit pourvû d'un tuteur capable. Et c'eft dans cette hypothéfe qu'il faut prendre l'Arrêt du Parlement de Paris rapporté par Maynard Liv.
9. Chap. 13. qui contraignit un parâtre d'accepter la tutelle
du pupille.

La capacité du tuteur est la raison déterminante en matiere de délation de tutelle, & c'est au Juge d'en faire l'examen ; en sorte que s'il se rencontroit que le tuteur donné par le pere même dans son Testament, fût inhabile pour les fonctions, il ne faudroit point déferer au choix du pere, quelque puissance que la Loi lui ait donnée à ce sujet. Et voilà pourquoi on tient pour maxime que toutes les tutelles sont datives en France, parce que de quelque espece qu'elles soient, elles ont besoin d'être confirmées par le Magistrat *causa cognita*, après avoir pris l'avis des parens.

C'est sur ces principes qu'il fut jugé au Parlement de Bretagne le 22. Avril 1597. (ainsi que le rapporte Belord en ses Controverses. Lettre T , Liv. 8. Chap. 36.) que la tutelle doit être deferée au simple allié du pupille à l'exclusion des parens, lorsque notoirement il en est plus capable qu'eux. Les Jugemens rendus sur la délation d'une tutelle s'executent non-obstant oppositions ou appellations quelconques. *Iste est secundus casus provisionalis hujus articuli, ut Sententia in materia dationis tutelæ lata, sit executoria, non obstantibus oppositionibus & appellationibus. Rebuff. in tract. desent. provis. art. 3. Gloss. 2.*

J'ai vû juger à l'Audience de la Grand'Chambre le Vendredi 4. Juin 1723. Président Mr. de Nupces, plaidans Mes. d'Astruc & Favier, que quand un pupille est obligé de plaider contre son pere, qui est son tuteur naturel, on ne peut presenter aucun libelle au nom du pupille assisté même d'un curateur *ad lites*, mais qu'il faut agir & donner les Requêtes au nom d'un curateur nommé specialement pour ce procès, dans une assemblée des parens du pupille, la nomination devant être autorisée par le Magistrat.

CHAPITRE III.

Du tuteur qui ne fait pas inventaire.

QUoique le pere Teſtateur ait prohibé au tuteur qu'il a déſigné à ſon fils toute confection d'inventaire, le Juge peut néanmoins l'y contraindre, ſi l'interêt du pupille le requiert ainſi, telle eſt la doctrine de *Jul. Clar. de Teſtam. quæſt. 66. & de Ferr. quæſt. 352. Guip.* Ce dernier traitte la queſtion, ſi le Teſtateur peut prohiber à ſon heritier l'inventaire, & il la reſoud en faveur de l'heritier, par cette raiſon, que c'eſt là un remede de Droit, dont le Teſtateur ne peut priver ſon heritier, & pour appuyer cette déciſion, Ferriere rapporte deux Arrêts de ce Parlement qui l'ont ainſi jugé.

Le Teſtateur peut néanmoins diſpenſer ſon heritier de la confection d'inventaire, ſuivant la doctrine de *Cujas in Novell. de hæred. & falcid. num. 2.* Mais cette diſpenſe n'empêche point les Créanciers de requerir l'inventaire, n'y ayant que les Fideicommiſſaires, & legataires qui ne peuvent s'en plaindre, ſuivant la plus commune opinion des Docteurs adoptée par *Fachin Controverſ. Jur. Lib. 6. Cap. 25.*

La raiſon de cette difference eſt ſenſible, le Teſtateur ne peut, par cette diſpenſe préjudicier au droit des créanciers *Peregrin. de Fideicom. art. 11. num. 75. quia alteri per alterum iniqua conditio inferri non poteſte* ; au lieu qu'il ne fait aucune eſpece de tort aux legataires ou Fideicommiſſaires, puiſqu'ils ont le Fideicommis,& les legats à titre lucratif, & que le Teſtateur a peu les leur laiſſer, ou les leur ôter. Et cette raiſon a déterminé *Fachin* à ſe ranger du parti de ceux qui tiennent cette diſpenſe valable & legitime.

La Loi *Tutor. 7. ff. de adminiſtr. Tutor. & ult. Cod. arbitr. tutelæ*, exigent que le tuteur ait fait proceder à l'inventaire avant de s'immiſcer dans l'adminiſtration tutelaire. Il y a pour-

tant des cas exceptez, dans lesquels avant même la confection de l'inventaire, le tuteur peut s'immiscer *in iis quæ
dilationem non recipiunt, aut quæ fieri necesse est, priusquam
inventarium conscribatur, aut propter quæ, nullum pupillo damnum immineat.* C'est la remarque de Faber *in suo Cod. Lib.
5. tit. 25. definit.* 1.

L'Arrêt qui priva le tuteur du reliqua qui pouvoit lui
être dû, faute d'avoir fait inventaire, est juridique. Il y a dans
cette omission une espece de dol, ou du moins une ignorance crasse *quæ dolo comparatur,* qui merite bien cette
peine.

CHAPITRE IV.

De l'interêt des deniers pupillaires.

S Uivant le droit du Digeste & du Code, le tuteur est
obligé *otiosam pecuniam fænori collocare, Leg. 27 .ff. de
administ. tutor. & Leg. 24. Cod. eod.* Les Ordonnances de
nos Rois ont suivi l'esprit de ces Loix, comme favorables
aux pupilles qu'elles ont soin de proteger. C'est dans cette
vûë que l'art. 102. de l'Ordonnance d'Orleans a statué, *que
les tuteurs & curateurs des mineurs, feront tenus si tôt qu'ils
auront fait inventaire des biens appartenans aux pupilles, faire
vendre par autorité de Justice leurs meubles. perissables, &
employer en rentes ou heritages, par avis des parens & amis
les deniers qui en proviendront, avec ceux qu'ils auront trou-
vez comptans, à peine de payer en leurs propres noms les pro-
fits desdits deniers.*

Cette Ordonnance a pris un temperament raisonnable,
entre la disposition du droit ancien, & celui des Novelles ;
c'est d'ordonner que les deniers seront employez en rentes
ou heritages, par où l'on fait fructifier l'argent du pupille, suivant l'esprit des Loix anciennes, & l'on pourvoit en
même-tems à sa sureté, puisque les deniers sont convertis.

en fonds ou en rentes, ſur heritages, ſans être expoſez aux perils du prêt que la Novelle a voulu éviter.

On ſe regle par la nouvelle Juriſprudence, atteſtée par d'Olive Liv. 4. Ch. 32. & par Graverol ſur la Roche, Liv. 6. tit. 54. art. 3. ſelon laquelle le tuteur ne doit point les interêts des interêts ; mais on les laiſſe chaque année en reſerve, & on les met à part de la Recette, en ce qu'elle excede la dépenſe, & à la fin de l'adminiſtration on prend ces interêts reſervez, & on les joint avec le principal ; & du jour que cette accumulation & clôture ſont faites ; on adjuge au pupille les interêts de tout le reliqua, qui ſe trouve en partie compoſé d'interêts. C'eſt ainſi que parle d'Olive *loco ſupra*. Graverol obſerve auſſi que ces interêts ne portent interêt, que lorſqu'ils ſont ablotez avec les capitaux, dans un compte de tutelle, & que c'eſt une erreur de croire qu'avant la clôture du compte, & pendant le cours d'une adminiſtration, les tuteurs dûſſent être chargez de l'interêt de l'interêt, ce qui ſeroit extrêmement rude, devant ſuffire que ce qui ſe trouve de reliqua à la fin de chaque année, demeure entre les mains du tuteur, pour la dépenſe de l'année ſuivante, & que l'interêt ſoit accumulé avec le principal à la fin de l'adminiſtration.

On ſuit à preſent l'uſage atteſté par Graverol, qui permet au tuteur d'employer les interêts des capitaux du pupille, reſervez à la fin de chaque année, à la dépenſe de l'année ſuivante, ainſi des autres, juſqu'à la fin de la tutelle & clôture du compte, qu'on les ablotte avec les capitaux.

Il a été decidé par Arrêt du 13. Juin 1695. au Rapport de Mr. Ferrand Caſtillon, entre Jean-François Franc, curateur de Jean-François Franc, fils de Jean, d'une part ; & Guillaume Rudelle d'autre, que le débiteur du pupille, ne peut être contraint au payement des interêts d'un capital qu'il lui doit, que depuis le jour de l'interpellation judiciaire, quelque privilege qu'ayent les deniers pupillaires.

Cet Arrêt fait voir que la Loi 3. *Cod. in quib. cauf. in integr.* n'eſt point obſervée en France, ainſi que Mornac l'a remarqué ſur cette même Loi.

CHAPITRE V.

Si les interêts du reliqua courent ſans interpellation, &
du rang auquel ils ſont alloüez.

LA raiſon déterminante de l'Arrêt du 4. Août 1668, dans l'allocation du capital & interêts, qui formoient le reliqua de tutelle en faveur du pupille, du jour & date de la décernation de tutelle, doit être priſe, de ce que la Loi donne au pupille une hypothéque, tacite ſur les biens du tuteur, *à die aditæ tutelæ*, pour le reliqua de tutelle, *Leg. Pro officio, Cod. de adminiſt. tutor. & Novell.* 118. *cap.* 5. *in fine.*

Je ſuis de cette opinion, que le tuteur a hypothéque ſur les biens du pupille, pour ce qui lui eſt dû du reliqua de ſon adminiſtration, du jour que la tutelle lui a été decernée, & non ſimplement du jour de la clôture du compte tutelaire.

Les Arrêts ont extrêmement varié ſur cette queſtion, les uns ayant donné l'hypothéque au tuteur depuis l'acte de tutelle, les autres depuis la clôture de ſon compte ſeulement. Loüet Lettre H, Somm. 23. rapporte un Arrêt du Parlement de Paris, qui donne hypothéque au tuteur, depuis l'acte de tutelle, Brodeau *eod.* en rapporte de contraires du même Parlement, & qui ne donnent au tuteur cette hypothéque, que du jour de la clôture de ſon compte. Charondas *reſponſ. Liv.* 6. *Chap.* 75. obſerve qu'il a été jugé par pluſieurs Arrêts du Parlement, que le tuteur avoit la même hypothéque ſur les biens du pupille du jour de la tutelle decernée, que le pupille ſur les biens du tuteur ; par cette raiſon d'équité, qui veut que l'égalité ſoit gardée

quand il y a parité de raison. *Chop. de privileg. rustic. Lib.*
1. Chap. 5. num. 2. est de cette opinion, que le tuteur n'a
pas le même privilege sur les biens du pupille, que le pupille
sur les siens, à raison de l'administration ; *pupillari verò simile*
hypothecæ privilegium, non competit tutoribus in bonis im-
puberis contrario judicie tutelæ, & pour appuyer son opinion,
il rapporte un Arrêt de l'année 1572. Mornac sur la Loi
1. ff. de contrar. & util. action tutel. applaudit à un préjugé
contraire qu'il rapporte en ces termes, *que le tuteur a une*
hypothéque tacite pour le reliqua de son compte, sur les biens de
son mineur du jour de sa tutelle.

Parmi ce conflit de jugemens, la décision sembleroit arbitraire, si on ne tâchoit de la fixer sur l'esprit des Loix.
En examinant de près la Loi *1. ff. de contrar. tutel. & util.*
act. il en resulte que le tuteur a la même action contre le
pupille, que le pupille contre lui, & conséquemment la
même hypothéque. *Contrariam tutelæ actionem, prætor propo-*
suit, induxitque in usum, ut facilius tutores ad administra-
tionem accederent, scientes pupillum quoque sibi obligatum
fore ex sua administratione. Le mot de *quoque* est rémarqua-
ble, puisqu'il dénote une reciprocité d'action & d'hypothéque, entre le pupille & le tuteur à raison de l'administration.

Cette reciprocité tourne même à l'avantage du pupille,
parce qu'elle rend le tuteur plus actif & plus vigilant pour
ses interêts, *etenim provocandi fuerunt tutores, ut promptius*
de suo, aliquid pro pupillis impendant, dùm sciunt se recep-
turos, id quod impenderint d. Lege.

Les Arrêts de ce Parlement ont donné hypothéque au
tuteur sur les biens du pupille, pour le reliqua du compte
tutelaire *à die susceptæ tutelæ.* Ainsi que je l'ai appris d'un
Conseiller qui est actuellement de service, en la Grand'-
Chambre très-experimenté, & d'un rare merite.

CHAPITRE

CHAPITRE VII.

Du nombre des enfans qui peut excuser de la tutelle.

PAr Arrêt prononcé à l'Audience de la Grand'Chambre, le 25. Mai 1716. par Monsieur le premier Président. Il fut jugé conformément aux conclusions de Mr. l'Avocat Général de Tournier, qu'une fille Réligieuse devoit être comptée au nombre des enfans, pour exempter le pere de la tutelle qui lui avoit été déférée dans une assemblée de parens, le tuteur nommé avoit cinq enfans, y compris la Réligieuse, c'étoit dans la cause de Delon, Cordonnier de Montauban, contre Delon, mere des pupilles ; plaidans Mes. de Lardos & d'Astruc.

On juge differemment cette question à l'égard des garçons qui font entrez en Réligion, ils ne font pas nombre comme les filles Réligieuses. La raison de difference est prise, de ce que le pere a été obligé de doter la Réligieuse, & de diminuer par-là, sa fortune & ses biens, ce qu'il n'a pas fait pour le fils, son entrée en Réligion, étant au contraire pour lui une décharge & un soulagement.

CHAPITRE VIII.

De la préference de la dot, ou du reliqua dû au pupille.

LA Jurisprudence de ce Parlement a fort varié sur cette question (ainsi que l'observe Graverol sur la *Roche,* *Liv.* 2. *tit. du dot, art.* 14. l'ancien usage, dit il, étoit d'allouër la dot de la femme, & le reliqua du pupille par concurrence au sol la livre. Depuis l'année 1572. jusqu'en 1628. on jugea très-souvent que la femme devoit être allouée par préference au pupille, quoiqu'anterieur en hypothéque. En l'année 1628. la Jurisprudence changea, & par quelques Arrêts que le Parlement donna, on alloüa la femme & le pupille, suivant le droit commun des hypothéques, & cette regle *qui potior est tempore, potior est jure*. Graverol ajoûte qu'on le regle aujourd'hui par la disposition de la Loi *Assiduis*, & que la femme est toûjours préferée au pupille, la décernation de tutelle, fût elle de beaucoup anterieure à la constitution de la dot.

Notre Arrestographe observe, qu'il semble équitable entre deux causes aussi privilegiées, de regler la préference par la priorité des tems, & je croi que c'est se conformer à l'esprit des Loix, que de regler ainsi l'ordre des hypothéques de la femme, & du pupille, sur les biens du tuteur : voici les raisons sur lesquelles je me fonde.

C'est un principe géneralement reçû, que la cause des pupilles est toute publique, & singulierement protegée par les Loix, c'est dequoi la Loi *Sicut, Cod. de præscr.* 30. *vel* 40. *annor.* nous fournit une preuve bien sensible, puisqu'elle excepte le pupille de la disposition génerale qu'elle fait, au sujet de la prescription trentenaire, que cette Loi déclare courir irrévocablement contre tous, au pupille près.

Le pupille doit donc être regardé, comme une de ces personnes privilegiées de droit, qui ne sont jamais censées comprises dans une Loi nouvelle, à moins qu'il n'y soit fait une mention expresse d'elles.

De ce principe, il faut necessairement conclurre que les pupilles demeurent exceptez de la disposition de la Loi *Assiduis*, quelque génerale qu'elle paroisse, & que les choses ont resté à leur égard au même état, qu'elles se trouvoient au tems de cette Loi, pour ce qui concerne l'ordre de leurs hypothéques, & de celles de la femme de leur tuteur. Or avant la Loi *Assiduis*, la femme étant reglée comme le fisc, par le tems de son hypothéque, & les Créanciers anterieurs du mari lui étant préferez, il en faut conclurre que les pupilles sont préferables à la femme pour le reliqua de tutelle à eux dû par le mari lors du mariage, & qu'ils n'ont pas même befoin d'ufer d'aucune dénonce à la femme ; fuffent-ils majeurs lors de fon mariage, par la raifon qu'il eft de maxime de remonter à l'origine des obligations ; en forte que le pupille devenu majeur eft reputé pupille, à raifon du reliqua de tutelle, & par confequent privilegié, ce qui exclud fans doute la femme de pouvoir exercer fur lui le privilege de la Loi *Affiduis*, felon la regle qui veut qu'un privilegié ne puiffe joüir de fon privilege contre un autre privilegié.

La feconde raifon qui fert de fondement à mon opinion, eft, que fuivant la rémarque de la Glofe, fur la Loi *Affiduis*, *verbo licet*, la caufe du fifc demeure exceptée de droit de la difpofition de cette Loi ; en forte qu'il n'y eft point derogé à la Loi 2. *Cod. de privileg. fifc.* qui regle la femme pour fa dot, & le fifc par le tems de leurs hypothéques.

D'où je conclus que la caufe des pupilles étant toute publique (ainfi que celle du fifc,) il y a même raifon de décider pour eux. A quoi fe joint une confideration qui paroît touchante ; que cette Loi *Affiduis*, renfermant un privilege fi extraordinaire, qu'aucun des autres Parlemens regis par le droit écrit, n'a encore voulu l'accuëillir, il faut reftraindre (autant qu'il fe peut) ce même privilege, & ne pas l'étendre à ceux qui étoient au nombre des privilegiez avant cette Loi même.

Par la Jurifprudence actuelle de ce Parlement, le pupille eft alloüé fuivant la regle *qui potior eft tempore, potior eft jure.*

CHAPITRE IX.

Si celui de qui le tuteur eft chargé de prendre l'avis eft refponfable de l'adminiftration.

LEs tuteurs honoraires ne font tenus de l'adminiftration tutelaire que fubfidiairement, & en cas d'infuffifance des biens du tuteur, *Leg. fi plures* 3. *ff. de adminiftr. & pe-*

ric. tutor. §. I. *ut si parens declaravit quem velit. tutelam admi-*
nistrare, ille solus administret, cæteri igitur tutores non admi-
nistrabunt, sed erunt hi quos vulgo honorarios appellamus,
nec quisquam putet, ad hos periculum nullum redundare, constat
enim hos quoque excussis prius facultatibus ejus, qui geßerit
conveniri oportere. Dati sunt enim, quasi observatores actus
ejus, & custodes.

Les tuteurs honoraires font proprement les furveillans du tuteur principal, & fes cautions fuivant le Droit écrit ; il en eft autrement par les Coûtumes de France, qui, felon la rémarque de Brodeau fur Loüet, Lettre T, Somm. 13. n'obligent le tuteur fubrogé ou honoraire à autre chofe, que d'affifter à la confection de l'inventaire, après quoi *functus eft officio.* N'étant point garant de la negligence du tuteur principal, ni de fon infolvabilité, fur quoi Brodeau rapporte des Arrêts du Parlement de Paris, & reprend Mornac, d'avoir avancé fur la Loi *6. ff. de ritu Nupt.* que les tuteurs fubrogez étoient comme tuteurs feconds & fubfidiaires, garans & refponfables de la mauvaife geftion du tuteur principal.

Mornac au même lieu, obferve après *Chopin, Lib. 2. tit. 7. ad confuetud. Parif.* que fi l'on n'exige point de cautionement des tuteurs dans la France coûtumiere ; c'eft, parce que le tuteur fubrogé demeure refponfable, fubfidiairement de l'adminiftration de l'autre. Mornac affujetit à cette garantie tous les tuteurs honoraires de quelque dignité qu'ils foient, les Princes exceptés qui font donnés *honoris caufa*, & comme protecteurs ou confeil, à des pupilles d'une maifon illuftre. De quoi il rapporte un Arrêt en faveur de Mr. le Prince de Montpenfier.

(Quoiqu'il en foit dans la France Coûtumiere) il eft conftant que dans les Provinces du Droit écrit, les tuteurs honoraires ou fubrogés ne font obligés, *ratione tutelæ* que *in fubfidium* ; en forte que le pupille ne peut avoir recours fur eux qu'après la difcuffion du tuteur principal.

La raifon pour laquelle le tuteur donné pour confeil n'eft

pas tenu de l'adminiſtration tutelaire même *in ſubſidium* eſt, que le tuteur n'eſt point obligé de déferer à ce conſeil que par pure honnêteté, & qu'il dépend de lui de le ſuivre, ou de s'en écarter ſelon l'obſervation des Interprêtes ſur le paragraphe Papinianus de la *Loi* 5. *ff. de adminiſtr. & pericul. tutor.*

Mornac au lieu déja cité, obſerve que les Princes ne ſont point obligés comme tuteurs honoraires, parce qu'ils ne ſont donnés que comme conſeil ou protecteurs des pupilles, *pati periculum tutelæ non debent principes, qui honoris cauſa illuſtribus pupillis nominantur tutores ad conſulendum, fulciendum communiendumq. auctoritate præcipuâ, ſi quid in tutela agi promoveri, defendive oporteat.*

Il faut donc diſtinguer ſelon Mornac les tuteurs honoraires d'avec ceux qui ſont donnés *honoris cauſa*, quoiqu'ils ſemblent confondus. Ces derniers ſont pour le conſeil, ou l'honneur de la tutelle, & n'ont point de part dans les fonctions de tuteur, les premiers participent à la charge tutelaire, & ſont vrais cautions du tuteur, & en cette qualité ont leurs biens obligés au pupille ſubſidiairement *ratione tutelæ*, depuis la décernation.

Le pupille a l'action ſolidaire contre les tuteurs principaux, parce qu'ils ſont aſſociés à l'adminiſtration, & qu'ils lui ſont cooObligés, *Leg. omne æs alienum* 27. *ff. pro ſocio*, il a cette même action ſolidaire ſubſidiairement contre les nominateurs des tuteurs qui étoient inſolvables au tems de la tutelle décernée ſuivant les Arrêts rapportés par Baſſet, *tom.* 2. *Liv.* 4. *tit.* 14. *Chap.* 6. en ſorte que le ſolvable d'entre eux, eſt obligé de payer la portion des inſolvables. Diſcution préalablement faite.

Fin du huitiéme Livre.

LIVRE IX.
DE LA PROCEDURE
JUDICIAIRE.

CHAPITRE PREMIER.

Si l'Enquête qui prouve la verité de l'acte doit prévaloir sur le rapport d'Experts qui le déclare faux.

CE n'est point une regle certaine, que dans le concours, & dans la contrarieté du rapport des Experts qui déclarent un acte faux, & de l'Enquête où les témoins déposent, d'avoir vû signer la partie, cette Enquête doive prévaloir; puisque la Loi décide que le Juge doit se ranger du côté ou la verité lui paroîtra plus sensible *Novell. 73. Cap. 3. verumtamen sit hoc judicantis prudentiæ, simul atque religionis. Ut veracibus potius pro talibus credat.* Telle est encore l'observation de la Glose *in verbo veracibus,* en ces termes, *id est quæ sibi videntur. Inter scripturam & testes.*

Cette même Novelle *Cap. 2.* décide que la preuve peut être faite, & par le rapport des Experts, & par l'Enquête en même tems. *Fidem causa ex utroque percipiat; etiam litterarum examinatione penitus non repulsa, sed sola non sufficiente, augmento autem testium confirmanda.*

C'est sur ce principe, que peut être appuyé un Arrêt de ce Parlement rendu entre Me. Pepin, & Raynard le 6. Juin 1711.

par lequel Me. Pepin s'étant inscrit en faux contre un acte de resignation de son Benefice en datte du 14. Juillet 1708. que Me. Raynard prétendoit avoir été consenti en sa faveur, la Cour en déclarant n'y avoir lieu de rejetter l'inscription en faux formée par Pepin, & la rélation des Experts qui avoient procedé, ordonna que dans le mois aux fraix & à la diligence de Raynard, il seroit procedé à une nouvelle verification, par Escoubié, & Rouzet Notaires de Toulouse, de l'acte de resignation ; pour sçavoir si le seing de Pepin y apposé, étoit son veritable seing, auquel effet les actes de comparaison leur seroient remis, & le même Arrêt permet à Raynard de prouver & verifier par témoins, devant Me. Boudoul Commissaire que le seing fut fait par Pepin ; l'Arrêt permet encore à Raynard de prouver devant le Rapporteur du procès par les témoins numeraires de l'acte de resignation, que ce seing fut fait par Pepin lors de l'acte de resignation, & à Pepin le contraire si bon lui semble.

Je croi qu'il faut restraindre l'Enquête aux témoins numeraires de l'acte, parce que c'est de ces seuls témoins que parle le Chap. 1. de la Novelle déja citée. *Etenim tales testificationes suscipimus, quas præsentes testes dicant, quia his præsentibus subscripsit qui documentum fecit, & hunc noverunt.*

La preuve par autres témoins, que ceux de l'acte ne doit pas prévaloir à la verification des Experts, parce qu'ils sont naturellement compétans pour juger de la verité, ou fausseté d'une écriture par la comparaison des autres, au lieu que les témoins qui n'ont pas vû signer la personne, mais qui certifient seulement, que c'est son seing pour en avoir vû d'elle de semblables, peuvent errer & prendre la vrai-semblance pour la réalité, n'étant point versés & experimentés dans la comparaison des seings & écritures, ainsi que les Maîtres Ecrivains, ou Notaires qui sont ordinairement nommés pour proceder sur ce fait.

Le seul cas où l'on pourroit faire oüir toute sorte de témoins, seroit selon moi, celui où l'acte étant impugné de faux, les témoins numeraires ne pourroient être oüis, parce qu'ils

feroient morts, & où l'on ne trouveroit point de piéces au-
thentiques pour fervir de comparaifon, alors ceux qui auroient
fouvent vû figner la perfonne pourroient être oüis dans une
Enquête refpective.

CHAPITRE II.

De l'Arrêt rendu contre un mineur fans curateur.

IL faut diftinguer entre les affertions de majorité des mineurs dans les Contrats, celles qu'ils font par dol & fraude, d'avec celles, qu'on furprend de la foibleffe de leur âge,
les mineurs ne font point reftitués à l'égard des premieres,
mais ils le font pour les autres, la raifon en eft, que *deceptis non
decipientibus jura fubveniunt*. C'eft la diftinction faite par
Loüet Lettre M, Somm. 7. Brodeau *cod.* rapporte des Arrêts qui l'ont ainfi jugé en fuivant la difpofition de la Loi
3. *C. fi minor fe majorem dixerit*. L'Arrêt de reglement du
Parlement de Paris, dont fait mention notre Arreftographe,
& que Brodeau rapporte, contenant des deffenfes aux Notaires de plus inferer dans les Contrats, & obligations con-
çûës pour prêt, les déclarations de majorité, & Extraits Baptiftaires, n'eut pour objet, que de mettre les mineurs à l'abri
des furprifes dont on ufoit à leur égard, en leur extorquant
des déclarations de majorité & en leur faifant reprefenter
de faux Extraits Baptiftaires, mais il ne s'enfuit pas de là
qu'on n'ait plus d'égard à l'affertion de majorité, que ces mineurs font dans les Contrats ; car s'il arrive qu'ils ayent fait
cette affertion *fallaci mendacio*, pour furprendre la bonne foi
de celui qui a contracté avec eux, il eft conftant qu'ils fe
rendent indignes du Benefice de la reftitution. Cet Arrêt de
reglement n'ayant entendu proteger que la foibleffe ou l'ignorance des mineurs, mais nullement leur malice.

Les mineurs doivent non-feulement être pourvûs de curateur en matiere civile, pour efter en jugement, mais encore

en matiere criminelle , foient qu'ils foient demandeurs ou
défendeurs, c'eft la décifion de la Loi *Clarum* 4. *Cod. de auct.
praftanda. Clarum* , dit Juftinien , *pofteritati facientes , fanci-
mus omnino debere & agentibus , & pulfatis in criminalibus
caufis , minoribus viginti quinque annis adeffe tutores , vel cura-
tores in quibus cafibus adultos , & pupillos leges accufari con-
cedunt.*

J'ai vû juger conformement à cette difpofition à l'Audience Tournelle le 15. Mars 1724. plaidans Mes. de Baftard
& Bobée, Prefident Mr. de Tournier, qu'un mineur pourfuivi criminellement pour excès commis, devoit être pourvû
de curateur *ad litem.*

Le défaut de curateur rendroit les pourfuites nulles, & caffables ; ainfi c'eft un préalable des pourfuites , de faire créer
un curateur au mineur.

CHAPITRE VI.

Des recufations des Juges

L'Ordonnance de 1667. tit. 24. les recufations des Juges
après avoir énoncé plufieurs moyens de recufations des
Juges , s'exprime ainfi en l'art. 12. *n'entendons exclurre les
autres moyens de fait ou de droit pour lefquels un Juge pourroit
être valalablement recufé.* Il faut conclurre de cet article,
qu'outre les moyens de recufation marqués dans le même titre , il y en a plufieurs que l'Ordonnance n'a pas déterminé,
ou parce qu'ils dépendent de certains faits qu'elle n'a peu prévoir , ou parce qu'ils font reglés par le droit dont l'application fe fait differemment dans les differens Parlemens ; en forte que les moyens dont parle cet article, font proprement laif-
fés à la prudence , & aux lumieres du Juge qui en doit connoître. L'Arrêt du mois de Février 1665. par lequel il fut decidé, qu'un Juge peut être recufé dans le procès d'un de fes
vaffaux, contre un autre non vaffal, eft fondé fur la difpofition

du droit, & fur l'opinion des Docteurs.

Le Seigneur Jufticier doit à fon Jufticiable une efpece de protection, qui ne lui permet pas de garder cet efprit de neutralité qui fait le principal caractere du bon Juge, & par là il eft recufable, ce qu'on peut tirer par argument du Ch. *infinuante* 25. *extra de offic. judic. de legat.* dans lequel le Pape Innocent III. décide que l'Evêque qu'il avoit délegué, pour le jugement d'un procès entre deux Curés ou Recteurs, *fuper jure Parochiali*, étoit recufable par cela feul, que pendant l'inftance l'Evêque avoit pris un de fes Curés pour Officier de fa maifon.

Le Parlement de Bordeaux a jugé par plufieurs Arrêts, que l'Hommager du Seigneur Haut-Jufticier peut-être fon juge, parce que c'eft un droit purement réel, & non perfonnel, ce qui ne fournit aucune efpece de foupçon contre le Juge, ces Arrêts font rapportés aux nottes fur la Peyre. *Lettre H*, *Som.* 50. Il en faut dire de même de l'Emphitéote, puifqu'il y a encore plus de réalité dans l'Emphitéofe, n'y ayant que le fonds d'affujetti au Seigneur Directe, & l'Emphitéote n'étant tenu à aucun devoir perfonnel, il y a un Arrêt du même Parlement de Bordeaux qui l'a ainfi jugé en faveur de l'Emphitéote, en datte du 15. Juillet 1672. rapporté au *tom.* 1. du Journal du Palais *pag.* 269.

Quoique le Juge puiffe être recufé par des moyens plus legers que le témoin, felon la remarque de la Glofe ; par cette raifon qu'on ne peut manquer de Juges ; mais qu'on manque fouvent de témoins. *Gloff. in cap. cum Canonicus extra de offic. de Leg. & in cap. infinuante eod.* Il faut néanmoins que la recufation ait un prétexte plaufible, & que la perfonne du Juge puiffe fournir quelque jufte foupçon d'injuftice de fa part ; or c'eft ce qu'on ne trouve point dans fa qualité d'Emphitéote, puifqu'elle ne donne aucun droit au Seigneur Directe fur la perfonne, qui puiffe faire craindre de la part du Juge ces complaifances, & ce dévoüement que le Vaffal doit à fon Seigneur Jufticier, & qui pourroient ébranler l'integrité du Juge. L'Emphitéote pouvant ceffer de l'être, & fe dépoüiller de cette qualité par le déguerpiſſement, & en cas qu'il demeure Emphitéote ſe trouvant abſolument quitte, & affranchi par le payement annuel de la cenſive.

Cela poſé, je croi qu'il faut reſtraindre la diſpoſition de l'Arrêt rapporté dans ce Chapitre en datte du 28. Avril 1663. au ſeul cas où l'Emphitéote ſe trouveroit débiteur pour arrerages de cenſives, ou autres droits Seigneuriaux. Parce que la condition de débiteur eſt une eſpece de ſervitude, qui jointe à la qualité d'Emphitéote, ſemble tenir le Juge dans la dépendance à l'égard du Seigneur Directe, dépendance ! qui peut agir ſur ſon cœur, & alterer ſon integrité par les ménagemens qu'elle lui inſpire, pour celui dont il a lieu de craindre la pourſuite.

Mr. Maynard en ſon recüeil d'Arrêts, a ramené dans le premier Livre pluſieurs moyens de recuſation des Juges, qu'on peut ranger parmi ces moyens de fait ou de droit, dont parle l'article de l'Ordonnance de 1667. déja cité.

En premier lieu, ſi le Juge ſouffre que la Partie inſtanciée lui donne à manger, & qu'il agrée de ſa part quelque feſtin, ou repas pendant le cours de l'inſtance, il ſe rend par là recuſable, il en ſeroit autrement ſi le Juge ſe trouvoit invité à un répas par tout autre que cette partie, & que le hazard fit qu'il mangeât avec elle. *Maynard Liv. I. Chap. 79. & Mornac ad Leg. 3. ff. de teſtib.*

2°. Quoique ce ne ſoit point un ſujet de recuſation, pour le pere, ou le beau-pere d'être jugé dans une affaire défenduë par le miniſtere du fils, ou du beau fils en qualité d'Avocat; toutefois s'ils demeurent tous ſous un même toit, & qu'ils vivent enſemble, c'eſt un ſujet legitime de recuſation. Mainard *Liv. I. Chap. 91.*

3°. Le Juge eſt recuſable par la ſeule qualité de parrain du fils ou de la fille de l'une des parties, tout comme s'il a donné à tenir en Baptême un de ſes enfans à la Partie, *idem Chap. 89.* Maynard au Chapitre ſuivant, obſerve que le Parlement eſt dans cet uſage de recevoir contre les Rapporteurs des procès, des moyens legers de recuſation, pourvû qu'ils

ayent quelque fpecieux prétexte , & d'ordonner que le Rapporteur abftiendra du rapport feulement , & non d'affifter &
d'opiner dans le procès ; la raifon qu'il en donne eft , que le
Rapporteur entraîne fouvent la plûpart des fuffrages , & qu'il
en devient d'autant plus dangereux pour celui qui a quelque
fujet plaufible de recufation contre lui.

4°. L'amitié étroite entre le Juge & la Partie , eft un légitime moyen de recufation , le Jurifconfulte Paulus dans la
Loi 223. §. 1. *ff. de verbor fignif.* définit ainfi cette amitié
qui peut fonder felon Maynard *eod. Chap. 93.* la recufation du
Juge , *amicos appellare debemus non levi notitiâ conjunctos , fed
quibus fuerint jura cum patre familias , honeftis familiaritatis
quæfita rationibus.*

La Glofe fur cette Loi expliquant ces liaifons d'amitié,
obferve, après l'Orateur Romain , qu'elles confiftent principalement à n'avoir qu'un même cœur & une même volonté,
en chofes licites & honnêtes ; *amicitia eft idem velle , in li-
citis & honeftis.* Ce qu'on préfume , par exemple , dans des
perfonnes qui habitent & mangent enfemble , *Gloffa eod.*
Une amitié de cette efpece rend le Juge récufable , non
feulement pour le maître , mais encore pour fes domeftiques ,
Maynard d. Chap. 93.

L'habitude de joüer enfemble , eft encore un fujet de récufation pour le Juge , parce qu'elle fuppofe une étroite
liaifon d'amitié , felon Maynard, Ch. 80. mais je croi que
cela doit être entendu de ces parties de jeu qui fe font dans
les maifons particulieres , plus pour le plaifir & la récrea-
tion , que par l'efpoir du gain qui peut en revenir ; mais
nullement de ces parties de jeu, qu'on fait journellement dans
des maifons ouvertes à tous joüeurs ; & où la fureur du jeu
entraîne les gens , plûtôt qu'aucune rélation d'amitié qu'il
y ait entr'eux ; & dans ces circonftances , quand même le
Juge fe feroit rencontré à joüer avec la partie inftanciée , ce
ne feroit point (à mon avis) un fujet de récufation , parce
qu'on peut regarder leur concours dans ce jeu , comme l'effet du hazard , & qu'ils ne font en cela que fe rendre à

l'infiftation de celui qui tient la banque, à peu près de la même maniere qu'ils fe rendroient à un feftin.

5°. Le Juge peut être recufé par des inimitiés confiderables, quoique non capitales ; ce qui fe porte même jufqu'au pere qui fe trouveroit Juge de l'ennemi de fon fils ; en forte que s'il confte qu'il y a quelque refte de ces inimitiés, & que le laps du tems n'en ait point encore effacé les impreffions ; il y a lieu de recufer le Juge, & cette récufation a encore lieu quand le Juge a eu Procès avec la partie avant l'Inftance commencée, & que la mémoire en eft récente ; mais non pour le Procès qui feroit intenté contre le Juge pendant l'Inftance, *cum hujufmodi Lites fufpecta, ac verè affectata dici poffint* ; telle eft la Doctrine du même Auteur, Liv. 1. Chap. 92.

Quoique le Juge puiffe être récufé, tant en matiere civile que criminele, par les moyens de droit, Mr. le Procureur Général du Roi ne peut l'être quand il eft feul partie dans l'Inftance, ce qui a lieu pour fes fubftituts aux fiéges inférieurs, il en eft autrement quand il y a une partie civile joiate ; c'eft ainfi que l'a jugé le Parlement de Paris, fuivant les Arrêts rapportez par Loüet & Brodeau, Lettre *P*, *Somm.* 39.

Une partie peut être reçüe fur fa fimple allegation, à la preuve du fait d'un Procès qu'elle a avec un Juge, pour fonder fa demande en recufation ; c'eft ainfi que la queftion fut jugée le 13. Août 1690. au Rapport de Mr. de Pauci, pour le fieur Vitrac, qui avoit donné Requête de récufation contre Mr. de Burta, Confeiller en la Cour, fur le fondement d'un Procès qu'il allegua avoir avec lui.

Par Arrêt du 3. Mars 1691. rendu en la premiere Chambre des Enquêtes au Rapport de Mr. de Pauci, il fut jugé que pour donner lieu à la récufation d'un Commiffaire, qui procedoit dans une affaire intereffante pour un corps de Communauté, il faut que ce Commiffaire fe trouve coufin germain du Syndic, & que s'il eft dans un degré plus éloigné, il n'y a pas lieu à la recufation ; ce fut entre le Syndic

du Chapitre de Nogaro , & les Marguilliers de l'Eglife que
l'Arrêt fut rendu.

Le motif de cet Arrêt fut pris , de ce que l'interêt que
peut avoir un Syndic d'un corps dans un affaire du même
corps , étant un interêt géneral , ne peut operer le même
effet , & faire la même impreffion fur l'efprit du Juge , ou
Commiffaire qui fe trouve fon parent , dans un degré éloigné que l'interêt particulier ; & qu'alors il ne faut point
étendre les moyens de récufation , jufqu'au quatriéme degré
inclufivement , felon la difpofition de l'art. 1. du tit. 24. de
l'Ordonnance de 1667. qui doit demeurer reftrainte aux
parens de ceux qui ont un interêt perfonnel dans le Procès.

CHAPITRE VII.

Des réproches des témoins.

MR. Maynad , Liv. 1. Chap. 89. obferve , que fuivant
la Jurifprudence de ce Parlement , les comperages ne
fourniffent point un fujet legitime de récufation du témoin ,
fi ce n'eft dans le cas que le témoin a donné fon enfant à
porter fur le fonds , & en baptême à la partie qui le produit ; mais non quand la partie a donné le fien au témoin.

L'Arrêt qui exclud le Vicaire de dépofer dans une Enquête contre fon Curé , lorfqu'ils habitent enfemble , peut
être fondé fur le *Chap.* 25. *infinuante extra de offic. judic.
delegat.* que nous avons cité au Chapitre précedent.

Je croi qu'il faut fuivre l'opinion de notre Auteur , à l'é-
gard de la préference qu'il donne à l'Arrêt , du 18. Mars
1667. fur celui du 8. Août de la même année , & décider
conftamment , que lorfqu'il s'agit de l'interêt d'un tiers , les
parens au degré porté par l'art. 11. du tit. 22. de l'Ordonnance de 1667. ne peuvent être témoins dans une Enquête.

La raifon en eft , que cet article eft conçû *per verba pro-*

hibitiva, (ne pourront,) ce qui emporte nullité de tout ce qui a été fait contre la prohibition de la Loi, *ut quæ Lege fieri prohibentur, si fuerint facta, non solum inutilia ; sed pro infectis etiam habeantur, Leg. non solum* 5. *Cod. deleg. & constit. princip.* & telle est la Doctrine des Commentateurs des Ordonnances.

L'article 11. porte que les *parens & alliez des Parties, jusqu'aux enfans des cousins issus de germains inclusivement, ne pourront être témoins en matiere civile, pour déposer en leur faveur, ou contr'eux, & feront leurs dépositions rejettées.* Il faut donc s'en tenir scrupuleusement à cette disposition, sans entrer dans les motifs de necessité, qu'il peut y avoir d'employer pour témoins des parens, au degré de l'Ordonnance, qui, n'ayant usé d'aucune distinction, ôte tout prétexte de distinguer, suivant la maxime prise de Ranch. sur la *quæst.* 44. *Guip. cum Lex loquatur generaliter, generaliter est intelligenda.*

Il faut observer sur cet article, que l'Ordonnance n'a entendu donner l'exclusion aux parens, que dans le cas où l'interêt d'un tiers peut être blessé par leur déposition ; mais nullement lorsque leur témoignage se borne à des faits domestiques, je veux dire, qu'il n'est employé que pour la preuve d'un fait, singulierement connu de la parenté, comme est celui de l'âge d'un parent, qui veut se faire promouvoir aux Ordres, ou obtenir un office, sans que l'interêt d'un tiers y entre pour rien, étant manifeste que l'Ordonnance de 1667. n'a pas compris dans sa disposition ce dernier cas.

Quoique ce soit une espece d'axiome *in vino veritas*, & que l'Auteur en ait pris occasion de dire, que le vin est sincere, & qu'il arrache souvent la verité de la bouche de ceux-là même qui voudroient la cacher, il ne s'ensuit pas de là, que le témoin qui seroit actuellement dans les vapeurs du vin, (dont il régorgeroit) pût être admis pour témoin dans une Enquête, il faudroit pour cela qu'il se trouvât parfaitement libre & dégagé, ou dans ces intervalles qu'on peut appeller *dilucida intervalla.*

A l'égard du réproche de commensalité, Mornac sur la Loi 3. *ff. de testib.* distingue la commensalité fréquente, qui se fait entre la partie, & le témoin par proximité d'habitation, d'avec ces repas d'invitation que se donnent mutuellement dans certaines occasions des amis pour entretenir & mieux cimenter leur union. Ces repas ne peuvent être un sujet de recusation pour le témoin ; mais seulement la commensalité. Je croi encore qu'il faut excepter cette commensalité qui se fait par une espece de necessité, & dont une liaison d'amitié n'est point le principe, comme quand des étrangers qui se rencontrent dans une Ville pour des affaires, mangent dans une Hôtellerie.

La Loi 3. *ff. de testib.* déja citée, contient les principaux réproches qu'on peut former contre un témoin, & peut servir de regle dans cette matiere ! Je croi qu'en se conformant à sa disposition, il faut décider que le témoin convaincu d'être complice de la prostitution de sa fille, est par là récusable ; parce que la Loi rejette le témoignage de ceux qui se trouvent repréhensibles dans leur conduite, *testium fides diligenter examinanda est ideoque in persona eorum exploranda erunt, imprimis conditio, cujusq; an honesta & inculpata vita, an notatus quis & reprehensibilis :* Or il n'est pas de démarche plus deshonorante & plus digne de châtiment que celle d'un pere qui trempe dans la prostitution de sa fille, & qui entre dans ce commerce d'iniquité.

Je croi qu'aux Procès des Chapitres, les parens des Chanoines aux degrés marquez par l'Ordonnance de 1667. tit. des Enquêtes & de récusation des Juges, peuvent être réprochez comme témoins, & recusez comme Juges, par cette raison prise de Guip. *in quæst.* 573. *num* 8. que toutes les fois que les membres d'un corps de Communauté tirent en particulier quelque profit d'un Procès, ils ne peuvent y être oüis comme témoins, comme par exemple, dans le cas d'un Procès intenté à une Communauté pour le pacage des troupeaux ; les manans ne peuvent être oüis comme témoins, sur le fait de la possession, *quia,* dit cet Auteur, *ipsi re-*
portant

portant commodum. D'où je conclus que les Chanoines pouvant tirer avantage, ou fouffrir du dommage d'un Procès qui eft intenté au Chapitre, leurs parens font fufpects à la Partie adverfe, foit en qualité de témoins, foit comme Juges, par le penchant naturel qu'ils ont à favorifer la caufe de leur parent.

Les domeftiques font des témoins neceffaires contre leur maître, pour ce qui s'eft paffé dans l'interieur de la maifon; & ils peuvent être oüis & interrogez fur la verité des faits: C'eft ainfi que le décide *Juftin in Leg. Final.* §. *licentia*, *Cod. de jur. deliber.* Mais ils ne peuvent fervir de temoins en faveur de leur maître, felon Ranch. *in quæft.* 45. Guip. *domefticus autem*, dit-il, *familiaris, Mercenarius, feu Servitores qui veniunt appellatione domefticorum, poterunt in teftem. produci contra dominum, ut eft decifio capell. Tholof. decif.* 4. *licet pro ipfo domino teftes effe non poffint*, *Leg Etiam*, *Cod. de teftib.*

Cujas fur la Loi *Etiam*, obferve, que les témoins domeftiques font ceux *qui in eadem domo, nobifcum habitant, & quibus imperare poffumus*, l'Empire que la qualité de maître donne fur le valet à gages, fournit un jufte fujet de récufation contre le valet, & l'exclud de dépofer à la Requête de fon maître.

La Doctrine de Ranchin doit être entenduë rélativement à la Loi *Etiam*, qui réprouve le témoignage domeftique en général; c'eft-à-dire, toutes les fois que ce témoignage n'eft pas abfolument neceffaire; mais lorfqu'on ne peut avoir d'ailleurs la preuve d'un fait, qui s'eft paffé dans l'interieur de la maifon du Maître, comme par exemple dans le cas d'une infulte ou d'un affaffinat du maître, arrivé dans l'enceinte de fa maifon; alors les domeftiques, comme feuls témoins, peuvent être oüis à fa Requête, & en fa faveur. Ce qui eft conforme à l'efprit de la Loi finale déja citée.

Cette matiere de réproches de témoins eft vafte, on peut voir le traité qu'en a fait *Rebuff.* intitulé *de reprobat & falvat. feu excufat teft.*

CHAPITRE VIII.

*Plufieurs articles importans, concernant la Procedure cri-
minelle.*

PAr la Jurifprudence de ce Royaume, atteftée par Bacquet des droits de Juftice, *Chap.* 16. *num.* 1. le maître n'eft point perfonne legitime, pour former une accufation
d'homicide de fon ferviteur ; par cette raifon, qu'en France les domeftiques étant des perfonnes libres, les maîtres
n'ont aucun interêt à venger leur querelle ; or c'eft une
maxime reçûë, que *nullus admittitur ad accufationem, nifi
tueatur jus fuum, vel fuorum liberorum, parentum, aut con-
fanguineorum.* Il faut excepter le cas, où le domeftique auroit été excedé dans une fonction où l'auroit prepofé fon
maître, parce qu'alors l'injure rejailliffant fur le maître, il
peut en pourfuivre la vengeance, ce qui eft fans doute l'efpece de l'Arrêt rapporté par l'Auteur.

Pour ce qui concerne la queftion, fi le demandeur en
excès peut continuer les informations après la préfentation,
& enregiftrement des Lettres de Grace, l'art. 22. *du tit.* 16.
de l'Ordonnance de 1670. permet à la Partie civile, & aux
Procureurs du Roi, d'informer par addition, & faire reco-
ler & confronter les témoins, nonobftant la préfentation
des Lettres de Remiffion.

Cet article doit être entendu, *ex bono & æquo.* Que fi l'Ordonnance permet d'informer après la préfentation des Lettres,
c'eft dans le tems même que l'accufé les a préfentées, & qu'il
commence de les inftruire, & non pas lorfque le Jugement
des Lettres fe trouve en état, & que les Inftructions font
achevées ; c'eft ainfi que l'a decidé le Parlement de Bordeaux
par un Arrêt du 19. Janvier 1672. rapporté dans la feconde
Partie du Journal du Palais.

Aux termes de la Declaration de Loüis XIV. du 22. No-

vembre 1583. l'enterinement des Lettres de Grace ne peut
être suspendu, sous prétexte que le crime se trouveroit ag-
gravé par la déposition d'un témoin, qui surviendroit avant
l'enterinement, dans la continuation de l'information.

Cette Declaration permet seulement aux Cours Superieu-
res de faire à Sa Majesté, telles remontrances qu'elles juge-
ront à propos & aux Juges subalternes de faire leurs repre-
sentations à Monsieur le Chancellier sur l'atrocité des crimes,
pour y faire pour l'avenir la consideration convenable. La disposition de cette Declaration est aujourd'hui inviolablement
gardée.

CHAPITRE IX.

Des deux tiers de voix necessaires pour être reçû Offi-
cier au Parlement.

L'Article 106. de l'Ordonnance de Moulins, semble favoriser la demande que feroit un Avocat ancien, &
d'une capacité connuë, pourvû d'un Office de Conseiller
ou de Président en la Cour, d'être dispensé de l'examen.

Cet article porte qu'à *cause de la grandeur de la Charge*
de Président des Compagnies souveraines du Royaume, étant
necessaire d'y pourvoir de personnages de grand sçavoir, &
longue experience ; nul ne sera pourvû de cette Charge, qu'il
n'ait atteint l'âge de 40. ans, & qu'il n'ait été Conseiller en
Cour souveraine l'espace de 10. ans, ou fréquenté les Barreaux
des Cours souveraines, exercé l'Office d'Avocat si longuement,
& avec telle réputation & renommée, qu'il soit estimé digne
& capable de ladite Charge.

Ce long exercice de la profession, & de l'Office d'Avocat
en Cour souveraine dont parle l'Ordonnance, doit être entendu, selon moi, d'une postulation de 20. années, parce
que cet espace de tems, est reputé par le droit, *longum tem-*
pus instit. de usucap. & longi tempor. præscr. & il y a appa-

rence que fi Mr. d'Aldeguier avoit attendu la décifion de l'affemblée des Chambres , il auroit obtenu cette difpenfe ,
qu'il demanda feulement pour faire honneur à une longue
poftulation , que l'Ordonnance compare à l'exercice de la
Charge de Confeiller en la Cour pendant 10. années.

Il eft vrai que Mr. Maynard , Liv. 1. Chap. 65. de fes
Arrêts , obferve , que *quelque opinion qu'on puiſſe avoir en
particulier, jointe avec la renommée publique du pourvû qui ſe
préſente , pour ſe faire recevoir : Ce Parlemont n'a jamais accoûtumé d'exempter de l'examen requis par les Ordonnances ;*
mais ce langage doit être entendu d'une fimple opinion de
Doctrine , & de fçavoir du récipiendaire , fondée fur une
réputation acquife , qui peut quelquefois fe trouver fauffe ;
mais non d'une capacité éprouvée , telle qu'eft celle d'un
Avocat d'un Parlement , qui a rempli pendant 20. ans fes
fonctions avec affiduité , & avec éloge ; puifque l'Ordonnance de Loüis XIV. au titre de Committimus , art. 17.
accorde aux anciens Avocats des Parlemens , (ainfi qu'à
Meffieurs les Avocats & Procureurs-Généraux) le droit de
Committimus , & cette faveur fuppofe , non feulement l'affiduité dans leurs fonctions , mais encore une capacité acquife
par un long exercice.

Meffire Loüis de l'Autart actuellement Avocat & Procureur
du Roi, en titre aux Requêtes du Palais de ce Parlement, ayant
été pourvû par le Roi de ces deux Offices en l'année 1717. donna
Requête à l'affemblée des Chambres pour être difpenſé de
l'examen , attendu fa longue poftulation en qualité d'Avocat
en la Cour, atteftée par Mr. le Procureur Général avec éloge.
Mais la Cour par fon Arrêt du 17. Avril 1717. ordonna qu'il
feroit examiné en la forme accoûtumée ; ce recipiendaire
n'avoit que dix-huit ans de poftulation , & cet efpace ne parut
point affez long pour operer en fa faveur cette difpenfe , qu'il
meritoit d'ailleurs par fa Doctrine ; la Cour reduifit pourtant
en fa faveur l'enquête d'un mois à trois jours.

CHAPITRE XI.

De la regle ne bis in idipfum, *en matiere criminelle.*

ON reçoit les Requêtes civiles contre les Arrêts de relaxe en matiere de crime, lorfque le prevenu a été relaxé fans connoiffance de caufe, l'information & la procedure n'ayant pas été remifes. Parce qu'en ce cas, on ne peut
pas dire que le prevenu *judicium fubierit*, Albert *Lettre R*,
in verbo, *Requête civile art.* 1. en rapporte un Arrêt de la
Cour du 3. Mars 1648. & en l'art. 2. après avoir fait mention
d'un Arrêt du 24. Avril 1640. qui enterina une Requête civile envers un Arrêt qui condamnoit au foüet, & aux gale-
res un Concierge pour avoir laiffé évader un prifonnier, qu'il
remettoit lors de la Requête civile. Albert obferve, que la
chofe parut fi extraordinaire qu'en l'année 1644. il fut deffendu de plaider de telles Lettres.

Cette regle *ne bis in idipfum*, doit être entenduë du même
Tribunal, puifque le prevenu d'un crime qui fe trouve de la
compétance de la Jurifdiction Royale & Ecclefiaftique, peut
être juridiquement condamné deux fois pour le même crime.
Car après avoir été condamné par le Juge d'Eglife, fuivant
les regles du Droit Canon, il peut l'être encore par le Juge
Royal, fuivant les Loix civiles, telle eft l'obfervation de
Duranti quæft. 97. *num.* 9. où il traite la même matiere de
ce Chapitre. Il eft d'ufage que l'Official rend fa Sentence le
premier, & enfuite le Juge Royal, après avoir fait l'Inftruction du procès conjointement, felon la forme prefcrite par
les Edits, & Declarations de nos Rois.

Mornac fur la Loi 51. §. *æftimatio ff. ad Leg. aquil.* après avoir
remarqué que le Parlement de Paris a adopté la difpofition
des Loix *Senatus* 14. *ff. de accufat. & 7. fi cui eod.* fur lefquelles fe trouve fondée la regle *ne bis in idipfum*, dit, que
ces Loix font conformes à la police des Grecs ; ainfi qu'il

resulte des oraisons ou plaidoyers de Demosthene ; il passe ensuite à la police de l'Eglise Romaine , & aux Canons qui ont établi la même regle que le Droit Civil , & fait voir , que la France & l'Espagne observent inviolablement cette regle.

De tout cela , il faut tirer cette conséquence , qu'on ne peut abandonner cette regle , sans de grands motifs d'équité , qui l'emportent sur la rigueur d'un droit si universellement établi ; comme par exemple , s'il s'agit du relaxe d'un criminel prononcé sur piéces fausses , sans connoissance de cause , & sans avoir vû les informations. Alors , ce relaxe ne met point le prevenu à l'abri d'une nouvelle recherche.

Cette décision peut se concilier avec l'Arrêt dont fait mention l'Auteur de l'année 1637. rendu au rapport de Mr. de Junius ; car quoique cet Arrêt ait rejetté une Requête civile , impetrée contre un Arrêt d'enterinement de Lettres de Grace obtenuës sur une fausse information , il n'en faut point tirer cette conséquence , que la même décision ait lieu dans l'espece d'un relaxe prononcé sur une fausse information substituée à la place de la veritable ; par cette raison de difference , que la grace accordée dépend uniquement de la Clemence du Roi , & de la plenitude de son pouvoir , & qu'elle ne se regle point sur la gravité ou legereté du crime, qui peut être prouvé par des informations ; en sorte que la grace une fois enterinée , l'Arrêt n'en peut plus être rectracté , ni son effet suspendu. Au lieu que le relaxe d'un criminel étant absolument relatif à l'information , & supposant ou le défaut des preuves , ou la legereté du cas , & du délit ; il y a lieu de le retracter , s'il conste de la surprise , dont le coupable à usé pour obtenir son relaxe à la faveur d'une fausse information.

Fin du neuvième Livre.

TABLE
DES MATIERES,
CONTENUËS
DANS LE SECOND TOME.

A

D

L

LESION d'outre moitié du jufte prix n'a pas lieu dans la vente de la coupe d'un bois, ou d'une heredité. Si le benefice de la Loi 2. *cod. de refcind. vendit.* a lieu dans la vente du fonds faite d'autorité de juftice, fi le fonds revient libre que depuis la demande d'hypothéques imposées par l'acquereur, fi la reftitution des fruits eft düe au vendeur, pag. 92. 93. 94. 95.

M

MACEDONIEN. L'exception de ce Senatus-Confulte, ne peut avoir lieu que pour prêt d'argent, ou pour vente des Marchandifes faite en fraude de cette Loi, pag. 109.

MALVERSATION de la veuve, avec celui qu'elle époufe enfuite, *vide* Nôces.

MARCHANDS. Si après l'année de la délivrance des Marchandifes ; le Marchand eft recevable d'actionner le débiteur, lorfqu'il n'a point de reconnoiffance écrite de fa part, pag. 29. 30.

MARCHANDS. Femmes Marchandes publiques, ne doivent être reftituées envers les obligations par elles confenties pour fait de leur commerce, & peuvent être condamnées par la Bourfe au payement avec contrainte par corps, pag. 122.

MARI, n'eft pas tenu de rendre le compte tutelaire conjointement avec la femme qui a convolé avec lui fans avoir fait pourvoir de tuteur aux enfans du premier lit ; mais fes biens font feulement obligez *in fubfidium*, pour le payement du reliqua, pag. 26. *in fine*.

MARIAGES. Les fommations refpectueufes des enfans à l'égard des peres & meres, à raifon des mariages qu'ils veulent contracter peuvent être faites après le Contrat de fiançailles, pag. 33.

MARIAGE contracté *in extremis* ; avec une concubine, & beni par le Curé des parties au chevet du lit, après publication des bans ; s'il produit cet effet de legitimer les enfans procréez du concubinage, pag. 62. & fuivantes.

MARIAGE, fi les enfans font recevables en leur oppofition au fecond mariage de leur pere, fous prétexte qu'il eft deshonorant pour leur famille, pag. 64.

MARIAGE. Les Mineurs & mineures qui font fans pere ni mere ; peuvent contracter mariage librement, nonobftant l'oppofition de leurs curateurs ou parens, & s'il y a foupçon de fubornation, on peut ordonner que la fille mineure fera cloîtrée pendant quelques mois, pour deliberer dans le Couvent fur le choix, en pleine liberté, & qu'elle fera interrogée par un Commiffaire, pag. 71.

MARIAGES, & des dommages & interêts adjugez pour l'inexecution du Contrat de fiançailles, & réfus des parties d'époufer, & de plufieurs queftions à ce fujet, *vide*, pag. 72. 73.

MEUBLES. Comment doit être entenduë la maxime que les meubles n'ont point de fuite par hypothéque, & dans quelles circonftances les meubles peuvent être fuivis, pag. 128. 129.

MEUBLES vendus par une courtiere publique, *vide* Lettre V, *verbo* vente.

S

T

Fin des matieres du second Tome.

PRIVILEGE DU ROY.

LOUIS, PAR LA GRACE DE DIEU, ROI DE FRANCE ET DE NAVARRE : A nos amez & feaux Conseillers, les Gens tenans nos Cours de Parlement, Maîtres des Requétes ordinaires de notre Hôtel, Grand Conseil, Prévôt de Paris, Baillis, Sénéchaux, leurs Lieutenans Civils, & autres nos Justiciers qu'il appartiendra, SALUT. Notre bien amé NICOLAS DE CARANOVE Fils, Imprimeur à Toulouse, Nous ayant fait remontrer qu'il lui avoit été mis en main un Ouvrage qui a pour Titre, *Observations sur les Arrêts remarquables du Parlement de Toulouse, Recueillis par Messire Jean de Catellan, Conseiller au même Parlement ; Enrichies des Arrêts nouveaux, rendus sur les mêmes matieres. Par Gabriel de Vedel, Foryer, Docteur, & Avocat au Parlement de Toulouse,* qu'il souhaiteroit imprimer ou faire imprimer & donner au public, s'il nous plaîsoit lui accorder nos Lettres de Privilege sur ce necessaires, offrant pour cet effet de le faire imprimer en bon papier & en beaux caracteres, suivant la feüille imprimée & attachée pour modéle sous le Contre-scel des Présentes ; A CES CAUSES, voulant favorablement traiter l'Exposant ; Nous lui avons permis & permettons par ces Présentes, de faire imprimer ledit Livre ci dessus specifié, en un ou plusieurs Volumes, conjointement ou séparément, & autant de fois que bon lui semblera, sur papier & en caracteres conformes à ladite feüille imprimée & attachée sous notredit Contre-scel, & de le vendre, faire vendre & debiter par tout notre Royaume pendant le tems de six années consecutives, à compter du jour de la date desdites Présentes. Faisons défenses à toutes sortes de Personnes de quelque qualité & condition qu'elles soient, d'en introduire d'impression étrangere dans aucun lieu de notre obéïssance ; comme aussi à tous Libraires, Imprimeurs & autres, d'imprimer, faire imprimer, vendre, faire vendre & debiter, ni contrefaire ledit Livre ci-dessus exposé, en tout, ni en partie, ni d'en faire aucuns extraits sous quelque prétexte que ce soit d'augmentation, correction, changement de Titre ou autrement, sans la permission expresse & par écrit dudit sieur Exposant, ou de ceux qui auront droit de lui, à peine de confiscation des Exemplaires contrefaits, de quinze cens livres d'amande contre chacun des contrevenans, dont un tiers à Nous, un tiers à l'Hotel-Dieu de Paris, l'autre tiers audit Exposant, & de tous dépens, dommages & interêts : à la charge que ces presentes seront enregistrées tout au long sur le Registre de la Communauté des Imprimeurs & Libraires de Paris, & ce dans trois mois de la datte d'icelles. Que l'impression de ce Livre sera faite dans notre Royaume & non ailleurs, & que l'Impetrant se conformera en tout aux Reglemens de la Librairie, & notamment à celui du dixiéme Avril 1725, & qu'avant que de l'exposer en vente le Manuscrit ou Imprimé qui aura servi de copie à l'impression dudit Livre sera remis dans le même état où l'Approbation y aura été donnée, és mains de notre très-cher & feal Chevalier Garde des Sceaux de France le sieur Chauvelin ; & qu'il en sera ensuite remis deux Exemplaires dans notre Bibliotheque publique, un dans celle de notre Chateau du Louvre, & un dans celle de notre très cher & féal Chevalier Garde des Sceaux de France le sieur Chauvelin ; le tout à peine de nullité des Presentes. Du contenu desquelles vous mandons & enjoignons de faire joüir l'Exposant ou ses ayant cause pleinement & paisiblement sans souffrir qu'il leur soit fait aucun trouble ou empêchement. Voulons que la copie desdites presentes qui sera imprimée tout au long au commencement ou à la fin dudit Livre, soit tenuë pour dûement signifiée, & qu'aux copies collationnées par l'un de nos amez & feaux Conseillers & Secretaires, foi soit ajoutée comme à l'original. Commandons au premier notre Huissier ou Sergent de faire pour l'execution d'icelles tous Actes requis & necessaires, sans demander autre permission, & nonobstant Clameur de Haro, Charte Normande & Lettres à ce contraires. CAR tel est notre plaisir. DONNE' à Fontainebleau le vingt-septiéme jour du mois d'Octobre, l'an de grace mil sept cens trente-deux, & de notre Regne le dix-huitiéme. Par le Roi en son Conseil. CHUPPIN.

J'ai cedé au Sieur Jean-François Forest Libraire à Toulouse la moitié du présent Privilege, pour en joüir conjointement avec moi, suivant les conventions faites entre nous. A Toulouse le 10. Decembre 1732. *Signé*, N. CARANOVE, Fils.

Registré sur le Registre VIII. *de la Chambre Royale des Libraires & Imprimeurs de Paris, N°.* 442. *fol.* 426. *conformément aux anciens Reglemens, confirmez par celui du* 28. *Fevrier* 1723. *A Paris le* 13. *Novembre* 1732. *Signé* G. MARTIN, *Syndic.*

Fautes à corriger dans ce *Premier Tome*.

Page 2. *ligne* 10. *lisez* est de cette opinion.
pag. 3. *l.* 15. *lisez* Glose de la pragmat. sanct.
pag. 4. *ligne* 10. *lisez* excipiatur.
pag. 5. *ligne* 8. *lisez* præsentatio.
pag. 7. *ligne* 13. *lisez* cap. 9.
p. 16. *l.* 31. *lisez* tempore , comme en la pag. 258. du Tome II.
pag. 31. *ligne* 10. *lisez* catonicne.
pag. 51. *ligne* 27. *lisez* prefigé.
p. 54. *l.* 16. *lisez* exclusivement aux Evêques le droit de dispenser au troisiéme & quatriéme degré de parenté.
p. 77. *l.* 7. *lisez* toute autre Eglise.
pag. 87. *ligne.* 10. *lisez* detaillés.
pag. 18. *lign.* 6. *lisez* préposé.
pag. 90. *ligne* 22. *lisez* conjunctim.
pag. 91. *ligne* 9. *lisez* pacificus.
p. 94. *l.* 2. *lisez* ne préjudicioient , *eod. ligne* penultiéme , *lisez* vocari.
pag. 106. *ligne* 25. *lisez* majeur.
pag. 108. *l.* 9. au Sommaire & aux lignes suiv. *lisez* devolu.
pag. 118. *ligne* 11. *lisez* quis unionem.
pag. 125. *ligne* 11. *lisez* Beneficier.
pag. 129. *ligne* 15. *lisez* vitiatur.

pag. 141. *ligne* 12. *lisez* cuidque.
pag. 150. *ligne* 1. *lisez* at cum.
pag. 160. *ligne* 10. *lisez* desinit.
pag. 169. *ligne* 30. *lisez* c'est au choix.
pag. 170. *ligne* 10. *lisez* terres.
pag. 173. *ligne* 25. *lisez* negativas.
pag. 178. *ligne* 6. *lisez* excluse.
pag. 221. *ligne* 20. *lisez* compete.
pag. 224. *ligne* 1. *lisez* l'Arrêt de taxe.
pag. 226. *ligne* 29. *lisez* facheuse.
pag. 233. *ligne* 25. *lisez* l'heritier de l'heritier greve.
pag. 236. *ligne* *lisez* similis est , comme en la page 220. du Tome II.
pag. 246. *ligne* 27. *lisez* la demande.
pag. 248. *ligne* 10. *lisez* mollendæ.
pag. 254. *ligne* 20. *lisez* æst.matione.
pag. 255. *ligne* 26. *lisez* interpretamur.
pag. 257. *ligne* 2. *lisez* par leur.
pag. 273. *ligne* 9. *lisez* cum quo.
pag. 295. *ligne* 27. *lisez* ayant conquis.
pag. 308. *ligne* 21. *lisez* rei vend.tæ.
pag. 331. *lign.* 18. *lisez* judice.
pag. 342. *l.* 7. *lisez* Beneficier prevenu de crime.

www.ingramcontent.com/pod-product-compliance
Lightning Source LLC
LaVergne TN
LVHW021526170726
843501LV00004B/984